Vincent Klink

Ein Bauch lustwandelt durch Wien

VINCENT KLINK

Ein Bauch lustwandelt durch Wien

Mit Fotos von Gerald von Foris und
Aquarellen von Vincent Klink

Ullstein

MIX
Papier
FSC FSC® C083411

Ullstein ist ein Verlag der Ullstein Buchverlage GmbH

ISBN 978-3-550-20066-3

2. Auflage 2020

Gesetzt aus der Granjon
Satz: LVD GmbH, Berlin
Druck und Bindearbeiten: CPI books GmbH, Leck
Printed in Germany

Inhalt

Auf nach Wien!

Der echte Wiener ist ein vollkommener Patriot, vor allem aber ist der Wiener auf den Wiener besonders stolz, und die edelste aller Sprachen dieser Welt ist der Wiener Dialekt, das soll zumindest André Heller gesagt haben, und der muss es ja wissen.

Die Einwohner anderer österreichischer Bundesländer sind vorwiegend ganz und gar nicht dieser Meinung. Viele Österreicher sind sich aber den deutschen Piefkes gegenüber einig, dass man mit dieser Ethnie, zumindest nördlich des Mains, nicht verwechselt werden möchte. Die Unterschiede sind auch eklatant. Das Erscheinungsbild Wiens ist von einer barocken Opulenz und die Lebensweise entsprechend. Als Institution, als unabdingbarer Platz zum Leben, gilt dem Wiener das Kaffeehaus.

In Deutschland gleicht die Bezeichnung »Lebemann« fast einem Schimpfwort, in Wien bezeichnet sie den Normalfall, das Gegenteil wäre nämlich der »Todmensch«. Es ist eine radikale Stadt, Vororthässlichkeit der extremen Art, dann aber mehrheitlich wieder verführerische Biotope mit Prachtstraßen, Prachtbauten, alles voll von Ornamenten und Üppigkeit bis hin zum Schwulst. Auch gedieh trotz – oder gerade wegen – der kaiserlichen Schwergängigkeit und Verweigerung in Sachen Fortschritt die künstlerische Sezession, die soge-

nannte Wiener Moderne, die sich wandelnd bis in die heutige Zeit blüht.

Die habsburgische Geschichte ist überall spürbar, nicht nur, was Taten und Bauwerke der Monarchie angeht, auch der einzelne Bürger ist davon tief geprägt, egal, ob er sich als glühender Anhänger zu erkennen gibt oder in heftiger Opposition zu allem Monarchischen steht.

Die Wiener gelten von ferne betrachtet als träge, und sie lieben gedehnte Gemütlichkeit. Letztlich ist dies aber eine Art von Heimtücke, denn in Wahrheit sind sie nachdenklich, meiden Turbulenzen und erzielen mit ihrem *Ritardando* oft bessere Ergebnisse als wir deutschen Hektiker. In diesem Sinne sind sie äußerst effizient. Im Gegensatz zu Deutschland, wo ständig über die nächsten Urlaubsziele geredet wird, macht der Wiener jeden Tag ein bisschen Urlaub. Dazu dienen in erster Linie Musik und Theater. Das tägliche Konzertangebot ist kaum überblickbar. Alle Konzertsäle sind proppenvoll und die Theater ebenso. Theater findet überall statt, auf unzähligen kleinen und großen Bühnen und erst recht auf der Straße. Fast jeder Wiener ist ein begabter Mime. Vertieft man sich etwas in die Politik des Landes, so glaubt man sich ebenso in ein Theaterstück versetzt. Es ist hinlänglich bekannt, dass so ziemlich die besten Schauspieler der Welt irgendwann auch mal am Wiener Burgtheater engagiert waren oder es noch sind, und mit den Politikern ist es nicht viel anders.

In Wien wird die Wirklichkeit gerne durch ein Gerücht ersetzt. Gerüchte werden bevorzugt als Gipfel der Erkenntnis gewertet, und man misstraut der klaren Eingebung. Das Volksempfinden biegt sich die Wirklichkeit in eine heimelige, angenehme Spur. Die harten Fakten werden erst mal beiseitegeschoben, um der Überprüfung zu harren, die meist

Vincent Klink im Stadtgarten

nie stattfindet. Das mag für manchen irritierend sein und eine vibrierende Beklommenheit verursachen, für den südlich geprägten Menschen wie mich ist es ein Annäherungsversuch ans Paradies.

Das Wesen des Landes und der Stadt beäuge ich übrigens total subjektiv und finde es gut so, denn es entspricht auch dem Lebensgefühl der Wiener, sich der Objektivität möglichst nicht allzu weit zu nähern. Die Effektivität, die Modernität und das Zukunftsweisende dieser nur vermeintlich altmodischen Metropole sind unbestritten, werden aber öffentlich und vor allem im Ausland weniger wahrgenommen.

Der doppelköpfige habsburgische Adler hat seit Langem ausgedient, man könnte meinen, der römische Gott Janus habe seinen Platz eingenommen. Janus, der mit einem Gesicht nach vorne und mit dem anderen nach hinten schaut, das könnte der Schutzpatron der Stadt sein. Auf der einen Seite köcheln modernste Kunst und Weltanschauung, andererseits stimmt es auch, dass der Wiener dauernd im Kaffeehaus sitzt, sich der Melancholie, aber auch der Freude hingibt. Diese zahllosen Kaffeehäuser sind nicht zu verwechseln mit unseren Konditoreien, die möglichst billige Torten offerieren und Omas Kaffeekränzchen einen beheizten Raum bieten. Die Kaffeehäuser in Wien sind wirkliche Heimat, meist mehr als die eigene Wohnung. Die Wiener Literatur, man kann sie getrost zur Weltliteratur zählen, wäre ohne die manchmal stehende Luft des Kaffeehauses in dieser Art nicht möglich gewesen.

Auch trifft man sich gerne im Biergarten – wenn dort kein Bier ausgeschenkt wird, nennt sich das »Gastgarten« – oder man zieht in den grüneren Bezirk wie Grinzing oder Nussdorf unter den Kahlenberg, um in den Weinbergen den Heurigen zu genießen. Heuriger, so nennt sich der junge, leichte Wein, der Gespräche belebt und so gesund ist, dass man ihn eigentlich auf Rezept bekommen sollte. Sich mit der Familie,

Im Café Hawelka

mit Freunden beim Heurigen zu treffen, beflügelt nach Auskunft vieler Wienerlieder die Vernunft.

Das Laissez-faire wohnt auf angenehmste Weise diesem Volk inne. Man fragt sich, wo nehmen die Wiener ihre ganze Zeit her, um sich außerhalb der Arbeit und der Wohnung ebenso behaust zu fühlen. Ich kann darauf keine Antwort geben, höchstens mich als Beispiel dafür anführen, dass Faulenzer durch sporadisch aufkeimendes schlechtes Gewissen ungeheure Leistungsfähigkeit zeigen können. Deshalb funktioniert in Wien alles mindestens so gut wie in den leistungsoptimierten Landstrichen dieser Welt. Kürzlich las ich, dass Wien die am wenigsten amerikanisierte Stadt der Welt sei. Ist sie genau deshalb, nach internationalem Ranking, die lebenswerteste Stadt der Welt? Oder liegt es daran, dass die meisten ihrer Bewohner so unterschiedliche Wurzeln haben, was eine besondere Melange ergibt?

Keine Stadt hat je eine solche Zuwanderung erlebt wie Wien. In dem Maße, wie die Grenzen des habsburgischen Reiches immer mehr zur Hauptstadt hin zurückgenommen werden mussten, wurden unzählige Menschen heimatlos und suchten sich eine neue in der Hauptstadt. In hohem Maße war das so nach dem Verlust der ungarischen Monarchie, den Gebietsverlusten in Tschechien, der Slowakei und auf dem restlichen Balkan, nach dem Ersten und dem Zweiten Weltkrieg. Das war damals so, als würde das heutige Deutschland auf die Größe Württembergs zusammenschrumpfen, und ein Großteil der gesamtdeutschen Bevölkerung würde in Stuttgart siedeln wollen.

Die Wiener selbst verunglimpfen die Landbevölkerung häufig zynisch und verweisen sie herablassend ins Parterre. Reichlich Spott gibt's gratis, denn wie überall feiern sich die Städter gerne als Genius. Dabei sind die Wiener fast immer nicht nur Städter, sondern eben eine Melange, vulgo Tschuschen. So das hammerharte Urteil des Wiener Dichters H.C. Artmann, als er während einer Lesereise in den Achtzigerjahren einmal mein Restaurant in Schwäbisch Gmünd besuchte: »Tschuschen sans, die Wiener, allesamt!« Es dünkt amüsant, dass mit Tschuschen alles Ungarische, Slawische, Jugoslawische bis hin zum Italienischen, kurzum jeder außerhalb der Hauptstadt, verunglimpft wird. H.C. Artmann, der seine Landsleute mit linksorientierten Gedanken aufs Bissigste eintütete, nannte, wie ich mich erinnere, die Stadt Wien einmal sogar die Metropole der Mongolei. Eine Übertreibung, aber so verkehrt auch wieder nicht.

Die erste große Zuwanderung der besonderen Art fand noch im blühenden Kaiserreich statt. Wer gut kochen konnte, machte sich auf den Weg in die Hauptstadt. Durch gutes Essen wird das Wiener Dasein ohne Schmäh in die Nähe des

Paradieses gerückt. Ich habe so meine Theorie: Es gibt zwei traditionelle Hochküchen auf der Welt. Damit meine ich das, was über die Mama-Küche hinausgeht, die beispielsweise Italien und Spanien so angenehm wärmt. Die französische Hochküche, die »Grande Cuisine«, entwickelte sich in der Monarchie, die alle Talente des Reiches anzog.

Am Hofe des österreichischen Kaiser- und Königshofs verhielt es sich wie in Frankreich, allerdings waren die österreichischen Monarchen längst nicht so verfressen wie die französischen. Trotzdem ist für mich die österreichische Küche eine Art Staatsküche. Dem Kaiserhaus ist dies nicht zu verdanken, sondern dem dickbäuchigen Hofstaat und den zugereisten Köchen und Köchinnen aus den Kronländern. Die Wiener Normalbürger selbst trieben und treiben ihre häusliche Kocherei auf möglichst hohes Niveau, und das Qualitätsbewusstsein aller Österreicher gegenüber Lebensmitteln ist beispielhaft und weit höher als in der Bundesrepublik.

Kommen wir nun zu meinem Bauch, meinem fein justierten Kompass durch die Kaffeehäuser, Beisln, Luxusrestaurants und all das Wohlleben, das der Puritaner weltweit für überflüssig hält, weshalb er eine höhere Stufe des Lustgewinns nicht beansprucht. Obliegt die schützende Hand über den Weinbau, beispielsweise in den USA dem Bureau of Alcohol, Tobacco, Firearms and Explosives (ATF, deutsch: Amt für Alkohol, Tabak, Schusswaffen und Sprengstoffe), so hält sich das »Land an der blauen Donau« ein »Ministerium für ein lebenswertes Österreich«. So benennt sich im Untertitel das Ministerium für Landwirtschaft.

Gefühlt kommt bei einem Spaziergang durch die Stadt alle fünfzig Meter ein Gasthaus. Richtig gut sind längst nicht alle, aber meist sind sie sehr preiswert und selten ganz schlecht. Längst ist nicht alles Nostalgie. Wir haben lieb gewonnene alte Bilder im Kopf und können uns diesen hingeben, aber richtet sich der Blick aufs Moderne, auf Kunst, Lebensart und Architektur, so kommt dieser keineswegs zu kurz. Über alle Schnitzel und Tafelspitz hinweg habe ich hier die beste vegetarische Küche genossen und auch das beste mir bekannte thailändische Restaurant besucht.

Es laufen heute auf der Welt genügend Leute mit selbst gewählter Unterernährung herum. Wien wäre die optimale Therapie und Abwehr, mir ist die Stadt das Zentrum für exquisit-effektive Baucherweiterung und geistvolle Lebenslust.

Annäherung

Vielleicht sollte ich fürs Erste nicht unbedacht ins Auge des Hurrikans stechen, mich nicht vom Flugzeug abwerfen lassen, sondern mich langsam nähern. Mir Zeit lassen, Menschen und Landschaft tastend erfühlen, meine Vorurteile abwägen, die Stadt umkreisen und abschnuppern. Also wird mit dem Auto gefahren. Fahrräder zuladen, Sack und Pack und los.

Wir beschließen, die Reise so zu gestalten, dass wir uns in bewährter Manier von Gasthaus zu Gasthaus hangeln. Natur ist wichtig und schön, die Menschen, die darin leben, kann man aber nicht durch die Autoscheibe erleben wie die Tiere beim Blick durchs Gitter im Zoo. Außerdem könnte es ja auch umgekehrt so sein, dass uns die Einheimischen im Auto als Käfigbewohner wahrnehmen. Wie auch immer, Volk und Sitten kann man nirgendwo besser studieren als in Gasthäusern. Dort, wo es keine gibt, lohnt sich für uns auch nicht das Verweilen.

Kurz vor München ist vorläufig Schluss. Meine Frau hat in einem Reiseführer ein gutes Gasthaus entdeckt. Wir fahren durch sattes Grün, sanfte Hügel, und immer wieder geht's durch Schwaden von Gülle-Landluft bis nach Unterbachern zum Gasthof Weißenbeck. Schon auf dem Parkplatz ahne ich das Besondere. Man betritt nicht irgendeine Wirtschaft, sondern einen wahren Prachtgasthof. Zwischen riesigen Scheuern und dem stattlichen Wirtshaus hindurch führt ein Kiesweg zu einem zünftig schönen Gastgarten.

Der Wirt, von einer kurzen Lederhose zusammengehalten, der man die aufwendige Handfertigung ansieht, grüßt uns mit der Würde eines Landedelmanns. Der Chef ruht nicht ohne Grund so in sich, denn in der Küche regieren seine Frau und die Tochter. Nichts gegen die vielen männlichen Smutjes, aber ich liebe es, wenn in der Küche Frauen die Pfannen zum Rauchen bringen. Ich glaube, dass Frauen, pauschal gesagt, einfach gründlicher und mit mehr Herz bei der Sache sind.

Bayern an einem Sonntagmittag im Juni, da ist es ganz klar, dass man nicht einsam am Tisch sitzt. Der Laden ist gesteckt voll, aber weil wir wohlweislich vom Auto aus telefonisch reserviert haben, bekommen wir ein schönes Plätzchen. Ich ordere grundsätzlich einen Tisch, denn ich möchte den Gastwirt nicht überfallen, meinen Namen nuschle ich am Telefon gerne aber nur so dahin. Nuscheln fällt mir als Schwaben ziemlich leicht, und das verhilft mir bei solchen Gelegenheiten meist zu einem befreienden Inkognito.

Als Erstes bestelle ich ein g'scheites Bier. So ziemlich alles, was man in Bayern essen und trinken kann, ist g'scheit. Von g'scheiten Menschen ist selten die Rede. Als Nächstes wird eine g'scheite Pfannkuchensuppe bestellt. Der siedfleischverliebte bayerisch-österreichische Kulturkreis bietet sozusagen als Nebenprodukt eine Fleischbrühe, die einfach anders schmeckt, als wenn man nur Rindsknochen auslaugt. Wo kein Tafelspitz oder sonstig gekochtes Fleisch die Speisekarte adelt, gibt es folglich auch selten eine gute Fleischbrühe. Das bedeutet für mein eigenes Restaurant, dass das Personal Siedfleisch essen muss, bis es ihnen zu den Ohren rauskommt.

Langsam kehrt innere Ruhe ein. Ein bratenduftendes Gasthaus ersetzt jeden Psychotherapeuten. Wir fühlen uns gut aufgehoben, so eine Wirtschaft ist der sicherste Platz der Welt. Eine gestandene frohgesichtige Frau in einem echten Dirndl umsorgt uns. Die aggressive Busenschau, die man vom Oktoberfest kennt, findet hier nicht statt (eigentlich auch ein bisschen schade, aber das ist nicht die Meinung meiner Frau). Der Dirndlstoff ist aus echtem Leinen gewoben und nicht mit all den Blödsinnsapplikationen aufgebrezelt, wie sie diejenigen lieben, die nicht bayerisch sprechen können, aber festen Glaubens sind, ihr vorlautes »à la bavaroise« werde von Einheimischen nicht mit Unbehagen bemerkt. Der Bayer gilt ja als verbaler Grobmotoriker, aber wie duldsam er mit seinen Touristen umgeht, da wäre schon ein Generalablass angemessen.

Hier in dieser Wirtschaft ist alles echt, auch die Kundschaft, und wenn jemand zusammengesunken im Stuhl hängt, dann meditiert dort womöglich ein Vegetarier. Er hätte sich an der bayerischen Staatsgrenze längst aufgeben sollen, um sich resignierend dem Schweinshaxn-Volke unterzuordnen. Mir jedenfalls stellt die Servicedame eine g'scheite Kalbsbrust vor meine Brust, die sich zusätzlich erwartungsvoll hebt, als ich den ersten Bissen zu mir nehme und gleich danach den ersten Schluck fränkischen »Escherndorfer Lumps« hinterherschicke. Als Aperitif ein Bier und dann zum Silvaner übergehen, besser kann man seinen Tag kaum gestalten.

Wir essen wie immer nicht langsam, sondern so, wie man schafft, in gediegener Art zügig. Wir haben schließlich ein Ziel und wollen weiter. Außerdem sind wir ja nicht in einem Feinschmeckerlokal, in dem vor lauter kulinarischer Liturgie das wirkliche Essen erst beginnt, wenn man nach einer Stunde, bereits beschickert, die Hürden all dessen hinter sich hat, was man *nicht* bestellt hat. Amuse-Gueules sind ja bekanntlich Geschenke, aber ich will nicht beschenkt werden, denn an die Gutherzigkeit der Menschheit glaube ich nicht mehr so recht.

Es war nicht zu vermeiden, Sättigung tritt ein. Ich bestelle mir noch einen doppelten Espresso und gebe massig Zucker hinein, wie ich das von meinen italienischen Freunden gelernt habe. Dazu kommt ein Teller mit einem Stück hausgemachtem Käsekuchen. Den hat meine Frau hinterrücks bestellt, denn sie besteht auf Traditionen. Ohne Dessert käme ein Mittagessen einer Selbstdegradierung gleich, meint sie. Ehrlich gesagt, danach spannt mein Ranzen etwas, aber das ist bei mir letztlich eine Art Normalfall.

Wenig später sind wir wieder auf der Piste und rollen in Richtung Bad Birnbach. Die Fahrt auf der Autobahn, an Landshut vorbei, gestaltet sich wie ein Erholungsurlaub. Die Gattin schläft, es herrscht Ruhe im Wagen. Fast hätte ich die Ausfahrt verträumt. Das Auto zwirbelt sich in die enge Kurve, aber alles geht gut, nichts schleudert. Mithilfe des Navigationsgeräts queren wir eine liebliche Gegend, kommen an Prachtbauernhöfen vorbei, wie es sie im Württembergischen kaum gibt. Hier hat die Einheit der Höfe Vorrang. Der Älteste oder der Geeignetste bekommt den Hof. Bei der Realteilung in Württemberg wird unter den Geschwistern alles gleich geteilt, deshalb kam es ja zu den ganzen Baumstückle und der kleinteiligen Landwirtschaft, die nur als Nebenerwerb überlebensfähig ist.

Wir nähern uns dem heutigen Zielgebiet. Doch der Fluchtort für gestresste Großstädter ist schwer zu finden. Zweimal rechts abgebogen, und um ein Haar hätten wir das Ziel links liegen lassen. Es ist das Hofgut Hafnerleiten. Hotel kann man das Ensemble kaum nennen, es ist mehr ein Naturerlebnis, bestehend aus vielen kleinen Häuschen im Grünen, jeweils frei stehend zwischen Hecken, Büschen, Bäumen oder an einem kleinen Badesee. Wer die glatte Perfektion eines US-amerikanischen Fünfsternehotels schätzt, ist hier sicher nicht richtig, man muss so etwas mögen. Aber mich erfreut das Innen und Außen, Natur und Architektur fügen sich zu einem wahren Kleinod. Natürlich nicht ganz billig.

Meine Frau und ich haben jeder ein eigenes Häuschen bezogen, und nach einer ausgiebigen Ruhepause wackeln wir gegen Abend hinauf zum Haupthaus. Dort kocht der Chef selbst, was ja nicht immer von Vorteil sein muss. Aber der Mann beherrscht sein Metier. Zur Ochsenbacke gibt es eine Flasche italienischen Rosso mit einer Bettschweregarantie von 14 Prozent. Danach geht zwar, nach einigen Schnäpsen, nicht unmittelbar das Licht aus, wir finden unsere Bettstatt noch, dann jedoch legt sich tiefer Friede bis zum Morgen über unsere Häupter.

Zum Wohlfühlprogramm des Hofguts gehört ein ergiebiges Frühstück, das erst ab neun Uhr morgens stattfindet. Als Frühaufsteher lasse ich mich im Urlaub gerne mal zum Gemächlichen sozialisieren, aber heute soll es leider nicht sein. Schon um sieben Uhr in der Früh sitzen wir putzmunter im Auto, um in nahezu fiebriger Erwartung alsbald die österreichische Grenze zu überwinden. Der Grenzübertritt findet letztlich gar nicht statt, aber die Autos vor und hinter mir schleichen trotzdem im Sonntagsfahrermodus über jene Linie, die früher einmal die Grenze war. Und hinterher wird es auch nicht besser. »Herrgott, was sind denn da für Schlafmützen auf der Straße!?« Elisabeth meint trocken: »Wir sind in Österreich, du kannst dein deutsches Piefke-Gehetztsein ablegen!« Die österreichischen Verkehrsschilder erinnern den deutschen Drängler, dass hier ein anderes Tempo herrscht. Selbst auf der Autobahn ist bei 130 Stundenkilometern Schluss. Altkanzler Kohl meinte einmal in grauer Vorzeit, so ein Schleichgang sei deutschen Touristen nicht zuzumuten. Dass man sich mit Langsamkeit wohler fühlt als mit Tempo, das lerne ich nun.

Im genießerischen Kriechgang sind wir vom Pfannkuchen- ins Frittatenland gelangt. Eine schwäbische Flädlesuppe oder eine bayerische Pfannkuchensuppe heißt in diesen Gefilden Frittatensuppe. Doch Vorsicht vor voreiligen Schlüssen: Man könnte jetzt ja meinen, ein deutscher Pfannkuchen sei den Österreichern eine Frittate. Aber weit gefehlt, das ist natürlich ein Palatschinken. Die meisten Leute glauben, so einen Pfannkuchen bzw. Palatschinken backen, das könne jeder Depp. Gerade deswegen dürfte ein wirklich guter Pfannkuchen eine Seltenheit sein. Die meisten Rezepte gehen noch auf Omas Erfahrungen zurück, und die waren von Krieg und Not geprägt. Ein Ei stellte in meiner Jugend noch einen richtigen Wert dar, galt teilweise als Zahlungsmittel: »Du gibst mir sechs Eier, und ich nagle dir die Dachrinne wieder ans Haus …«

Für einen Pfannkuchen als Suppeneinlage braucht man tatsächlich etwas weniger Eier. Das Ergebnis darf ruhig ein wenig ledrig sein, denn ein luftiger Pfannkuchen würde sich womöglich in der Brühe auflösen. Auch muss er etwas dunkler gebacken sein, damit er geschmacklich in der Brühe nicht untergeht. Ist der Pfannkuchen aber nicht Einlage, sondern Hauptgericht, sollte man dagegen nicht mit Eiern sparen.

Apfelpfannkuchen

Rezept für 2 Personen

Zutaten
2 Eier
2 EL Mehl
etwas Salz
1/8 l Milch
2 EL zerlassene, gebräunte Butter
1 wohlschmeckender Apfel, geschält und in dünne Scheiben geschnitten
1 TL Butter

1 EL Zucker
2 cl Calvados oder ein anderer Apfelschnaps

Zubereitung
Für den Teig zwei Eier in einen Mixbecher geben und schaumig rühren. Dann so viel Mehl einstreuen, dass zunächst ein dicker Brei entsteht. Eine Prise Salz zugeben und den Teig mit Milch verdünnen, bis er eine leicht flüssige Konsistenz bekommt.
Das große Küchengeheimnis ist, dass man nun zwei Esslöffel heiße, braune Butter mit dem Mixstab unterschlägt. Die Butter sorgt nicht nur für einen unvergleichlichen Geschmack, sondern dient auch als Triebmittel, das dem Pfannkuchen später eine fluffige Konsistenz beschert.
Für einen guten, luftigen Pfannkuchen ist eine beschichtete Pfanne unerlässlich. Die wahren Artisten nehmen eine gut ausgebrannte Eisenpfanne. Wem das nun nichts sagt, der belässt es bei der beschichteten.
In dieser Pfanne nun die Apfelscheiben in Butter hellbraun braten. Etwas mit Zucker bestreuen und wenden, sodass die Apfelscheiben karamellisieren und glänzen.
Die gebräunten Apfelscheibchen gleichmäßig in der Pfanne verteilen und den Pfannkuchenteig darüber verteilen. Das Ganze etwas anbacken lassen und dann mit einem beherzten Schwung den Pfannkuchen auf die andere Seite wenden. Wer diese Art des Wendens nicht beherrscht, nimmt lieber eine etwas kleinere Pfanne und wendet mithilfe einer Bratenschaufel. Ist der Pfannkuchen gewendet, hebt man ihn mit der Bratenschaufel etwas an und schiebt einen Esslöffel Zucker unter. Bei kräftigem Feuer die Pfanne nun hin und her bewegen, sodass der Pfannkuchen in Bewegung gerät. Wenn man sieht, wie der Zucker karamellisiert und braun wird, muss es schnell gehen. Ein vorbereitetes Schnapsgläschen mit Calvados oder Apfelschnaps über den Pfannkuchen geben. Vorsicht bei offener Gasflamme!

Den Alkohol kurz verdampfen lassen, damit sich das Aroma verdichtet. Den Pfannkuchen auf einen bereitstehenden Teller gleiten lassen, fertig ist die Laube!

Mit diesen Kunstfertigkeiten sind wir schon einen gewaltigen Schritt in Richtung Wiener Mehlspeisen vorgedrungen, von denen später noch ausführlich die Rede sein soll.

Die Wachau

Wir verlassen die Autobahn, um dem Flusslauf der Donau zu folgen. Die Wachau kommt in Sicht und mit ihr das gewaltige Benediktinerkloster Melk, in das mich mein Vater schon als Kind geschleppt hat. Allein die Bibliothek dieses riesigen Bauwerks ist sehenswert. Fast noch in Sichtweite, etwas südlich von Emmersdorf, überqueren wir die Donau, um uns am nördlichen Ufer zwischen Fluss und Weinberge zu schieben. Willendorf zieht vorbei. Den Ort selbst kennen nicht viele, aber die Venus von Willendorf, eine elf Zentimeter kleine Figurine, hat es zu Weltruhm gebracht. Sie zählt zu den bedeutendsten Zeugnissen des Jungpaläolithikums. Die kugelrunde, schwerbrüstige Frau aus Kalkstein hat fast dreißigtausend Jahre auf dem Buckel, und man kann sie – schwer gesichert – im Naturhistorischen Museum der Stadt Wien besichtigen.

Bei schönstem Wetter geht mir das Herz auf. Die Wachau ist eine der lieblichsten und romantischsten Gegenden, die ich kenne. Frühere Weinreisen ließen mich in dieser Idylle schon rasten, dafür ist nun aber keine Zeit, denn die Diktatur geregelter Essenszeiten treibt uns nach Dürnstein. Das Schloss kommt in Sicht, und fast parallel zur Bundesstraße biegen wir auf die steile Zufahrt ein. Mit Augenmaß steuere ich durch das enge Schlosstor. Der Wagen wird im Hof ge-

parkt, die Uhr zeigt »High Noon«, und wir stürzen zum Empfang des Schlosshotels, um uns anzumelden. In dem sicherlich acht Meter hohen Raum nisten in den Ecken Mauersegler. Diese langflügeligen Hochgeschwindigkeitsartisten in einer Empfangshalle sind wahrlich ein seltener Anblick. Mir sind sie irgendwie ein Sinnbild für Frieden, aber auch für Weltoffenheit und intaktes Zusammensein von Mensch und Tier. Das alles nimmt uns gleich zu Beginn sehr für dieses Hotel ein.

Das Gepäck hat noch Zeit, zuerst kommt das Dringendste, nämlich die Beseitigung des für mich ungewohnten Zustands von Hunger. Auf der Terrasse, die hoch und steil über der Donau hängt, geben wir uns einer Flasche Veltliner hin. Ich zupfe etwas Brot und werfe es den Spatzen zu. Drei Tische weiter schnappt sich ein Kellner eine meterlange Schlange, die sich vom warmen Schlossfels in den Schatten der Terrasse gewagt hat. Der Mann hat offensichtlich Übung mit solchem Viehzeug, er hantiert fast beiläufig, und ich will wohl annehmen, dass das Tier keine Giftzähne hat.

Dann wird das Essen aufgetragen, meine Sinne widmen

sich dem Teller. Eigentlich geht es mir wie Kaiser Franz Joseph, Tafelspitz könnte ich jeden Tag essen. Wirklich, mit Tafelspitz, und zur Abwechslung mal ein paar Spaghetti, könnte ich ganz gut überleben. Allerdings will ich nicht nur (über-)leben, sondern mindestens hochleben, und dazu braucht es dann schon etwas mehr.

Das gekochte Rindfleisch schmeckt sehr gut und ist bekömmlich, sodass wir uns relativ frisch auf das Zimmer begeben können. Der Ausblick über die Donau hinweg auf das Dörfchen Rossatz versetzt mich fast in Euphorie. Aus reiner Gewohnheit legen wir uns zur Siesta aufs breite Barockbett. Ich gerate unvermittelt in einen schönen Traum, der sich irgendwie mit Richard Löwenherz und seinem Sänger Blondel verschwurbelt.

Als Romantiker und dilettantischer Bogenschütze habe ich über den englischen König einiges gelesen. Die wackeren Ritter des Dritten Kreuzzuges hatten von Sultan Saladin schwer eins auf die Nuss gekriegt und an ihn auch die Heilige Stadt Jerusalem verloren. 1190 hielt Saladin den strategisch wichtigen Hafen Akkon. Der Papst trieb zahlreichen Adel unter Führung von Friedrich Barbarossa, Richard Löwenherz und Philipp II. von Frankreich mit ihren Soldaten ins sogenannte Heilige Land, aber es lief alles recht schlecht. Barbarossa ertrank am 10. Juni im Flüsschen Saleph in der heutigen Südosttürkei. Ein Sterndeuter hatte ihn gewarnt, dass er ertrinken würde, sollte er sich auf den Kreuzzug begeben. Der vorsichtige Barbarossa hatte deshalb den Seeweg vermieden, was aber letztlich sein Schicksal nicht abwendete. Kaiser Barbarossa ruht natürlich mitnichten im Kyffhäuser, wie die Sage berichtet. Man vermutet Teile seiner Gebeine in der Kathedrale von Tyros im Libanon. Jenseits aller guten Küchengerüche sei noch gesagt, dass dem Herrscher die Eingeweide entnommen und mit reichlich Salz konserviert wurden. Später wurde der gepökelte Kaiser, um der Verwesung entgegenzuwirken, noch gekocht – aber wo man ihn begrub? Darüber gibt es so unendlich viele mittelalterliche Berichte, dass letztlich bis heute Verwirrung herrscht. Die Forschungen dauern an.

Der drittälteste Sohn des deutschen Kaisers Barbarossa und seiner wunderbaren Ehefrau Beatrix aus Burgund, Herzog Friedrich VI. von Schwaben, rückte nach. Das Kriegsglück war ihm nicht lange hold, nach seinem Tod befehligte der Österreicher Leopold V. das deutsche Kontingent. Saladin hielt immer noch stand, und die Belagerung von Akkon wurde fortgesetzt. Akkon nennt sich heute Akko und liegt fünfundzwanzig Kilometer nördlich von Haifa. Von der Festung am Meer ist noch einiges erhalten, was vielleicht auch den schweren staufischen Buckelquadern zu verdanken ist, die sich dem Meer heute noch entgegenstellen.

Jetzt aber endlich wieder zurück zum König von England, Richard Lionheart. Gemeinsam mit Philipp II. August, König von Frankreich, und Leopold V., Herzog von Österreich, konnte Richard die Kapitulation von Akkon erreichen. Den öffentlichen Erfolg heimste aber Richard Löwenherz ein. Feldherren und Könige sind ziemlich ausnahmslos Egomanen, und ganz klar, die Herren zerstritten sich. Leopold kam sich ein bisschen untergebuttert vor und reiste grummelnd ab. Um seine Ehre zu sanieren, ließ er den später heimreisenden Richard gefangen nehmen. Richard Löwenherz hatte den Weg nach Wien gewählt, vom Semmering kommend traf er am 21. Dezember 1192 in Erdberg ein. Dieser Wiener Stadtteil zählt heute zum 3. Bezirk und liegt ungefähr zwischen Schloss Belvedere und dem Prater.

Der englische König wurde in Ketten gelegt und auf die Burg Dürnstein geschleppt. Nach einigen Monaten der Haft wurde er an den Staufer Heinrich VI. weitergereicht. Der wackere Engländer wurde nun in der Burg Trifels eingekerkert. Im Grunde handelte es sich um astreines Kidnapping, die Auslösesumme belief sich auf sage und schreibe 22 Tonnen Silber.

Der Sänger Blondel de Nesle, Troubadour und Freund des Königs, begab sich nun auf die Suche nach dem Verschwundenen. Von Burg zu Burg ziehend, sang er Lieder, die nur Löwenherz kennen konnte, hoffend auf ein Zeichen. Dass er vor Dürnstein trällerte, ist eine Legende, wie wahrscheinlich die ganze Geschichte, die aber so schön ist, dass ich sie gerne weitergebe. Immerhin könnte es sein, dass der konspirative Gesang dem englischen König wenigstens Trost und Mut verschaffte. So viel in groben Zügen zu Dürnstein und dem dritten Kreuzzug der 1190er-Jahre, der sich natürlich wesentlich komplizierter zugetragen hat, als ich das hier geschildert habe.

Blondel schreit vor Trifels laut:
Mein König, fahr hurtig aus der Haut,
Werd schwerelos und schwebend,
Komm, wir wollen einen heben.

Im Traum rumpelte das Lied so ungereimt, dass ich unvermittelt aus dem Mittagsschlaf hochschrecke. Es wird auch höchste Zeit, denn vom Dürnsteiner Schloss zieht sich ein schöner Radweg an der Donau entlang bis nach Krems, dem Hauptort der Wachau. Die Räder werden aus dem Auto geholt, die Sättel festgeschraubt, dann geht es los. Der Weg führt zuerst zu den schönen Fassaden der Ortschaft Stein, die nahtlos in jene von Krems übergehen. Die Bausubstanz ist beeindruckend, und so konnte das Qualitätssiegel »Weltkulturerbe« nicht ausbleiben, das übrigens für die ganze Wachau gilt.

Der Hinweg fällt meist leicht, aber wie sagte schon Napoleon an der Beresina: »Mir graut vor dem Rückzug.« So weit lassen wir es gar nicht erst kommen, wir fahren zum Bahnhof,

um ein Großraumtaxi zu entern. Das waggoniert uns in etwas mehr als einer Viertelstunde wieder zurück aufs Schloss Dürnstein. Die Räder werden in eine Ecke des Schlosshofes geschmissen, denn um sechs ist ein Tisch in Loiben bestellt.

Nicht zu irgendeinem Gasthaus zieht es uns, es ist der Gastgarten des Weinguts Knoll, der auf uns wartet. Es gibt in Österreich unzählige gute Winzer, zu den zehn Besten aber dürfte das Weingut Emmerich Knoll gehören. Vor dreißig Jahren war ich mal mit einem Gastrosophie- und Weinspezialisten beim alten Emmerich zu Besuch, der heute immer noch jugendlich wirkt. Es war um das Erwägen eines neuen, moderneren Etiketten-Design gegangen. Ich erinnere mich noch genau, dass ich mit der Coca-Cola-Flasche argumentierte, dass man also einen hohen Wiedererkennungswert nicht leichtfertig aufgeben sollte. Der Weinfex und ich, wir waren sicher nicht die Einzigen, die den heiligen Urban nicht sterben lassen wollten. Er wacht in barocker Anmutung heute noch über die Bouteillen.

Wir gehen an den großzügigen Gasträumen entlang, und ein flinker Kellner führt uns an den gedeckten Tisch unter einem Apfelbaum. Hier stimmt alles. Ein üppiger Brotkorb wird auf eine blau karierte Leinendecke gestellt, ich wähle als Vorspeise Kutteln und Kalbsfuß in Weißwein, Elisabeth Spanferkelsülze mit Kernöl und danach mal wieder eine gebratene Forelle mit Blattspinat und Petersilien-Erdäpfeln. Mir wird zum Hauptgang gekochtes Rindfleisch serviert, dazu gibt es Fisolen. Ich muss kurz überlegen, was Fisolen sind, es fällt mir dann aber gleich wieder ein. Hinter dem Wort verbergen sich grüne Bohnen. Die Österreicher haben ganz eigene Bezeichnungen für Lebensmittel, darauf werde ich später noch genauer zurückkommen.

Zum Schluss erfreut uns eine reichhaltige Variation von österreichischem Käse. Bis das alles vertilgt ist, braucht es, sozusagen für den ersten Durst, eine Flasche »Steinfeder«. Die Wachauer Veltlinerweine helfen dem geneigten Trinker mit einer Dreiklassengesellschaft durch jegliche Dürre in der Kehle. Der »Steinfeder« gibt sich leicht, er bringt es kaum über zehn Volumenprozent, er beschwingt und ist letztlich ein Erfrischungsgetränk. Etwas dichter, meist auch mit einer Umdrehung mehr Alkohol, das wäre der »Federspiel«. Damit die Weinjournalisten und Ranking-Trinker sich sozial nach unten abgrenzen können, wird noch die Klassifizierung »Smaragd« gekeltert. Aber Schluss mit überheblicher Ironie, der wirkliche Veltliner-Aficionado landet zwangsläufig beim Gehaltvollsten. Dazu braucht es die besten Lagen, hohes Mostgewicht und auch eine erheblich längere Reifezeit. Alle guten Weingüter lassen ihre Weine bis zum natürlichen Gärstillstand durchgären. Da kommen dann in »Smaragdlagen« gerne mal 14 ruhig stellende Prozente zusammen. Es ist der willkommene Stoff für disziplinierte Genießer, aber auch für Wirkungstrinker.

So, und jetzt gilt es noch, der Wachauer Marille ein Loblied zu singen. Destilliert werden nur die wirklich baumreifen Früchte, die frühestens ab Juni zu haben sind. Was ich sehr liebe, das sind weiche, getrocknete Aprikosen, also Marillen, über Nacht in Aprikosenschnaps eingelegt. Diese dann in einen Topfenteig eingemauert und in Vanillemilch pochiert, das ist das Höchste. Deshalb bestelle ich mir nach dem Käse noch Topfenknödel mit Marillenröster, also mit etwas eingedicktem Aprikosenkompott.

Das Essen alleine sorgt schon für Überschwang, doch die sich flach senkende Sonne, die durch die Obstbäume sprenkelt und helle Flecken auf den Rasen wirft, erinnert mich heftig an den Beginn der modernen Malerei, als Impressionisten mit Pleinair-Malerei die Sonne einfingen. Ich beobachte ein paar Kinder, die auf dem Rasen und zwischen den Obstbäumen herumhüpfen. Was heutzutage selten ist: Sie tollen nicht in Jeans oder Neonklamotten durch die Idylle, sondern in sonntäglichem Häs, mit spitzenbesetzten Kleidchen, ein Bub trägt sogar eine rot gestreifte Fliege. Auch bei den Erwachsenen sehe ich viele Strohhüte und Trachten, sodass ich mich kaum des Eindrucks zu erwehren vermag, mich im 19. Jahrhundert zu befinden. Diesen Glücksmoment versüßt mir ein Glas gelber Muskateller, dann will ich noch eins, und dann möchte Frau Elisabeth auch noch eins, und das setzt sich fort, bis uns der Taxifahrer aus den Träumen reißt und wir gerade noch rechtzeitig einen geordneten Rückzug ins Hotel antreten können.

Die Nacht plagt uns nicht mit Träumen, und der Morgen dringt erst in unser Gemüt, als sich jenseits der Donau die Weinberge von der Sonne in Szene setzen lassen. Wir lassen uns das Frühstück aufs Zimmer bringen. So ein Fürstenzimmer ist natürlich nicht billig, aber unser Beruf verbietet Urlaube, die länger als fünf Tage dauern, und auch das nicht allzu oft. Lieber kurz und schön als lang und fad. Erholung brauchen wir sowieso nicht, und wenn, dann gelingt mir das am besten, wenn ich mein Auge über die Gästeschar der Wielandshöhe schweifen lasse.

Bei Kaiserwetter rollen wir weiter an der Donau entlang, doch bei Krems sticht uns der Hafer, und wir beschließen, das Kamptal hinaufzufahren. Früher zählte das schöne Tal mit den hervorragenden Weinen auch zur Gebietsbezeichnung Wachau.

2003 trat eine neue Weinverordnung in Kraft, das staatlich überwachte Gütesiegel »DAC«, ausgeschrieben wirkt es geradezu schlagwetternd: »Districtus Austriae Controllatus«. Es werden darin für das jeweilige Weingebiet die typischen Weinsorten verankert. Also Kremstal, Kamptal, Traisental, Neusiedler See, Mittelburgenland, Schilcherland (das wäre die Steiermark) und so weiter und so fort. Die typischen Traubensorten der Gegend um die Wachau sind der Grüne Veltliner und der Riesling. Sehr erfreulich hat die Stadt Wien mit ihrem »Gemischten Satz«, auf den wir noch zu sprechen kommen, 2013 auch eine eigene DAC-Banderole an den Flaschen. Alle DAC-Weine müssen den gesetzlichen Vorschriften des Qualitätsweins entsprechen. In Deutschland gibt es ähnliche Regeln. Es sei aber gesagt, dass es auch grandiose Weine außerhalb dieser Bemusterung gibt. Nur entsprechen sie dann nicht der landestypischen Erwartung, sondern oft zum Ärger der Weinkontrolleure beispielsweise einer burgundischen oder Bordeaux-Vinifizierung.

Und vor lauter Weinpredigt wären wir jetzt fast am Weingut Bründlmayer vorbeigefahren. Willi Bründlmayer führt das berühmte Familienweingut zusammen mit seiner Frau Edwige, dem ältesten Sohn Vincent, Thomas Klinger und Andreas Wickhoff, Master of Wine. Sehr ausgeschlafene Leute, die in Weinbergbearbeitung und Kellerwirtschaft auf dem absoluten Stand unserer Zeit sind. Ein exquisites Heurigenlokal wird auch betrieben, und neben der Verkostung der berühmten Weine werden auch drei luxuriöse Gästezimmer bereitgehalten, alles zeigt sich sehr modern und chic. Überhaupt findet man nirgends schmiedeeisernen Mist oder sonstig besoffen machende Applikationen und Verneigungen vor tiefgelegter Touristengeschmacklosigkeit. Diesbezüglich ist die Wachau aber sowieso eine Frischluftoase der gehobenen Lebensart.

Nach dem Rundgang durch das Bründlmayer'sche Gut beschließen wir, noch weiter hinauf im Waldviertel bis an die tschechische Grenze vorzudringen. Auf tschechischem Gebiet, kurz vor Znaim, sichten wir zahlreiche Puffs, aber noch schlimmer, eine monströse Verschandelung der Häuser mit allem, was die Billigbaumärkte im Programm haben und woran man schier erblindet.

Eigentlich hatten wir in Znaim zu Mittag essen wollen. Das Znaimer Gulasch soll hervorragend sein. Dann fiel mir aber ein, dass Essiggurken das Gericht so unverwechselbar machen. Das ist nicht mein Ding. Gibt man eine überflüssige Zutat zu einer Speise, so wird die zwar mehr, aber nicht zwingend besser.

Vor Znaim flüchtend kommen wir an einem Erlebnispark vorbei, bei dessen Anblick meine Frau Schmerzensschreie ausstößt. Mit sinkendem Mut und steigendem Hunger kehren wir nach Österreich zurück, wo nach einigen Kilometern eine Wirtschaft mit dem seltsamen Namen »Hausgnost – Gasthaus an der Kreuzung« unsere Aufmerksamkeit erregt.

Ein ganz normales Gasthaus, aber mit einer Küche, dass wir aus dem Staunen gar nicht rauskommen. Wir starten mit zwei Bier, wie immer, dann kommen eine Literflasche Veltliner und eine große Flasche Mineralwasser. Als Autofahrer verdünne ich mir den Wein mit Mineralwasser, hier nennt man das »einen Gespritzten«. Aber ein Glas muss ich natürlich ohne probieren und bereue es nicht. Der Veltliner ist hervorragend, als leichter Landwein deklariert, und der ganze Liter kostet nur 9,20 Euro. Darauf folgt als kulinarische Eröffnung eine Spargelsülze, die Sterneniveau hat, aber von der Portionsgröße her Handwerkerwünschen entspricht. Die Sülze kostet gerade mal 6,20 Euro. Mir ist ein Rätsel, wie der Wirt überlebt, und das anscheinend schon lange. Als Hauptgang wird uns Schulterscherzl serviert, durchwachsene Rinder- oder Ochsenschulter, in Brühe zart gekocht. Zum Abschluss wird ein Kännchen Mocca geordert, und, als die Rechnung kommt, steht für zwei rundum gesättigte Schwaben die Zahl 56 auf dem Zettel. Schnäppchen, Rabattgeilheit und Ähnliches sind gar nicht unser Ding. Trotzdem erfreut es, wenn der Geldbeutel mal geschont wird. Ja, auf dem platten Land lässt es sich in Österreich gut leben.

Wir fahren aus der Ortschaft Guntersdorf hinaus und biegen nach einigen Kilometern auf einen Feldweg ein. Die Decke wird herausgeholt, und wir geben uns einer kurzen Siesta hin. Dann überlegen wir, wie unsere Reise weitergehen soll. Eigentlich wollen wir möglichst schnell nach Wien, aber das ist nicht so einfach. Wir sind mitten im sanft hügeligen Weinviertel mit seinen ins Erdreich eingegrabenen Weinkellern. An kleinen Abhängen und Wegen reiht sich ein weiß gekalktes Häuschen an das andere. Es sind sogenannte Presshäuser, sie beherbergen die Weinpresse und alles, was man zur Weinherstellung benötigt. Dahinter zieht sich der Weinberg bis zur nächsten Parzelle, dazwischen lassen kleine Pfade die Herzen von Wanderfreunden höherschlagen.

Wir entschließen uns, an der Hauptstraße nach Wien kurz in Hollabrunn zu rasten. Wenn wir nicht so gehfaul wären, könnte man den Hollabrunner Kellerkatzenweg abschnüren. Katzentatzen markieren den Pfad, der auf vier Kilometern zu 190 Weinkellern führt. In den Kellergassenhäuschen lagerte im Dachstuhl einst auch das Korn, und zahlreiche Katzen hielten die Mäuse dezimiert. Kellerkatze bezeichnet hier aber noch etwas anderes: In den Ritzen der tiefen Keller bildet sich mit den Jahren ein schwarzer, samtener Schimmelteppich. Dieser sorgt für ausgeglichene Feuchtigkeit der oft riesigen, in den Löss gegrabenen Gewölbe und heißt Kellerkatze.

Nach dem kurzen Schlenker über Hollabrunn geht es weiter, der Weg führt uns auf einer bequemen Straße über Stockerau nach Klosterneuburg, das einen Halt wert wäre. Uns drängt es jedoch zügig weiter zu unserem eigentlichen Ziel, wo ein ganz besonderes Hotel auf uns wartet.

Das Hotel Sacher

Wer sich in Wien überhaupt nichts anschauen möchte, sich gar nicht bewegen will, wer Wien ganz aus dem Clubsessel zu erfahren sucht, der könnte in diesem Hotel trotzdem so ziemlich das ganze Wesen der Stadt erfühlen. Die Geschichte des Hauses ist sehr mit der Kaiserzeit verbandelt. Dementsprechend ist das Interieur einem Palasthotel gemäß, nicht modern, aber mit allen technischen Annehmlichkeiten trotzdem perfekt. Sicher gibt es Leute, die für einen Aufenthalt in diesem feinen Kokon kein Geld übrig haben, und alle Welt redet heute ja vom Preis-Leistungs-Verhältnis. Trotz der Zimmerpreise von 350 Euro aufwärts nenne ich das Hotel günstig, denn es wird viel geboten. Ungefähr auf jeden Gast kommen zwei geschulte Fachkräfte, nicht irgendwelche Jobber. Ein Besuch im Hotel Sacher ist unvergesslich und für mich ergiebiger als 14 Tage an irgendeinem Strand abzuhängen. Aber was red ich, des Menschen Wille ist sein Himmelreich.

Als 15-Jährigen führte mein Vater mich und meinen Bruder ins Restaurant des Sacher im ersten Stock. Damals erfuhr ich schon, wo in Sachen Tafelspitz der Hammer hängt. Der Vater reiste jährlich nach Wien, um dem Frauenkloster und Mädchenpensionat Sacré Cœur Bericht zu erstatten. Die verstorbene Mutter einer Klosterschwester hatte meinen Vater

mit der Testamentsvollstreckung und der Verwaltung ihres Hauses in Schwäbisch Gmünd beauftragt, das mit ihrem Tod an das Kloster überging. So geriet ich schon als junger Kerl in den Bannkreis dieser phänomenalen Stadt.

Ich erinnere mich noch gut daran, dass mein Bruder und ich, mit kurzen, weißen Hemdchen veredelt, die am Kragen von einer Krawatte zusammengehalten waren, durch das Portal des Hotels Sacher schritten. Die Krawatten hatte Vater gleich ums Eck im Herrenbekleidungsgeschäft Jungmann & Neffe gekauft. Das Geschäft gibt es noch heute, und es hält Bekleidung und Accessoires für den Herren in einer Auswahl bereit, die dem Angebot der Läden in der Londoner Jermyn Street nicht nachstehen.

55 Jahre später fahre ich mit unserem zerschrammten VW vor das Portal des Sacher, und Frau Elisabeth und ich werden empfangen, als wären wir ein Königspaar. Illusionen zu verkaufen, dürfte der wichtigste Punkt sein, den ein Gastronom schon immer erfüllen musste.

Die Empfangshalle des Hotels ist nicht groß, aber von erlesenstem historischem Interieur. Da ziehe ich mir doch lieber gleich ein Jackett an, während die Wagenmeister – Männer im tressenbesetzten, Sacher-roten Uniformrock und mit Zylinder – Fahrräder und Koffer entladen. In warmem Kardinalsrot tun die hilfreichen Mannen ihren Dienst und geleiten uns zum Empfang. Elisabeth meldet uns an, ich begutachte derweil den unglaublich schönen Marmorboden, der sich in der Mitte des Raumes mit schwarzem Stein zu einem ziselierten Stern vereinigt.

Das Innere des Hotels zieht mich magisch an, und ich nase den anschließenden Salon aus, der mit vorherrschender Wandbespannung aus rotem Seidendamast alle Sorgen, Hektik und Lärm vor der Türe draußen vergessen lässt. Man

Im Salon des Hotels Sacher

sollte ja glauben, dass solches Karminpigment irgendwann in den Augen schmerzt, aber tatsächlich sendet es eine strahlende Fröhlichkeit aus.

Wo bleibt die Frau? Ich gehe zurück in die Empfangshalle und stelle fest, dass sie sich von den charmanten Concierges nicht losreißen kann. Es gibt ja Leute, die haben vor solch feudalen Kästen erhebliche Schwellenangst. Dafür gibt es hier keinen Grund, die Herren am Empfang sind einfach hilfsbereit, wissend, warmherzig, trotzdem zurückhaltend und korrekt, sodass das Zuhausefühlen sofort eintritt. Oder – eigentlich doch nicht, denn hier sieht es gar nicht aus wie zu Hause, und wir fühlen uns auch gar nicht so. Es gab mal einen Wirt, ich glaube, ich war es, der sagte: »Liebe Gäste, ihr sollt euch nicht wie zu Hause fühlen, nein, keineswegs, sondern viel besser sollt ihr euch fühlen, sonst hättet ihr ja gleich daheimbleiben können.«

Vom Empfang gelangt man durch den bereits erkundeten roten Salon zu den Aufzügen. In modernen Vertreterhotels nennt man diesen Raum Lobby, doch was für ein krudes Wort für einen opulenten Salon im Grande-Dame-Stil mit dezent erhellenden Kronleuchtern. Der Aufzug verhilft uns ohne Herzkasperl und Keuchen hinauf ins vierte Stockwerk. Zimmer kann man das Gemach nicht nennen, das wäre ein bisschen zu mickrig angedeutet. In solcherart Räumlichkeit könnte man in Deutschland würdevoll Bundesverdienstkreuze ausloben. Alles ist in gedecktem Weiß gehalten und sonnendurchflutet.

Für mich zählt dieses Hotel zum Weltkulturerbe, auf alle Fälle ist es eine Weltmarke, eine Firma, die sich widrigsten Zeiten seit 1876 entgegenstemmte und heute glänzender dasteht als je zuvor. Das alles ist von Beginn an einer tüchtigen Frau zu verdanken: Anna Fuchs zählte gerade mal zwanzig Lenze, als sie, die Tochter eines Fleischhauers aus der Leopoldstadt, den Dienst als Hilfskraft im Hotel Sacher antrat.

Dort arbeitete sie vier Jahre, in deren Verlauf sie sich als resolute, hervorragend koordinierte Kraft unentbehrlich machte und nicht nur aus diesen Gründen die Aufmerksamkeit des Sacher-Chefs Eduard erregte.

Die beiden ehelichten 1880, die Wiener Häme- und Tratschgesellschaft spottete über die Liaison von Metzgerstochter, vulgo Tafelspitz, und Sachertorte. Zwölf Jahre später starb der Gatte reichlich verfrüht. Mit 33 Jahren stand nun Anna Sacher dem Hotel vor. Als ein Gast sich einmal nach dem Direktor erkundigte, bekam er von Madame den Satz an den Kopf geworfen: »Der Herr im Hause bin ich!«

Die Witwe lebte nach Feierabend im Grünen, im südlich von Wien gelegenen Baden. Täglich fuhr sie mit dem Fiaker zur Arbeit und ließ zwischenzeitlich bis zu hundert französische Bulldoggen in der Obhut eines Bediensteten. Tierliebe rangierte bei ihr vor Menschenfreundlichkeit, für ihre Gäste blieb jedoch reichlich Empathie, was dem Hotel eine stabile Blüte bescherte.

Lange Zeit galt das Sacher als das konservativste Hotel Wiens. Bis zum Ersten Weltkrieg achtete die Witwe streng auf die Auswahl der Gäste. Manche schlugen dort für Wochen und Monate ihre Zelte auf. Nicht nur der Hochadel und reiche Offiziere nächtigten unter der Obhut der zigarrenrauchenden Witwe. Diskretion war obligat, und die nutzte beispielsweise sehr häufig der Theatermann Max Reinhardt. Auch kuriose Vögel hielten hier Hof. Erzherzog Otto, »der Schöne« genannt, war bekannt für unzählige Frauenaffären und reizte die Sacher-Gastlichkeit bis aufs Äußerste. Als Neffe des Kaisers, des jüngeren Bruders des späteren Thronfolgers Franz Ferdinand, der in Sarajewo erschossen wurde, leistete er sich einmal ein ganz besonderes Highlight. Eines Abends champagnisierte »der schöne Otto« mit Ballettmädchen in einem Sacher-Separee. Es ging hoch her, was dem Kaiser zu Ohren kam. Der strenge Regent ließ einen Befehl depeschieren, der Neffe möge unverzüglich in die Hofburg kommen, unverzüglich, »grad so, wie er ist!«. Daraufhin marschierte ein schön und groß gewachsener Herr in Reitstiefeln, mit dem Orden vom Goldenen Vlies um den Hals, mit umgehängtem Degen und weißen Handschuhen über die Ringstraße. Die genannten herrschaftlichen Devotionalien hatte er angelegt, aber ansonsten strahlte er splitterfasernackt wie einst Adam im Paradies. Man kann nachvollziehen, dass der Kaiser dieses Hotel nie betreten hat. Auch wenn man annehmen kann, dass dieser Vorfall zu den Legenden zählen könnte und der schrecklich verleumderische Wiener Klatsch dafür Pate stand.

Dass Karl Kraus sich hier oft als Stammgast zeigte, ist hingegen belegt. Für ihn war ein Essen im Sacher eine Möglichkeit, die Realität der sogenannten besseren Gesellschaft ins scharfe Auge zu fassen. Wobei das Hotel keineswegs nur Wünsche der k.u.k.-Oberschicht bediente. Alleine speisenden Frauen wurde ebenfalls guter Service geboten, in der damaligen Zeit galt das als sensationell. Aber Achtung, ich las auch, dass die zigarrenrauchende Despotin Anna Sacher alleine reisende Frauen nicht akzeptierte. Wahrscheinlich ist das aber nur ein weiteres Wiener Gerücht, und dazu fällt mir eine Notiz von André Heller ein, der – seinen im Konzerthaus schmorenden Vater zitierend – sich das Herz immer mit einem Whiskyflachmann schützte und Wahrhaftiges röchelte: »Man kann sich, wenn man unter die Wiener geraten ist, gar nicht genug desinfizieren.«

Die lange Wirtschaftskrise von 1873 bis 1896 überstand das Hotel mit einigen Blessuren. Der verlorene Erste Weltkrieg war jedoch ein echter Schlag ins Kontor. Das reiche, kultivierte Wien rekrutierte sich ungefähr zu achtzig Prozent aus jüdischen Handels-, Industrie- und Bankermagnaten. Allesamt von Fahnentreue zum Kaiser geprägt, hatten viele sich zu Kriegsanleihen hinreißen lassen, und so verloren fast alle wohlhabenden Bewohner der Ringstraßenpalais ihr Vermögen. Man konnte nicht mehr von Rezession oder Bankrott sprechen, was da stattfand, wäre mit Vernichtung treffend bezeichnet.

Dem Hotel Sacher war damit ein großer Teil der Klientel weggebrochen, was die eigentlich seelenstabile und tüchtige Hoteliersfrau in Depressionen drückte. Sie verlor jeden Elan und auch irgendwann die Übersicht. Mit sich und der Welt hadernd, umgeben von dichtem Zigarrenqualm, verließ sie nur noch ungern ihr Büro. Erst nach ihrem Tod 1930 wurde bekannt, dass das Haus hoch verschuldet war, vier Jahre später ging es in Konkurs.

Der angesehene Jurist Hans Gürtler und das Hoteliereheparr Josef und Anna Siller übernahmen das Gebäude und hauchten der besonderen Örtlichkeit wieder Glanz und Leben ein. Die neuen Besitzer brachen gleich mit einer alten Tradition: Die Sachertorte wurde von nun an auch über die Theke verkauft, bislang hatte sie nur im Hotel selbst verzehrt werden dürfen.

Die »Original Sachertorte« war und ist die Geldmaschine des Hauses. Als Erfinder gilt Franz Sacher. Der Legende nach hat der als junger Lehrling in der Hofküche des Hauses Metternich einen Nachtisch kredenzen sollen und dafür eine Schokoladentorte komponiert. Sein Sohn Eduard, der vor seiner Hotelkarriere eine Ausbildung beim Hofzuckerbäcker Demel machte, auf den ich noch gesondert zu sprechen komme, brachte das Rezept dort zur Vollendung. Als er 1876 das Hôtel de l'Opéra eröffnete, benannte er es bald in Hotel Sacher um, gleichsam eine Reminiszenz an den Vater, sich selbst und die Torte. Um die entspann sich in den Fünfzigerjahren des 20. Jahrhunderts ein jahrelanger Rechtsstreit mit der Demel'schen Hofkonditorei, den das Hotel schließlich gewann. Es gibt nun zahlreiche Sachertorten, aber nur eine darf sich »original« nennen. Mittlerweile hat sich die »Original Sachertorte« zu einem Synonym für österreichische Konditoreikunst ebenso etabliert wie der Eiffelturm für Paris.

Doch einmal brachte eine Sachertorte mein Weltbild ins Wanken. Ich öffnete das messingecken-bewehrte Holzkistchen, alles war gut, ich schnitt ein Stück ab, alles war gut, ich nahm einen Bissen, und das Teil bröselte etwas trocken in die Kehle. Ein Hustenanfall blieb nicht aus. Was war geschehen? Eine Bekannte hatte mir die Torte aus Wien mitgebracht. Ich recherchierte und fand erst wieder Ruhe, als mir die Dame gestand, die edle Torte in ihrer hölzernen Wohnstatt sei 14 Tage lang im Auto herumkutschiert worden. Man merke sich also, der Sachertorte geht es wie uns selbst, gemäß dem Jazzsong: »Every day I die a little!«

Nach dem Ende des Zweiten Weltkriegs war das Sacher erst von sowjetischen Soldaten besetzt, dann wurde es von den Briten verwaltet. Erst Anfang der Fünfzigerjahre ging es – nicht gerade in bestem Zustand – wieder in den Besitz der Familien Gürtler und Siller über.

Nach dem Tod der beiden Sillers waren die Gürtlers Alleinbesitzer, 1970 übernahm ihr Sohn Rolf die Geschäfte. Als der wenige Monate später verunglückte, enterte dessen Bruder Peter für zwanzig Jahre das Direktionsbüro. Mit seiner Witwe Elisabeth rückte 1990 wieder eine elegante Erscheinung in die vorderste Front. Unter ihrer Leitung wurde das Hotel weiter ausgebaut und immer auf dem neuesten Stand gehalten. Bereits 1991 holte sich die Chefin einen besonderen Mann an die Spitze des Hotels. Kaum zu glauben, es war ein Piefke aus Wellingholzhausen nahe dem westfälischen Gütersloh. Um ehrlich zu sein, musste ich erst mal googeln, wo Gütersloh auf der Karte zu finden ist. Dann folgte das Detailstudium, bis ich nördlich von Steinhagen auf Wellingholzhausen stieß: eine Gegend, deren genießerischer Beitrag zum

An der Rezeption im Hotel Sacher

Weltgeschehen im Brennen von Kornschnaps zu verorten ist. Genies kommen oft aus dem Nirgendwo. Bei Herrn Heilmann stimmt das nicht ganz, er stammt aus einem soliden und schönen Dorfgasthaus, das leider nicht mehr existiert. Das mag für die Dorfgemeinschaft betrüblich gewesen sein, für den Fortschritt der Spitzengastronomie war es ein Glücksfall, dass ein gewisser Westfale namens Heilmann in die weite Welt hinaus entlassen wurde.

Reiner Heilmann regiert bis heute das Hotel Sacher. Elisabeth fand durch die Rückendeckung des Hoteldirektors noch Zeit für das Opernballbüro und dafür, die Hofreitschule über Jahre hinweg zu managen. Nicht zu vergessen, dass ihre beiden Kinder Georg und Alexandra mit ihrem Mann Matthias Winkler sehr erfolgreich die Leitung des Konzerns übernommen haben, zu dem auch das Hotel Bristol in Wien gehört, die Sacher Cafés, die Tortenmanufaktur, das Wiener Kongresszentrum und das Hotel Sacher in Salzburg.

Der Kern der Marke jedoch ist das Hotel in Wien. Wenn ich mir eine persönliche Beurteilung gestatten darf, mit dem Hinweis darauf, dass ich schon viele Hotels aufgesucht habe und mir deshalb ein Urteil erlauben kann: »Einen besseren als den Direktor Heilmann findest du nicht.« Egal, in welchen entlegenen Flur man sich verirrt, unversehens kann der Direktor um die Ecke eilen, im Vorbeigehen artig grüßen und bei fragender Mimik des Gastes die Notbremse ziehen und mit ruhiger Geste, als hätte er alle Zeit der Welt, fürsorglich fragen, ob Hilfe oder Auskunft benötigt werde. Nimmt man ein kleines Essen zu Mittag in der Roten Bar, kommt er in der Regel vorbei und wünscht guten Appetit. Wohlgemerkt, der Mann kennt mich nicht, der macht das einfach so, das gehört zum guten Ton.

Ein Grund, warum ich, mit Ausnahmen, nicht gerne Konzernhotels aufsuche, liegt darin, dass meist nirgends ein Gastgeber auszumachen ist. Es laufen sorgenvolle oder gelangweilte Geschäftsführer mit Betriebswirtschaftsstudium herum, sie mögen alle Zahlen und Daten im Kopf haben, sie mögen täglich gute Umsätze an die Konzernzentrale übermitteln, tja, und von Letzterem sind dann ihre Kräfte so erschöpft, dass sie in ihren Gästen nichts als graue Umsatzträger sehen. Davon ist Herr Heilmann Lichtjahre entfernt. Er ist wirklich noch Gastgeber.

Wahrscheinlich fasziniert mich das Sacher schon deshalb, weil es privat geführt wird. Ein Koch wie ich, der in freier Wildbahn, ohne jeden Rückhalt eines Konzerns, seinen Laden betreibt, der das Schreiben begonnen hat, da er nie von der Angst frei werden konnte, dass irgendwann mal die Pleite drohen könnte, den zieht es zu beruflichen Schwestern und Brüdern im Geiste. Nicht in Konzernhotels und auch nicht in Sternelokale, die von Mäzenen gepampert werden.

Im Hilton-Hotel in Düsseldorf, da gab es mal einen Direktor und seinen Freund, den Küchenchef. Die beiden agierten, als ginge es um Leben und Tod. Sie waren in der Düsseldorfer Gesellschaft fest verankert und boten nicht nur Fremden, sondern auch den Citizens eine Heimat. Solcherart Verbrüderung verstimmte die amerikanische Konzernzentrale, und der Direktor wurde irgendwo in Afrika zum Versauern abgestellt. Das Hotel erreicht vielleicht nach wie vor gute Umsätze, aber Aura, Feeling und Vibration waren im Eimer.

So, nun aber genug mit der Schwärmerei über das Sacher. Ich will mich gerne der Hoffnung hingeben, dass ich in Wien noch einige erlebenswerte Hotels finden werde! Apropos: Frühstücken im Sacher ist natürlich ein Ereignis, das man dankend erlebt. Wen es nach Abwechslung gelüstet, dem sei ein Besuch beim Hofzuckerbäcker, dem Café Gerstner, empfohlen. Ohne den wäre der Wienaufenthalt wie eine Jause ohne Getränk. Ach ja, und auf der anderen Seite, Richtung Albertinaplatz, könnte man das Café Mozart beehren.

In der Roten Bar im Sacher

Die Rote Bar im Sacher

Jetzt muss ich doch noch ein wenig im Sacher verweilen, ich hoffe, Sie sehen mir das nach! Aber schließlich habe ich noch nichts von den kulinarischen Genüssen berichtet, die in der Roten Bar serviert werden. Die Bar ist eine kleine Sakralräumlichkeit für Gusto- und Protektionsstückerln, gleich rechts vom Eingang. Hierher lädt man ein und sitzt in einem

fürstlichen Raum, der trotzdem unauffällige Zwanglosigkeit zulässt. Hinten links rundet sich die Bar neben der Türe, aus der die duftenden Speisen antransportiert werden, die Tische drum herum stehen weiß gedeckt unter einem Kristallleuchter.

Der gemusterte Seidendamast an den Wänden und auf den Sesseln ist alleine schon eine Augenweide. Leises Gemurmel von den Nebentischen umweht uns, die Kristallgläser und die Servietten, ebenfalls in Sacher-Rot, harren der Benutzung. Auf jedem Tisch steht eine rote, herzförmige Wachsblume, aus deren Mitte sich, wie es scheint, ein kleiner Finger den Essenden entgegenstreckt. Die Blume erinnert an emailliertes Blech und wirkt unverwüstlich, weshalb sie vielleicht nicht zu unseren Lieblingsblumen zählt. Aber egal, weg mit dieser Nebensächlichkeit, ich bin versöhnlich gestimmt, lasse mir von dieser kleinen geschmacklichen Zitterei Szene und Gemüt nicht derangieren.

Dass dieser gehobene Ort gepflegter Nahrungsaufnahme nicht steif wirkt, liegt auch an den professionellen Kellnern, die man als lobenswerte Rarität innerhalb ihres Berufsstandes bezeichnen könnte. Leute ohne hypnotischen Trinkgeldblick und ohne jeden Hang zum Entertainment, der anderenorts immer mehr um sich greift. Sie sind vom alten Schlag, frei von jener neuartigen aufdringlichen Geschwätzigkeit, die manchmal bis hin zum Zwangslustigen reicht.

Auf der Speisekarte der Roten Bar finden sich keine modernen Küchenwunder, sondern weitgehend Gerichte der »k. u. k. Wiener Haute Cuisine«. Diese kulinarische Vielvölker-Grammatik ist in erster Linie den zugewanderten böhmischen, ungarischen und den Köchinnen des Balkans zu danken, davon aber später mehr.

Ich pflege, um es wienerisch zu murmeln, einen naturnahen Gusto, artgerecht gehaltene Kellner und artgerecht gehaltene und ökologisch gewachsene Nahrungsmittel. Von Kochkunst halte ich nur so viel, wie sie auch durch Können gefestigt ist. Die freie Auffassung der bildenden Kunst, die im schlimmsten Falle nicht die Eingeweide, sondern nur das Auge beleidigt, die möchte ich nicht auf Töpfe und Pfannen ausweiten. Aber davor muss man sich hier nicht fürchten.

Wir eröffnen das Mittagessen nicht mit Champagner, sondern bestellen jeweils ein Ottakringer Bier. Nicht jedoch das Sechzehner-Blech, wie man die Bierdosen der Brauerei des 16. Stadtbezirks sehr familiär bezeichnet. Es wird selbstverständlich ein frisch gezapfter Pfiff aufgetragen, also ein grad so zwei Mäuler volles Glas. Das passt alles gut zu meinem T-Shirt und meinem zerknitternden Jackett. Ich selbst ziehe mittlerweile nicht einmal mehr zu Beerdigungen eine Krawatte an. Allerdings, meine Herren, man sollte es selbst bei Bullenhitze mit einem Jackett bis zur Sitzgelegenheit schaffen. Eine ungehinderte Bauchschau, überhaupt, wenn man wie ich damit den Schatten eines Wochenendhäuschens wirft,

könnte die an den übrigen Tischen schmausenden Gäste doch zu sehr irritieren. Wobei, um das abzumildern, der Wiener ist kaum zu irritieren.

Wenn also Tisch und Stuhl durch den Saal-Chef angewiesen sind, der Fauteuil unter den Hintern geschoben und die Karte gereicht wurde und übermäßige Transpiration unterm Anzug an ein Vollbad gemahnt, man also unter Sommerhitze so richtig leidet, dann entledige auch ich mich im Sitzen alles Wärmenden. Den ganzen Oberkörper mache ich jedoch nicht frei, wie das Wladimir Putin so liebt, sondern behalte, schon um nicht aufzufallen, mein schwarzes T-Shirt an. Besucht der geneigte Esser ein gutes Restaurant, ist persönliches Wohlbefinden zwar unbedingt zu verteidigen. Wer aber seine Eber-Einzelbucht verlässt, begibt sich in soziales Umfeld und sollte dem auch Rechnung tragen. Im Restaurant verteilte Tischgenossinnen und -genossen sollten nicht allzu sehr ihrer Contenance beraubt werden.

Ich erinnere mich an das Restaurant Oncle Tatour, das in Golfe Juan an der Côte d'Azur einen legendären Ruf für seine Bouillabaisse genießt. Ich hing mit dem Kopf über meiner Languste, mein rechtes Auge überwachte den Nebentisch. Junge, Bentley-chauffierte Russen mit Killertattoos und in Ballonseide-Trainingsanzüge gehüllt, machten sich daran, die genussvolle Stimmung zu zerlegen. Aber was will ich jammern, Ungebildete gab es schon immer, blöd ist nur, dass sie in unserer Zeit immer lauter werden und auch noch demonstrativ stolz sind auf ihren geltungsbedürftigen Stumpfsinn.

Andererseits sollte ein gastronomischer Betrieb auch so viel Aura und Würde abstrahlen, dass nicht jeder Depp glaubt, sich produzieren zu müssen. Meine Güte, die Zeiten sind doch eh schon so leger, dass alle Grenzen verwischen. Wenn man bedenkt, was vor vierzig Jahren im Sacher für ein Regiment herrschte … Ehrlich gesagt, trauere ich dem ein wenig nach. Der Hammer des konservativen Verhaltenskodexes traf auch einmal einen Weltstar. Es war in den Sechziger- oder frühen Siebzigerjahren, als der Hausherr Peter Gürtler, selbst ein Mann von Welt, einem anderen Mann von Welt die Türe wies, weil dieser ums Verrecken keine Krawatte umlegen wollte. Der Herr war Curd Jürgens. Damals ahnte sicher mancher Zaungast, dass man den Gipfel der Gastgeberei erreicht hat, wenn man es sich leisten kann, eine Persönlichkeit wie Curd Jürgens rauszuschmeißen.

Das Entrée wird aufgetragen: Madame hat sich ein gebackenes Kaviar-Ei gewünscht, und mir ist ein Tag ohne Suppe letztlich ein Unglück. Das wird hier mit einer kräftigen Rindsbrühe mit Wiener Einlage verhindert. Die Wiener Einlage versteht sich als ein kleines Kammerkonzert von Lungenstrudel, Frittaten, einem Leberknödelein und einem Grießnockerl. Das muss man mal erlebt haben, um zu wissen, wie man seinen konvulsivisch juckenden Magen schnell ruhigstellen kann.

Was Frittaten sind, das hatten wir ja schon: Flädle sagt man im Badisch-Schwäbischen dazu, der Rest der Welt spricht von Pfannkuchen, was allerdings nicht exakt dasselbe wäre. Flädle sind dünn wie Crêpes, während Pfannkuchen oder gar Pannekoke nordischer Provenienz deutlich voluminöser ausfallen. Egal wie, als Suppeneinlage schneidet man sie jedenfalls in feine Streifen. Im Sacher sind sie dünn wie Rosshaar.

Und dann wäre da noch der Lungenstrudel: Gerade die Deutschen haben ja vorwiegend einen Horror vor Innereien, insbesondere vor Kutteln und Lunge. Das ist gut so, denn deswegen bleibt für die Unerschrockenen und die Wissenden genug übrig. Dass die in der Minderheit sein dürften, darauf deutet auch die Tatsache, dass Lunge weltweit als Hundefutter gilt. Den Fifi freut's und auch den Zweibeiner, der sich darauf einlässt. Beim Lungenstrudel geht es um Faschiertes. Von »faschiert« redete man im alten Wien gerne, wenn ein

Duellant im Morgengrauen übel zugerichtet, also sozusagen durch den Fleischwolf gedreht wurde. Solcherart Zerkleinerung nennt man andernorts Hack, im Österreichischen »faschiert«. Außerhalb Österreichs sollte man den Ausdruck eher vermeiden, beispielsweise könnte ein Berliner Schlachter sein Beil erheben, weil er sich als Faschist verunglimpft fühlt.

Lungenstrudel ist eine Köstlichkeit. Kalbslunge wird durch den Wolf gedreht und mit Zwiebeln angeröstet. Etwas Pfeffer, Salz, Piment und Muskat sorgen für eine gewisse Harmonie. Die brave Köchin oder der um Werktreue bemühte Hobbykoch zieht sich einen handtuchgroßen Strudelteig, so dünn wie eine Zeitung. Mangels Übung ist auch fertig gekaufter Strudelteig keine erniedrigende Option. Die faschierte Kalbslunge wird auf dem Teig verteilt und zu einer dicken Wurst gerollt, die dann in Fleischbrühe pochiert wird. Anschließend in Scheiben geschnitten, schwimmt der Lungenstrudel mit den anderen Ingredienzien im Suppenteller.

Verzeihung, nun muss ich wirklich mein Jackett ausziehen. Ein psychologisch seit Jahren aufmunitionierter Ober stürzt herbei und ist mir behilflich, er muss es wissen, wer beim Essen friert, ist ein latenter Sterbefall. Solchermaßen befreit kann ich mich endlich auch am Weißwein laben. Meine Frau, die fast nur Weißwein trinkt, fühlt sich mit ihrem flüssigen Monotheismus in Österreich besonders wohl. Der Grüne Veltliner ist sozusagen ihre Hausapotheke. Aber mitten in der Weinbestellung rufe ich »Stopp!«, fixiere den Sommelier und frage, ob er auch mit einem »Gemischten Satz« aufwarten könne. Er kann und verweist auf die Seite mit den offenen Weinen. Auch wenn im Sacher sicher keine Reststumpen vom Vortag in die Gläser kommen: Offene Weine werden wir wohl erst bestellen, wenn es für eine ganze Flasche finanziell nicht mehr reicht. Ich blättere also zurück und lese: »Wiener Gemischter Satz«, Ried Mitterberg, vom

Weingut Fuhrgassl-Huber, das im 19. Wiener Bezirk auch ein Hotel und einen Heurigen-Hotspot im Grünen betreibt.

»Gemischter Satz« ist übrigens nicht irgendeine Vermengung von Weißwein, also eine Cuvée. Nein, gleich im Weinberg werden unterschiedliche Rebsorten gepflanzt, die Trauben anschließend gemeinsam gekeltert. »Gemischter Satz« ist mittlerweile eine geschützte Bezeichnung für einen leichten, bekömmlichen Wein, der es sicherlich irgendwann mal ins Weltkulturerbe schafft. Wir bestellen eiligst eine Flasche für 43 Euro (Tafelspitz ante portas!).

Und damit sind wir nicht die Einzigen: Wer sich einige Tage in Wien aufhält, wird feststellen, dass in fast allen Wirtschaften mittags und abends kein Platz frei ist und man unbedingt reservieren muss. Den Wienern liegt das Genießen im Blut, und trotzdem funktioniert das Gemeinwesen oft besser als bei uns. Geizhälse mag es dort auch geben, aber mir ist noch keiner untergekommen. Allerdings bewege ich mich auch nicht in Kreisen, in denen die Münder zur Öse geschrumpft sind. In Österreich ist in den Bereichen des Genusses fast alles anders als in Deutschland. Man schwelgt und genießt und tut das in aller Öffentlichkeit.

Dazu fällt mir eine kleine Episode ein: 1970 besuchte Horst Ehmke als Bundesminister für besondere Aufgaben und Chef des Bundeskanzleramtes den österreichischen Kanzler Bruno Kreisky, um dem Genossen zum Wahlsieg zu gratulieren. Kreisky lud Ehmke zum Frühstück in die Rote Bar des Sacher. Ehmke, für seinen Humor bekannt, meinte süffisant: »Schöne Sozialisten seid's ihr, im Sacher frühstücken?« Kreisky konterte knapp: »Immerhin sitzen wir in der Roten Bar!«

Politiker haben von alters her in Deutschland kein Recht, ihr Geld auszugeben, wie sie wollen. Bescheidenheit ist eine Zier, alles andere wäre Angeberei, Verschwendung oder Prollprotz. In hohem Ansehen steht das Geldnichtausgeben, also Sparsamkeit, Genügsamkeit, möglichst noch verbunden mit Selbstkasteiung. Die Sozialistin Sahra Wagenknecht, die ich als konservativer Unternehmer wegen ihres Verstandes und ihrer ungeheuchelten Haltung schätze, antwortete einmal auf die Fragen eines journalistischen Neidhammels: »Wer Sozialismus fordert und Geld hat, darf sein verdientes Geld nicht ausgeben? Und wenn ja: Was soll er stattdessen damit tun? Es sparen? Am Ende Zinsen dafür einheimsen? Alles spenden und, wenn ja, an wen? Wer entscheidet das?«

Die Wiener werden anfügen: Wer für gutes Essen anständige Preise bezahlt und damit Kellnern, Köchen, Gastronomen, Tellerwäschern ein faires Gehalt ermöglicht, was macht der falsch? Letztlich ist es doch so, dass essen gehen eine wirtschaftsfördernde Möglichkeit ist, viele Menschen am ausgegebenen Geld teilhaben zu lassen. Der Schriftsteller Peter Richter bringt es auf den Punkt. »Wenn Besserverdiener zu Hause essen, ist das nicht nur meistens ungemütlich, sondern vor allem ist es asozial und wirtschaftsfeindlich.« In diesem Sinne lasse ich mir jetzt erst einmal den Tafelspitz munden.

Die Wiener Seele und das gekochte Rindfleisch

Die Vielfalt an gekochtem Fleisch, die in Wien auf den Tisch kommt, kann man sich andernorts kaum vorstellen. Der größte literarische Kulinariker des 20. Jahrhunderts, Joseph Wechsberg, schrieb in seiner kulinarischen Bibel *Forelle blau und schwarze Trüffel*, gekochtes Rindfleisch sei »die Seele der Wiener Küche«. Im berühmten Hotel Meissl & Schadn wurden die Gäste einst täglich mit 24 (!) verschiedenen Sorten gekochten Rindfleischs verwöhnt. Das Hotelrestaurant war für viele Wiener das Zentrum der Welt, bis eine Weltkriegsbombe dem Schmausen ein jähes Ende bereitete.

Siedendes Wasser, Salz und Fleisch rein und dann kochen, bis das Fleisch weich ist. So wird die Welt des Siedfleischs gerne in Deutschland angegangen, und was dabei herauskommt, »is a Schand!«, würde der Wiener sagen, dem es nicht nur um Nahrungsaufnahme geht, sondern um die Ehrung eines Kulturguts. Dass es diesen Status überhaupt erlangen konnte, stieß bei vielen auf Unverständnis. Im 19. Jahrhundert entbrannte rund ums gekochte Rindfleisch gar ein erbitterter Streit der Gastrosophen. »Gekochtes Rindfleisch ist eigentlich bloß etwas mehr als gar keines«, meckerte Antonius Anthus (ein Nürnberger namens Gustav Blumröder, der unter verschiedenen Pseudonymen schrieb) in seinen *Vorlesungen über die Esskunst*. Der Doyen aller Gourmet-Schriftsteller, Jean Anthelme Brillat-Savarin, ließ gleich das Schwert der Vernichtung über diese Art von Fleisch niedersausen. »Die Leute vom Fach essen niemals gekochtes Rindfleisch. Das Suppenfleisch ist ein Fleisch ohne Saft.« Berühmt sind auch Brillat-Savarins Aphorismen: »Sage mir, was du isst, und ich sage dir, wer du bist.«

Für das geradezu sanfte, an kulinarischen Pazifismus gemahnende Siedfleisch braucht es tatsächlich ein sanftes Gemüt und keine Spießgesellen wie die oben genannten Herren, die allesamt der Kultur des Bratspießes entstammen. Nein, für ein solches Ritardando des Kochens braucht es die Österreicher, die aller Gastrohäme trotzen. Lauthalsen Protest Unwissender hatte übrigens auch der Jahrhundertkoch und Österreicher Eckart Witzigmann wegzustecken.

Wir schreiben die frühen Achtzigerjahre. Die Helden der Nouvelle Cuisine kochen in den USA, um damit deutschen Wein zu bewerben. Der Tross, angeführt von dem wunderbaren Winzer Matuschka Graf Greiffenclau, tourt kreuz und quer durchs ehemalige Indianerland. Eckart Witzigmann macht Station in New York, es wird österreichisch-deutsch und modern gekocht. Eines der Lieblingsgerichte von Witzigmann nennt sich »Rinderfilet mit Wurzelgemüse in Consommé double pochiert«. Innen zart rosa, ist das Filet der Gipfel der Kochkunst. Und dieses Meisterwerk will er nun im Restaurant Windows on the World im 107. Stockwerk des World Trade Center kredenzen, damals ein Hotspot für Gourmets, zumindest für amerikanisch sozialisierte.

Die Teller sind angerichtet und werden von einer Horde befrackter Pinguine in den Saal getragen. Doch schon nach 15 Minuten stolzieren die Kellner mit den Tellern wieder in die Küche zurück. Nun essen Amerikaner ja bekanntlich rasend schnell. Und für unser Dafürhalten eher mit Cowboy-Manieren: Zuerst wird alles auf dem Teller zu Gabelbissen klein geschnitten. Anschließend kommt die Gabel in die rechte Hand und die andere Hand unter den Tisch (oder umgekehrt). Diese Sitte stammt sicher aus Zeiten, als man beim Essen noch unter dem Tisch den Hahn des Revolvers zu spannen hatte. Womöglich stehen deswegen auch selten Blumen auf dem Tisch, eine der amerikanischen Maximen lautet schließlich: »Freies Schussfeld für freie Bürger.«

Die Erklärung für die kurze Speisezeit liefert dann ein Blick auf die Teller: Die Amis hatten das Fleisch nicht angerührt, und der fassungslose Meisterkoch hätte sich wohl am liebsten in die Tiefe gestürzt. Wie hatte ein solch perfekt gekochtes Gericht zum Desaster werden können? Die Gäste quittierten den vermeintlichen Flop lapidar, allerdings auch mit gnädiger Nachsicht: »The Germans and Austrians, my god, they don't know how to grill a Steak!«

Es erübrigt sich fast zu erwähnen, dass die Herren Ober mit den Desserts genauso unverrichteter Dinge zurückwackelten. Die Gäste hatten alle gegen 22.30 Uhr den Ort der Gourmandise verlassen. Das Menü war nach europäischer Sitte wohl getaktet, für die New Yorker jedoch viel zu langsam und mit zu großen Pausen serviert worden.

Diese Geschichte hatte ich im Hinterkopf, als ich im Rahmen dieser Koch-Wein-Tour im Stammhotel der Ritz-Carlton-Kette in Atlanta kochte. Mittlerweile kannte ich meine Pappenheimer und brutzelte für fünfzig Personen mit Highspeed. Nach dem Ende des Fünfgangmenüs stürzte der Manager in die Küche und krähte euphorisch: »Howdy, howdy, that was the best menu we ever had, fortyfive minutes!« Kein Wunder, dass bereits die alten Gallier sagten: »Die spinnen, die Amis!«

Aber zurück nach Wien: Dort eröffnete 2017 das Restaurant Meissl & Schadn, sozusagen als Revival und Wiederbelebung einer Institution. Zu den Gästen zählten vor dem Krieg echte Gourmets wie Richard Strauss, Gustav Mahler, Engelbert Humperdinck, Friedrich Torberg. Von Sigmund Freud sind Briefe erhalten, die er in diesem Etablissement zu Papier brachte. Traurige Berühmtheit erlangte das Restaurant, als im Oktober 1916 der Sozialist und Kriegsgegner Friedrich Adler den kaiserlichen Ministerpräsidenten Karl Graf Stürgkh beim Tafelspitzessen unterbrach und erschoss. Dabei soll er ausgerufen haben: »Nieder mit dem Absolutismus, wir wollen den Frieden!« Graf Stürgkh strebte hingegen eine Diktatur an.

In der Zwischenkriegszeit blieb das Meissl & Schadn die erste Adresse für klassisch gepflegte Wiener Küche. 1945 brannte das Gebäude in den letzten Kriegstagen ab. Nach einem Umzug in provisorische Räumlichkeiten wurde das Meissl & Schadn im Jahr 1950 endgültig geschlossen, es öffnete seine Pforten wie erwähnt erst wieder im September 2017. Die neue Adresse ist würdig, das Haus liegt direkt am Wiener Schubertring. Die neuen Betreiber kümmern sich – anders als die Vorgänger – vorwiegend um das perfekte Wiener Schnitzel, das man sich in Butterschmalz, Schweineschmalz oder in Öl herausbacken lassen kann. Der Andrang ist so groß, dass meine Frau wegen Atemnot kurzzeitig an die frische Luft musste. Über das Wiener Schnitzel muss ich noch an anderer Stelle weiter ausholen. Bleiben wir erst mal beim gekochten Rindfleisch.

Das Fleisch muss mindestens zwei bis drei, wenn nicht gar vier Stunden kochen. Wobei kochen eigentlich der falsche Ausdruck ist, ebenso pochieren. Sehr treffend finde ich die Bezeichnung »die Brühe muss lächeln«.

Folgende Teile des Rinds bzw. Ochsen werden bevorzugt gekocht, sie finden sich allesamt im hinteren Teil des Tieres: Tafelspitz bezeichnet ein Stück, das oben um den Schwanz herum zu finden ist. Es ist feinfaserig und hat einen schönen

Fettrand. Im Uhrzeigersinn folgt nun das weiße Scherzel, ein eher trockenes, langfaseriges Stück, das sich auch zum Braten eignet. Seitlich daneben liegt das Tafelstück. Es ist etwas grobfaseriger und lässt sich auch für Rouladen verwenden. Unter dem Tafelstück kommt die Schale, die in das schwarze Scherzl und das Beinscherzl unterteilt wird. Das Fleisch ist mager und trotzdem saftig. Als Nächstes folgt die Nuss, nahezu fettfrei und perfekt zum Dünsten oder für Geschnetzeltes geeignet. Jetzt geht es wieder nach oben, zum Hüferschwanzl, sehr saftig und schön marmoriert. Gleiches gilt für das Hüferscherzel, das man in Deutschland Hüfte nennt und das unsere Reise durch den Schlegel des Rindviehs beendet.

Aber damit ist natürlich noch nicht Schluss! Zum Kochen eignet sich auch die dicke Schulter, zu finden am hinteren Hauptteil der Schulter, ein sehr festes, etwas sehniges Stück. Etwas drüber kommt mal wieder ein Scherzl, das kurzfaserige Schulterscherzl – gekocht ein Genuss. Der Kavalierspitz an der Unterseite des Schulterblatts ist für mich das bessere Fleisch als der Tafelspitz. Dann gibt noch einen dicken Spitz, er wohnt unter Schulter und Rieddeckel (der bedeckt Schulter und Hals). Der Brustkern wiederum besteht aus Brustspitze und dickem Krügerl, ist von Fett umgeben, aber nicht durchzogen und grobfaserig. Nicht zu vergessen natürlich den Kruspelspitz, der verdeckt unter der Schulter liegt, gut marmoriert, grobfaserig, saftig und von einem Knorpel durchzogen ist. Dann gibt es noch das fette Meisel und das magere Meisel, beide zählen zum Rinderhals. Die Bezeichnung »Meisel« leitet sich übrigens vom lateinischen »musculus« (Muskel) ab. Na, wenn einem da nicht der Kopf raucht.

All diese Stücke kommen in den Suppentopf! Aber wieso kam es überhaupt zu diesem Suppenfleischwahnsinn? Da wären zunächst die Wiener Fleischhauer, die sich nicht als simple Fleischverkäufer sehen mochten, sondern in jedem Stück des Tieres eine kulinarische Spezialität erkannten. Und wenn sich etwas in der Pfanne nicht gut ausnahm, dann musste eben eine andere Zubereitungsart her. Zum anderen wurden Ochsen- und Rindfleisch als Volksgut gesehen. Der Nachschub aus den Weiten Ungarns, Galiziens, dem Marchfeld oder der Bukowina funktionierte in paradiesischer Üppigkeit und wurde von sogenannten Gulyás organisiert. Das waren Rinderhirten, vergleichbar mit den argentinischen Gauchos. Während Schweine und Geflügel schwierig zu transportieren waren, konnten die langbeinigen Ochsen und Rinder ohne größere Probleme in die Hauptstadt getrieben werden.

Eine Verordnung aus dem Jahr 1460 bestimmte, dass das Rindfleisch zu einem bestimmten Preis verkauft werden musste. Nur die exquisitesten Fleischstücke wie Filetbraten, Rippenstücke und Rostbraten durften die Wiener Metzger teurer verkaufen. Ein Kilo Rindfleisch kostete Mitte des 19. Jahrhunderts je nach Qualität zwischen sieben und zehn Kreuzern. Ein guter Koch verdiente damals im Taglohn ungefähr 50 Kreuzer. Die Preisbindung kam Erzeugern und Verbrauchern zugute.

Aber wie bereitet man ihn denn nun zu, den wunderbaren Wiener Tafelspitz?

Wiener Tafelspitz

Rezept für 2 Personen

Zutaten

500 g Fleischknochen

1/2 TL weiße Pfefferkörner

500 g Tafelspitz

etwas Salz

1 Zwiebel

1 Bund Suppengemüse

1 Knoblauchzehe

1 EL Muskatblüte (nicht das Pulver, die ganze Blüte)

Zubereitung

Die gewaschenen Fleischknochen mit den Pfefferkörnern in einen Topf mit 4 l kaltem Wasser geben und zum Kochen bringen. Beginnt die Knochenbrühe aufzuwallen, heißt es aufzupassen: Die Hitze rasch reduzieren, sodass die Brühe nur noch schwach köchelt. Anschließend unverzüglich den reichlich hochkommenden Schaum abschöpfen. Wird dieser Zeitpunkt verpasst, wird's eine trübe Brühe, die kaum mehr aufklaren wird.

Nun das Fleisch mit Wasser abspülen und mit einem TL Salz in die köchelnde Brühe geben. Die Temperatur wieder hochdrehen und wie ein Schießhund aufpassen, wann erneut Schaum hochkommt. Dann gleich wieder abschäumen, die Hitze reduzieren, bis alles wieder gemächlich simmert. Die Temperatur aber nicht so weit herunterdrehen, dass die Brühe nicht mehr »arbeitet«: Es soll schon ständig Schaum nach oben steigen, der dann flugs immer wieder abgeschöpft werden muss.

Alles eineinhalb Stunden gemächlich köcheln und, auch wenn es nervt, immer wieder die Brühe abschäumen.

Währenddessen die Zwiebel ungeschält halbieren und auf der Schnittfläche in einer Pfanne dunkel anrösten. Das Suppengemüse putzen und würfeln, die Knoblauchzehe schälen.

Nach anderthalb Stunden das gewürfelte Suppengemüse, die beiden Zwiebelhälften und die geschälte Knoblauchzehe in den Topf geben und alles weitere 30 Minuten simmern lassen. Zum Abschluss kommt die Muskatblüte dazu.

Ist das Fleisch weich, muss mit dem Tranchieren des Tafelspitzes die letzte Hürde genommen werden. Das Stück Fleisch hat eine dreieckige Form: Am spitzen Ende schneiden wir so lange Scheiben ab, bis sich ungefähr in der Mitte des Stücks die Fleischfaser dreht. Dann wird das Fleisch gedreht, die Scheiben werden nun quer zur Faser abgeschnitten. Machen wir das nicht, so kaut man anschließend auf Fleischfasern herum, die bis zu fünfzehn Zentimeter lang sind. Schneidet man aber richtig, erst gegen und dann quer zur Faser, so sind die Fleischfasern immer nur so lang, wie die Scheibe dick ist.

Die Küche des Hotel Sacher bietet eine kleine Auswahl an Beilagen: Klassiker sind Salz- bzw. Petersilienkartoffeln oder kleine Rösti-Plätzchen, dazu kommen Cremespinat, Apfelkren (also geriebener Apfel mit Meerrettich vermengt) oder Semmelkren, den ich besonders liebe.

Semmelkren

Rezept für 2 Portionen

Zutaten
2 Brötchen, in halbzentimetergroße Würfel geschnitten
etwas Brühe
3 EL Meerrettich, frisch gerieben
Salz
Pfeffer
Muskat

Zubereitung
Die gewürfelten Brötchen mit Brühe übergießen und zu einer lockeren, groben Masse verrühren. Die Brotwürfel sollten noch einigermaßen erkennbar sein. Also nicht zu stark rühren, sonst ist das Ergebnis ein zäher Batz.
Den Meerrettich dazugeben und alles mit Salz, Pfeffer und Muskat abschmecken.
Verfeinern kann man das Ganze, indem eine geschmälzte Zwiebel und braune Butter untergemischt werden.

Apfelkren

passt nicht nur zu gekochtem Fleisch, sondern zu jeder Vesper oder, wie der Wiener sagt, zu jeder Jause.

Zutaten
50 g Meerrettich, frisch gerieben
1 großer geschälter Apfel
1 TL Olivenöl
1 TL Zitronensaft
Salz

Zubereitung
Den Apfel reiben, Meerrettich, Olivenöl und Zitronensaft dazugeben und mit etwas Salz abschmecken.

Während in Bayern Tafelspitz oder Tellerfleisch mit klarer Brühe, etwas Suppengemüse und frischem Meerrettich darüber serviert wird, gibt es in Österreich eine eingedickte Krensoße dazu, wie man sie auch in Böhmen schätzt.

Meerrettichsoße

Rezept für 2 Portionen

Zutaten
2 EL Butter
2 EL Mehl
Fleischbrühe
1/2 l Milch
3 EL Meerrettich, frisch gerieben
4 EL süße Sahne
Salz
Muskat

Zubereitung
Béchamelsoße halte ich für einen Grundpfeiler der Kocherei: Man gibt einen Esslöffel Butter in einen Topf und lässt sie langsam schmelzen. Dann das Mehl dazugeben und einrühren. Ich allerdings nehme immer doppelt so viel Butter, also zwei Esslöf-

fel. So lässt sich alles leichter vermengen, außerdem bekommt die Soße so später einen feinen Schmelz.
Nun mit der kräftig reduzierten Fleischbrühe und der Milch aufgießen, dabei gut rühren, damit sich keine Klümpchen bilden. Bei schwacher Hitze und unter häufigem Rühren ca. zehn Minuten köcheln lassen, dann mit Sahne, Salz und Muskat abschmecken. Den Meerrettich erst ganz zum Schluss zugeben. Seine Schärfe rührt vom Senföl her, das sehr flüchtig ist. Einmal aufgekocht, und die Hälfte des Aromas ist beim Nachbarn.
Zum Abschluss wird mit dem Handmixer so viel Luft wie möglich untergequirlt, damit die Soße schön fluffig wird.
Gibt man übrigens statt Kren Käse dazu, erfreut sich der Gaumen an einer Käsesoße; kommen Kräuter in die sämige Soße, na, dann nennt sich das Kräutersoße.

Tafelspitz mit allem Drum und Dran, mit Cremespinat, Semmelkren, Apfelkren, Rösti- oder Salzkartoffeln und mit Meerrettichsoße zählt zu den wenigen Speisen, die mich mittags nicht wehrlos ins Koma fallen lassen. Nach dem Mittagessen in der Roten Bar des Sacher trete ich leichtfüßig hinaus in die Sonne. Ich gehe seitlich am Hotel vorbei auf die Ringstraße zu, und nicht zum ersten Mal überwältigt mich die Orgie des Historismus. Die Staatsoper, das Parlament, das Burgtheater – so manchem Touristen könnte man die Szenerie sicherlich als das Herzstück Roms verkaufen. Und sollte sich ein Fremdenführer mal verzauseln und von der Akropolis reden, würde das womöglich auch widerspruchslos hingenommen.

Aber natürlich gibt es auch ein modernes Wien, kraftvoll und lebendig. Die Galerien für moderne Kunst sind keine zehn Minuten entfernt. Das Wesen Wiens kommt von einer schöpferischen Moderne, die fest, ohne zu wackeln, auf einer großartigen Historie weiterschreitet.

Wien und die Habsburger

Wo wir gerade von Historie reden: Wien kann man nicht verstehen, wenn man sich nicht wenigstens ein bisschen mit den Habsburgern beschäftigt hat.

Die Geschichte des aus der Schweiz stammenden Fürstengeschlechts zieht sich über achthundert Jahre. Wenn etwas achthundert Jahre mit allen Höhen und Tiefen einigermaßen überstanden hat, dann kann man schon von einem Erfolgsmodell sprechen. Die Details sind reichlich kompliziert. Mindestens zwanzig Bücher habe ich über die Habsburger gelesen, und als ich mit dem Zwanzigsten fertig war, hatte ich das Erste wieder vergessen. Alleine die Erzherzöge im Kopf einigermaßen geordnet hintereinander antreten zu lassen – ich geb's zu, es passte nicht in meinen Schädel. Beginnen wir also unseren kleinen Streifzug durch die Geschichte mit einer moderaten Jahreszahl, der Thronbesteigung des 18-jährigen Franz Joseph I. im Jahr 1848.

Kaiser Franz Joseph

Franz Joseph wuchs unter einem äußerst reaktionären Matriarchat auf. Der Vater Franz Karl war ein Schöngeist und gilt bis heute als unbedeutend, was ihm keineswegs gerecht wird. Seine Frau, Erzherzogin Sophie von Bayern, drängte ihn, die Macht früh auf den Sohn zu übertragen. Sie war es auch, die als eigentliche Kaiserin und Strippenzieherin hinter den Kulissen darüber wachte, dass der Sohn durch Bücherlesen nicht verdorben wurde. Aus ihm sollte ein pflichtgetreuer Soldat werden.

Als der Dreijährige einmal im Armeeornat vor ihr stand, soll sie entzückt ausgerufen haben: »Er ist zum Fressen mit seinem kleinen Gewehr, seiner Grenadiermütze auf dem Kopf, mit seinem Säbel an der Seite und dem kleinen Tornister auf dem Rücken!«

Die damalige Erziehung war für die Erstgeborenen der Herrscherhäuser ein einziger Leidenspfad. Egal, wie es um das Wesen eines Thronfolgers stand, er musste zum Militaristen zurechtgebogen werden. Ein berühmtes Beispiel ist Friedrich der Große von Preußen, im Grunde ein Musensohn, der letztlich zum Killer optimiert wurde. 118 Jahre später stand es um die Erziehung des österreichischen Thronfolgers in keiner Weise besser. Die geordnete Welt der Uniformen und Paraden ließ Franz Joseph sein ganzes Leben nicht mehr los. Stets zeigte er sich in prachtvollen Uniformen, unter denen jedoch wenig Selbstwertgefühl wohnte. Aber fleißig war er, das kann man sagen. Pflichterfüllung ging ihm über alles, und die Akribie wuchs sich mit den Jahren zu einer Vorliebe für Nichtigkeiten aus, was natürlich seinen Horizont gewaltig einschränkte. Auch nicht gerade hilfreich war, dass sich sein Bildungsdrang auf das Militär, die Jagd und sonstige Männlichkeitsumtriebe beschränkte.

Von großem Nutzen scheint die soldatische Pädagogik seiner Kindheit und Jugend aber nicht gewesen zu sein, denn auf militärischem Terrain gebärdete sich der Kaiser als unbelehrbarer Amateur. Sein Beraterstab erwies sich als ähnlich unfähig. Man hätte ja von Napoleon und von den Preußen wenigstens lernen können, was Organisation und Tempo in der Schlacht bewirken. Aber nein, es ging im Reich der Habsburger nur gemächlich vorwärts.

Die Französische Revolution und auch den Unabhängigkeitskrieg, der die junge Demokratie der USA festigte, den überall erwachenden Volkswillen hatte man in Wien ums Verrecken nicht wahrnehmen wollen. Während das Kaiserhaus immer mehr den reinen Absolutismus anstrebte, das Spitzelwesen und die Zeitungszensur kaum einen frischen Gedanken zuließen, standen die Zeichen im Volk immer mehr auf Sturm. Erzherzogin Sophie, die Mutter des Kaisers, konnte sich an den erwachenden freiheitlichen Volkswillen in keiner Weise gewöhnen. Sie hockte in ihrem Kokon, ganz vom mittelalterlichen Wunsch verdumpft, dass der Thronfolger ein kampfbereit gefestigter Monarch zu sein hatte, und zwar einer »von Gottes Gnaden«. Der junge Mann selbst war dazu erzogen, grundsätzlich seinen Beratern und seiner Mutter zu folgen. Das wäre kein Problem gewesen, wenn diese Leute über rudimentäres Genie verfügt hätten. Es waren aber Beamte mit reaktionären Wesenszügen, denen Machterhalt und eigenes Wohl über alles gingen.

Franz Josephs Start ins Regieren geriet dann auch äußerst unglücklich, und nicht nur Pessimisten pochen darauf, dass es sein ganzes Leben so weiterging. Seine Berater drängten ihn, mit aller Härte gegen die aufständischen Ungarn vorzugehen. Am 15. März 1848 war es in Budapest zu friedlichen Demonstrationen für Pressefreiheit, gegen Zensur und Frondienst gekommen. Es folgten Aufstände im gesamten Königreich, die später auch mithilfe von Soldaten des russischen Zaren niedergeschlagen wurden.

Der Kaiser und seine Minister brachten über 4000 Ungarn vor Kriegsgerichte. Eine unbekannte Zahl von Freiheitshelden wurde »auf der Flucht erschossen«, 120 Aufständische zum Tode verurteilt. Der von den Aufständischen zum Premierminister ausgerufene Lajos Batthyány von Németújvár wurde verhaftet und am 6. Oktober 1849 erschossen. Weltweite Empörung über die Hinrichtung Batthyánys und dreizehn ungarischer Generäle war die Folge. Am Ort der Hinrichtung brennt seitdem ein ewiges Licht im Gedenken an die Märtyrer.

Diese Geschehnisse legten sich wie ein Fluch über den Monarchen, er war mit seinem repressiven Säbelregiment in weiten Teilen des Landes unpopulär. Nur der Wiener lässt auf Kaiser Franz Joseph I. nichts kommen. Das spricht für das Volk, denn nichts adelt mehr als das Verzeihen. Und in Sachen Verzeihen gab es einiges zu tun.

Gut hundert Jahre zuvor galt das Habsburger Reich neben Russland als die größte Nation Europas. Doch dann eräuberte sich Friedrich der Große im Siebenjährigen Krieg Schlesien. Die Österreicher, stolze Militaristen, gockelten in Opernfoyers, träumten von großen Kämpfen, die Generalität hatte aber eine Aversion gegen frische Luft. Ihre Soldaten nahmen sich diesen Phlegmatismus zum Vorbild, sie marschierten viel zu langsam, und Maria Theresia verfügte über keinerlei Kenntnisse in der Kriegsführung. Man muss aber auch sagen, durchaus mit Sympathie, dass sich die Hinterhältigkeit des Preußenkönigs außerhalb des Weltbildes von Maria Theresia befand. »Bella gerant alii, tu felix Austria nube« – »Kriege führen mögen andere, du, glückliches Österreich, heirate«. Diese Sentenz wird gerne zitiert, um rundweg österreichische Taktik und Politik darzustellen.

Unter Maria Theresias Nachfolgern lief es nicht besser: Erfolglos versuchte man, sich Napoleon entgegenzustellen, der inzwischen große Teile des Kontinents unter seine Fuchtel gebracht hatte. Die Schlacht bei Marengo im Jahr 1800 endete in einer Massenflucht der österreichischen Truppen, Frankreich setzte sich in Oberitalien fest. Während die Österreicher und ihre Alliierten aus der Gefahrenzone taumelten, bemühte sich der siegreiche Napoleon um ein gutes Diner. Ihm war der Verpflegungstross abhandengekommen, und des Franzosenkaisers Küchenchef Dunant ließ Soldaten nach Essbarem ausschwärmen. Gefunden wurden: ein Huhn, Tomaten, Eier und diverse Krebse. So kam das berühmte Huhn Marengo auf die Speisekarte der Grande Cuisine. Ob Napoleon dieses Gericht zur Stärkung vor der nächsten Schlacht zu sich nahm, ist nicht überliefert. Dass die Österreicher 1805 wieder schwer eins auf die Mütze bekamen, schon. Zusammen mit der Zarenarmee wurde Österreich in Austerlitz besiegt, 1809 folgte die Blamage bei Wagram, westlich von Wien.

Das Agieren des österreichischen Militärs und die diplomatische Unbedarftheit seiner Minister kosteten unzählige Menschenleben. Immer wieder gebot es die Ehre, sich in einen Krieg hineintreiben zu lassen. Sämtliche österreichische Monarchen können in ihrer innersten Regung sicher durchweg als friedlich bezeichnet werden, das Militär diente hauptsächlich der Ehre, der Repräsentation, es war mehr Spielzeug und Macho-Vehikel als schlagkräftige Truppe. Das musste ja in einer Katastrophe enden.

Kaiser Franz Josef verlor alle Schlachten, allen voran die bei Solferino 1859 gegen die Franzosen – eine humanitäre Katastrophe mit fast fünfzigtausend Toten. Feldherr Franz und die Österreicher scheiterten letztlich an schlechter Planung, zu geringem Biss und miserabler Ausrüstung. Auch bei der Schlacht von Königgrätz 1866 hantierte die österreichische Armee noch immer mit dem Lorenzgewehr, einem Vorderlader, dem nur im Stehen das Pulver eingetrichtert werden konnte. Das bedeutete, dass die österreichischen Soldaten als aufrechte Zielscheibe in Grund und Boden geschossen wurden.

Bei der Schlacht von Königgrätz ging das Licht dann vollends aus. Eine Autostunde westlich von Prag rieben sich die österreichischen Soldaten an der Kriegskunst der Preußen auf, während der Generalstab, faul oder arrogant, es nicht für nötig hielt, in die nördliche Provinz zu kutschieren. Die Herren mit den Backenbärten saßen in Wien auf ihren Fauteuils oder im Kaffeehaus. Dem preußisch-protestantischen Kriegselan konnte die Apfelstrudelmentalität der K.-u.-k.-Armee nichts entgegensetzen.

Es ging aber längst nicht alles schief, der Kaiser übte sich schließlich in ständigem Bemühen. Er ließ sich um vier Uhr morgens wecken, und wenig später saß er an seinem Schreibtisch. Zum Mittagessen traf man sich mit der Familie oder denjenigen, die gerade da waren. Bei Tisch ging es nicht üppig zu, sehr häufig gab es gekochtes Rindfleisch aller Art. Es wurde auch wenig getrunken, und länger als eine Stunde beim Essen genehmigte sich der Chef selten. War er mit dem Essen fertig, galt die Party als beendet. Da ihm immer zuallererst serviert wurde, aß er sozusagen ständig in der Poleposition. Niedere Ränge, irgendwelche Beamte oder Minister, hatten sich kaum einen Bissen reingeschoben, schon wurde wieder abgetragen. Es heißt, die Zukurzgekommenen hätten sich wenig später im Hotel Sacher getroffen, zu einem opulenten Tafelspitz. So soll das Sacher erst zu Rang und Namen gekommen sein.

Dass die Wiener den Kaiser Franz Joseph so hochhalten, liegt vielleicht auch daran, dass er ihnen mit der Ringstraße ein wahrhaft kaiserliches Geschenk bescherte, für das allerdings die mittelalterliche Stadtbefestigung geschliffen werden musste. So eine Prachtstraße braucht schließlich Platz. Was bleibt sonst noch von ihm? Seine Frau natürlich, zu der ich gleich noch komme. Und ansonsten jede Menge Probleme, auch privat. Der brave Mann musste viel aushalten. Die Ehe mit Sisi war nicht einfach, dazu kamen die homosexuellen Eskapaden seines jüngsten Bruders Ludwig Viktor, in einschlägigen Kreisen als »Prinz Lutziwutzi« bekannt. Dann natürlich die in kaiserlichen Augen nicht standesgemäßen Ehen von Angehörigen der Dynastie: etwa die seines Neffen, des Thronfolgers Franz Ferdinand, und die seines Sohnes, eines gewaltigen Tragikers, dem ich ein eigenes Kapitel widme.

Zum großen Halt seiner späteren Jahre wurde die berühmte Schauspielerin Katharina Schratt, die 1883 die Bekanntschaft des Kaisers machte. Sie wurde zu seinem Lebensmenschen, und Kaiserin Elisabeth förderte diese Beziehung, um für sich selbst noch mehr Freiraum zu schaffen. »Die Schratt« wurde äußerst großzügig mit einer Villa und einer stattlichen Apanage bedacht. Niemals äußerte sich diese diskrete Frau über das Privatleben des Kaisers, was ihr hoch anzurechnen ist.

Kaiser Franz Joseph regierte als Bewahrer und Beschützer überkommener Traditionen und Werte und mehr noch als Hüter eines Fassadenstaates, der sich über Jahrhunderte hinweg zurückentwickelte. Es wurde glorreich dahingefeiert.

Kaiserin Sisi

Das Bild der Kaiserin, das man im Allgemeinen vor sein inneres Auge holt, womöglich gefüttert von der Süße der *Sissi*-Filme, die den Namen mit doppeltem S verkitscht haben, ist hoffnungslos verbogen. Die echte Sisi war kaum die Königin der Herzen, zu der Ernst Marischka die junge Romy Schneider in der Rolle der Kaiserin stilisierte. Ihr Abwenden von höfischen Zwängen, ihr Freiheitsdrang generierte keine Volksheldin, denn die Unbequemlichkeiten offizieller An-

lässe waren ihr zuwider, das Volk bekam nicht, was ihm ganz und gar fehlte, nämlich Glamour. Wenn man den heutigen Radau um die englischen Royals beäugt, weiß man, dass das Volk belogen sein will und die Erfüllung seiner Träume trotzig einfordert. Die europäischen Herrscherhäuser bedienen die Yellow Press nicht aus Spaß an der Freud oder um sich vor der breiten Masse zu prostituieren. Sie erledigen einen knallharten Job, um dem Volk die tägliche Dosis Illusion zu verschaffen.

Sisi, eine aufgeweckte junge Frau, wollte am Anfang durchaus mitregieren und in Entscheidungen eingebunden werden. Sie nahm in den ersten Jahren an der Seite des Kaisers auch mehr öffentliche Auftritte wahr als fälschlich überliefert wird. Aber ans Mitregieren war überhaupt nicht zu denken. Die bayerische Adelige war zuvörderst willige Zierde des Gatten und Schaufensterpuppe der Monarchie.

Ihr Mann, der österreichische Kaiser, apostolische Majestät von Gottes Gnaden, der sein Staatsamt akribisch erfüllte, zeigte sich privat immer gutmütig und liebend. Er trug Sisi auf Händen, widmete ihr aber wenig Zeit. Selbst in den Flitterwochen arbeitete der pedantisch pflichtbewusste Kaiser den ganzen Tag in der Hofburg und kreuzte erst bei Einbruch der Dunkelheit im Schloss Laxenburg südlich von Wien auf. Das änderte sich auch nicht, als das erste Kind geboren wurde. Sisi lebte in totaler Einsamkeit, umgeben von einer Unzahl an Hofschranzen.

Sie liebte ihren Franzl, wenngleich die Beziehung mit den Jahren etwas abkühlte. Das lag sicher auch daran, dass Sisi eindeutig intelligenter und interessierter als ihr Mann war, was dieser kraft seines hohen Amtes nie bemerkte. Er interessierte sich privat fast nur fürs Jagen, was den Gesprächsstoff der Eheleute ziemlich beeinträchtigte.

Die Kaiserin gebar mit 17 Jahren ihr erstes Kind, Sophie Friederike, Gisela folgte ein Jahr später. Auf einer Reise nach Ungarn erkrankten beide Kinder an Durchfall. Die zweijährige Sophie Friederike starb. Für Elisabeth war der Tod ihrer erstgeborenen Tochter ein nicht zu linderndes Trauma, von da an litt sie immer wieder an Depressionen. 1858 wurde Kronprinz Rudolf geboren, die Kaiserin erholte sich nur mühsam von der Geburt. Als dann eine Lungenkrankheit diagnostiziert wurde, nutzte die Kaiserin den empfohlenen Ortswechsel für eine lange Reise nach Madeira. Der erste von vielen folgenden Ausbrüchen aus dem starren Korsett des Hofstaats, das so ganz anders war als alles, was sie von daheim kannte.

Sisi war sehr freiheitlich aufgewachsen. Die Familie des Herzogs Max in Bayern lebte einen Alltag, der im Vergleich zu dem in der Wiener Hofhaltung geradezu chaotisch anmutete. Der bayerische Herzog übte sich als leidenschaftlicher Kunstreiter und unterhielt zur Verwunderung des Hochadels in Possenhofen sogar eine eigene Zirkusmanege. Elisabeth teilte mit dem Vater nicht nur die Leidenschaft für Pferde. Was die Künste im Sattel anging, brachte sie es zur weltbesten Jagdreiterin der damaligen Zeit. In England trainierte sie 1876, als 35-Jährige, mit dem besten Reiter des Landes, Bay Middleton, der sich Jahre später, 1892, tatsächlich das Genick brach. Ihr Verhältnis zu Middleton war sehr eng. Jahrelang unterhielt sie einen regen, geheimen Briefwechsel mit dem Sportsmann. Leider vernichtete dessen Witwe die Briefe nach dem tödlichen Reitunfall ihres Mannes.

Doch zunächst ging es 1880 gemeinsam nach Irland. Der österreichische Hof geriet immer mehr in Wallung über derlei Reisen, aber genau das war es, was die verwegene Reiterin feixen ließ. Am Hof erfuhr man durch die Aufzeichnungen des begleitenden Fürsten Liechtenstein und der Hofdame Marie Gräfin Festetics Genaueres über den kaiserlichen

O-Ton: »Lord Langford, unser Hausherr, der aufs Gesicht fiel, kann seither nicht gut schlucken. Middleton stürzte, und ich auch … aber der Boden war sehr weich. Es sollen noch viele gestürzt sein …, aber da ich augenblicklich weiterritt, sah ich es nicht. Lord Langford sah ich in einem anderen Graben stehen und nach seinem Pferd fischen.« Der Fürst und die Gräfin berichteten dem geschockten Wiener Hofstaat noch von vielen Stürzen, gebrochenen Kinnladen und Schienbeinen der Gesellschaft hoch zu Ross. Sisi, hart wie Stahl und von geradezu olympischer Kondition, ritt wenigstens ziemlich unfallfrei und immer in der Poleposition. Jagdreiten ist eine der gefährlichsten und anstrengendsten Sportarten, die man sich denken kann. Wichtig scheint mir zu erwähnen, dass die Kaiserin fast alle Machos hinter sich ließ und, jetzt kommt's: im Damensattel dahingaloppierte, was eine unglaubliche Leistung ist.

Jagdreiterei auf hohem Niveau ist eindeutig ein Zeitvertreib, den sich nur die Upper Class leisten konnte. Gleichwohl wuchs sich die Reiterei der Kaiserin mit der Zeit zu einem enormen Kostenfaktor aus. Bei besagter Reise nach England 1876 beispielsweise war es mit einfacher »bagage d'artiste« nicht getan. Und von dem Trip nach Irland ist bei Brigitte Hamann dokumentiert: »Ein eigener Güterzug mit mindestens zwei Dutzend edelsten und sündhaft teuren Pferden schob sich durchs Land. Vierzig Tonnen zusätzliches Gepäck wollten transportiert sein. Ein weiterer Zug mit dem Salonwagen und sechzig Bediensteten folgte.«

Es gab immer Gerüchte, dass Sisi nicht nur der Reiterei wegen nach England reiste. Niemals wurde aber bekannt, auch später nie bewiesen, dass die Kaiserin jemals fremdgegangen wäre. Freilich, es gab auch Gerüchte, dass sie eventuell lesbisch sei. Es ist aber niemals große Nähe zu einer Frau bekannt geworden. Ihr ganzer Lebensstil bewegte sich mit messerscharfer Borderline am Exzentrischen entlang.

Mit ihrer Schönheitspflege drang sie noch mehr in Grenzbereiche vor, als es ihr überspannter Alltag sowieso schon gebot. Allein die Pflege des schönen Haars, das bis zu den Waden reichte, erforderte stundenlange Frisierarbeit von Fanny Feifalik. Wehe, die Coiffeurin riss Sisi ein Haar aus, dann war buchstäblich der Teufel los. Die Kaiserin geriet manchmal dermaßen außer sich, dass sie auf die Bedienstete einschlug. Trotzdem liebte sie ihre Frisörin. Diese war ihr eine loyale Gefolgin, die mit der Herrin manches Geheimnis teilte. Die Coiffeurin Feifalik schlüpfte auch immer wieder in die Kleider der Kaiserin. Sie trat bei Anlässen als hilfreiches Double und »Augenbeute« für Volk und schreibende Zunft auf. Bei derlei Diensten musste allerdings dafür gesorgt sein, dass das tumbe Volk genügend Abstand hielt, damit der Schwindel nicht aufflog. Doch da ihre Hoheit mit den Jahren ihr Gesicht zu verbergen pflegte, scheint das recht gut gelungen zu sein.

Meist jedoch befand sich Madame ohnehin auf Reisen, vor allem ab der Mitte ihres Lebens. Ihre Sehnsucht nach der Ferne führte sie nach Madeira, Ungarn, an die Côte d'Azur, nach Nordafrika und Korfu. Ihre Kammerzofe Ida Ferenczy, eine geborene Ungarin, musste sich mit dem Nomadenleben abfinden. Ihr schenkte die Kaiserin umfassendes Vertrauen, das sie auch nach dem Tod der Monarchin nicht missbrauchte. Ferenczy war auch Sisis Konversationspartnerin für Ungarisch. Diese schwierige Sprache erlernte die Kaiserin mit Verbissenheit, aber auch mit großem Erfolg.

Während der Schönheits- und Haarpflege las Ferenczy der Kaiserin vor, es scheint eher gemütlich zugegangen zu sein. Davon konnte bei der Gymnastik und den Turnübungen jedoch nicht die Rede sein. Im Turnraum wurde Schwerstarbeit geleistet, und wenn sich die Kaiserin auf kilometerfressendes Gewaltwandern kaprizierte, schritt sie die Distanzen in so großem Tempo ab, dass Hofdamen, Diener oder andere Begleiter kaum mithalten konnten. Meistens rumpelte eine Kutsche der Entourage hinterher, um marschblasige, total erschöpfte Bedienstete und sonstige Opfer aufzusammeln. Elisabeth nahm darauf keine Rücksicht, ihre Fitness und ihre Schönheit dienten der Kaiserin als einzige Waffe, mit der sie den Gatten zur Anbetung bringen und Volk und Hofstaat Bewunderung abnötigen konnte.

Das war wichtig, denn die Position der Kaiserin beim mächtigen Hofstaat war nicht die beste, da sie die Instanzen der Regierung ständige Verachtung spüren ließ. Das war auch eine Reaktion auf die unglaubliche Arroganz, mit der die deutschsprachigen Hofschranzen den vielfältigen anderssprachigen Bevölkerungsgruppen des von über 19 verschiedenen Sprachen babylonisierten Staatsgebildes begegneten. Sisi hatte ein Faible für die Ungarn, schon wegen deren freiheitlicher Lebensart. Sie pflegte auch eine platonische Liebe zu dem modern denkenden und sozial engagierten Politiker Gyula Andrássy, der unentwegt für mehr Freiheit seiner ungarischen Landsleute kämpfte. Die Treffen der beiden fanden häufig im Verborgenen statt, denn solcherart Ungarnliebe geriet schnell in die Nähe des Landesverrats. In der ungezwungenen Atmosphäre auf Schloss Gödöllö in der Nähe von Budapest blühte die Kaiserin jedes Mal auf, feierte auch mit Bediensteten und zeigte sich froh und umgänglich. Ohne die Knute des höfischen Zeremoniells konnte sie dort ihren Freiheitsdrang ausleben.

Später, als die Kaiserin sich in die Insel Korfu verliebte, wurde Griechisch gelernt. Der Sprachlehrer Constantin Christomanos wurde zu Wanderungen genötigt, da kannte Madame kein Pardon. Hinterherhechelnd über spitzes Geröll, mit heraushängender Zunge, dürfte er wohl öfter mal mit einem Suizid geliebäugelt haben.

Ja, die Frau war unberechenbar, im Überschwang der Neugierde, nach neuen Horizonten strebend, musste sogar eine

Tätowierung her. 1888, im Alter von 51 Jahren, auf dem Weg nach Korfu, suchte sie eine Hafenkneipe auf und ließ sich einen Anker auf die linke Schulter stechen. Kaiser Franz Josef zeigte sich beim ersten Anblick der Tätowierung, damals einem Signet für Seeräubertum und sonstig Zwielichtiges, wenig amüsiert.

Der Schönheit der Kaiserin wird dieses Tattoo keinen Abbruch getan haben. Wobei, eines soll es doch gegeben haben, was man als Star in der heutigen Zeit nicht mehr haben darf. Sie soll sehr schlechte Zähne gehabt haben, angeblich ein Grund, warum man sie kaum hat lächeln sehen. Mein Quellenstudium brachte jedoch eine Story über ihr Gebiss zutage, die auf einen eher entspannten Umgang mit den Kauwerkzeugen schließen lässt. Von einem Besuch eines Gastgartens in Bad Ischl berichtet die Schauspielerin Rosa Albach-Retty – übrigens die Oma »unserer Sissi«, Romy Schneider – Folgendes: »Elisabeth schaute sekundenlang vor sich hin, griff dann mit der linken Hand nach ihrem Gebiss, nahm es heraus, hielt es seitlich über den Tischrand und spülte es mit einem Glas Wasser ab. Dann schob sie es wieder in den Mund. Das geschah mit so viel graziöser Nonchalance, vor allem aber derart blitzschnell, dass ich zunächst meinen Augen nicht trauen wollte.« Na ja, vielleicht ist es damit aber auch wie mit fast allen Geschichten über das Kaiserhaus, die wenigsten stimmen.

Belegen lässt sich jedoch, dass der Hofzahnarzt Raimund Günther häufig konsultiert wurde, später dann der Hofzahnarzt Dr. Otto Zsigmondy. Die Zahnarztrechnungen, von denen zahlreiche erhalten sind, summierten sich auf einige Zehntausend Euro. Ob die Kaiserin wirklich eine schlechte Zahnstellung hatte, gar ein künstliches Gebiss, oder ihre Zähne nur nicht weiß genug für ein strahlendes Lächeln leuchteten, das könnte nur die bisher verbotene Öffnung ihres Sarges beweisen. Der Genfer Obduktionsbericht über die ermordete Kaiserin jedenfalls bescheinigt ihr ein intaktes Gebiss. Womöglich hatte sie schlicht Furcht vor Falten; wer sich täglich rohe Kalbsschnitzel ins Gesicht packt, um dem entgegenzuwirken, der lacht vielleicht auch nicht. Wobei es in der Hofburg ja wirklich nicht viel zu lachen gab.

Ihr Schönheitsfanatismus und ihre schmale Taille führten immer wieder zu Mutmaßungen über Essstörungen der Kaiserin. Wie sie ihr Gewicht hielt, wird ihr Geheimnis bleiben, belegen doch Briefe ihrer Hofdame, wie jener eines Jagdaufenthalts in England, dass sie »jetzt riesigen Appetit hat und derart viel isst, dass sie wie ein Boa Constrictor auf dem Sofa liegt«. Es scheint, dass sie privat und außerhalb der höfischen Einengung ordentlich was wegputzte. Ihrer Köchin, die bei besonderen Anlässen in Dienstuniform, mit Dreispitz und Degen auftrat, dürfte es angesichts dessen nicht leichtgefallen sein, die Kaiserin bei Kondition zu halten. Theresia Teufel, so hieß die Dame, gelangte durch ihr Veilcheneis zu gewisser Berühmtheit:

Veilcheneis
Rezept für 2 Portionen

Zutaten
125 Gramm Zucker
1/8 l Wasser
1 Hand voll Veilchenblätter, im Mörser zerstoßen

Zubereitung
Zucker in Wasser auflösen, die Veilchenblätter zugeben und alles gut vermischen.
15 Minuten ziehen lassen und dann ins Tiefkühlfach stellen.

Die Kaiserin lebte im Alter oft tagelang nur von melkfrischer Milch, die gute Köchin war deutlich unterfordert. Es gab

Schloss Schönbrunn, gemalt von Canaletto, Kunsthistorisches Museum

Monate, da ernährte sie sich nur von Eiern, in anderen wurde nur ein wenig an Joghurt genippt. Ab und an leistete Sisi sich auch einen Ausrutscher und verfiel einem Törtchen. Egal welche Grille sie gerade umtrieb, billig war es nie. Für herrlich frische Milchprodukte musste in Schönbrunn ein Kuhstall her. Kühe von edelstem Geblüt lieferten die Milch für die modern ausgestattete kaiserliche Meierei. Ging es auf Reisen, wurde hinten an den Zug ein Viehwagen angehängt, und die Lieblingskuh fuhr mit. Oft kam man mit drei, vier neuen Kühen nach Hause, denn Sisi sammelte Kühe; dabei kam es auf die Schönheit des Tiers an, es ging ihr aber auch darum, immer aus einer Variation frisch gemolkener Milch auswählen zu können. Der Kaiserin kleines Milchwerk in Schönbrunn wurde nach Ende der Monarchie übrigens für den Kriegsgeschädigtenfonds weiterbetrieben. Wenn ich richtig informiert bin, machte der Laden erst ums Jahr 1960 dicht.

Das Ende der Kaiserin selbst kam unvermittelt, auf einer Reise an den Genfer See. Vormittags antichambrierte Sisi noch in der Villa der Rothschilds. Gegen Mittag wieder zurück, verließ die Kaiserin mit Gräfin Irma Sztáray das heute noch berühmte Hotel Beau Rivage. In selbigem Hotel hatte später der CDU-Politiker Uwe Barschel eine »kalte Abreise«, wie man das im Branchenjargon nennt.

Der italienische Anarchist Luigi Lucheni hatte sich in den Kopf gesetzt, einen »Großkopferten« ins Jenseits zu befördern. Zu den heutigen Anarchisten und Terroristen kann man eine deutliche Parallele ausmachen. Fast alle zeitgenössischen Meuchler wissen wenig über Ideologie oder verfügen gar über ein differenziertes politisches Weltbild. Auch angestrebte Ziele bleiben oft diffus. In erster Linie handelt es sich um Leute, die gegen alles und jeden sind, nur nicht gegen sich selbst. Sie suchen einen Schuldigen für ihr abgehängtes Leben, für verpasste Chancen und Erfolglosigkeit, an der man nach dummer Lesart niemals selbst schuld ist, sondern immer – ganz verkanntes Genie – die anderen. Auch bei Lucheni ging es darum, den Underdogfrust zu besänftigen und wenigstens einmal mit einer großen Tat in der Zeitung zu stehen, weltberühmt zu werden.

Die Genfer Meuchelei geriet zur totalen Fehlplanung. Der italienische König Umberto I. hatte zuerst auf der Agenda gestanden. Jedoch, eine Reise nach Italien war für den Mörder zu teuer. Ersatzweise sollte Prinz Henri Philippe von Orléans herhalten. Der Prinz hatte indes Besseres vor und sagte seine Reise nach Genf kurzfristig ab. Das Folgende war schließlich einem dummen Zufall zu verdanken: Durch eine Unachtsamkeit der Hotelleitung wurde das Inkognito der Kaiserin, die immer als Gräfin von Hohenems reiste, ausgeplaudert, ihre Anwesenheit in der örtlichen Zeitung breitgetreten.

Der Mörder bezog Posten vor dem Hotel und lauerte auf eine passende Gelegenheit. Die kam, als die Kaiserin in Begleitung ihrer Hofdame die Seepromenade Quai Mont Blanc entlangschlenderte, auf dem Weg zum Raddampfer Genève. Lucheni stach ihr mit einer sehr schmalen Dreikantfeile mitten ins Herz. Die Wunde war so klein, dass die Kaiserin fast nichts spürte. Ihre Begleiterin vermutete einen rempelnden Proletarier, und man schritt unverdrossen weiter zur Anlegestelle des Dampfschiffs. Erst dort sank die Kaiserin zu Boden. Man kümmerte sich ergebenst um sie, machte sich zunächst aber keine großen Sorgen. Die Damenwelt des 19. Jahrhunderts fiel seinerzeit geradezu epidemisch in Ohnmacht, das Riechsalzfläschchen musste immer griffbereit sein. Das Nasenjuckpulver indes zeigte keine Wirkung. Die Ohnmacht hielt an, und nun verunzierte auch ein kleiner Blutfleck die kaiserliche Garderobe. Dann ein kurzes Erwachen: »Was ist denn eigentlich geschehen?« Das waren die letzten Worte der Kaiserin. Auf der Sterbeurkunde wurde das Ableben mit 14.40 Uhr vermerkt.

Am 17. September 1898 fand die Beisetzung in der Wiener Kapuzinergruft statt. Die Wucht des Schicksals traf den Kaiser tief. Nie hatte er quirligen Tatendrang gezeigt, nun versank er vollends in Melancholie. Allein seine rigorose Haltung zur Pflichterfüllung hielt ihn noch am Schreibtisch. Er kümmerte sich pedantisch um jede Kleinigkeit, das »große Ganze« rutschte mit den Jahren immer mehr aus dem Blickfeld. Doch wer weiß, vielleicht rührte seine Entscheidungsschwäche auch von Depressionen her. Zu verdenken wäre es ihm nicht, dies war schließlich nicht der einzige Schicksalsschlag, den der Monarch zu verkraften hatte.

Erzherzog Rudolf

Zum Sohn des Kaiserpaares, Erzherzog Rudolf, gibt es natürlich auch einiges zu sagen, und vielleicht kann ich ein bisschen zu seiner Ehrenrettung beitragen. Hätte man ihn mehr geachtet, die großen Katastrophen des 20. Jahrhunderts wären vielleicht verhindert worden oder wenigstens glimpflicher verlaufen. Richtig berühmt wurde er leider nur durch eine bittersüße Lovestory, die damit endete, dass er seine Geliebte 1889 im Jagdschloss Mayerling erschoss. Allein zwanzig Filme in Starbesetzung widmen sich dem »Mythos Mayerling«.

Grund genug also, dass auch ich einmal in den Wienerwald fuhr, um mir zuerst die sehr schöne und umtriebige Zisterzienserabtei Stift Heiligenkreuz anzusehen. Sie ist Sitz einer theologischen Hochschule, es gibt Führungen durch die alten Gemäuer, man kann dort auch übernachten, wenn man sich an den Gastmeister Frater Laurentius Mayer wendet. Und hier liegt auch die Geliebte Rudolfs, Mary Vetsera, begraben, und ein nicht unerheblicher Fanclub sucht regelmäßig ihr Grab auf. Eineinhalb Stunden verbrachte ich dort, und es war mir keineswegs langweilig. Doch mein eigentliches Ziel lag zwanzig Minuten talaufwärts.

Bevor wir uns den Ort der Katastrophe genauer ansehen, werfen wir noch einen Blick auf die Geschichte des Thronfolgers. Rudolf Franz Karl Joseph kam 1858 zur Welt. Sisi litt lange unter den Folgen der Geburt, zeigte mäßiges Interesse an dem Buben und überließ das erzieherische Feld weitgehend Schwiegermutter Sophie. Die höfische Umwelt wollte das überaus intelligente, wissbegierige und sensible Kind mit Drill vor zu viel Klugheit und Weichheit bewahren. Das Kind wurde, entgegen seinen Interessen, von Anfang an in eine militärische Karriere gepresst, Schöngeistiges war verpönt. General Leopold Graf Gondrecourt gab den extrem

Heiligenkre

hartherzigen Erzieher, der den Sechsjährigen zur Abhärtung schon mal bis zu vier Stunden in strömendem Regen draußen stehen ließ. Das morgendliche Wecken geschah durch einen donnernden Revolverschuss. Was wir heute als kindgerechte Pädagogik kennen, ist in jenen Tagen Lichtjahre entfernt. Selbst mein Vater sagte noch zu mir als Zwölfjährigem einen Satz, den ich nicht vergessen habe und der mein Verhältnis zu ihm bis heute verdunkelt: »So Bub, jetzt wird dir erst einmal der Willen gebrochen, und dann machen die Padres aus dir einen neuen Menschen.«

Dass Kaiserin Elisabeth dem Kommisskopp Graf Gondrecourt schließlich das Handwerk legte und seine Ablöse bewirkte, lässt sich nicht wirklich belegen, ist aber eine nette Anekdote. Richtig ist, dass sie dem kaiserlichen Wunsch, aus dem Buben einen guten Jäger und Soldaten und einen ebensolchen Katholiken zu machen, wenig abgewinnen konnte. Jedenfalls wurde der »tyrannische Aristokrat«, wie ihn Zeitgenossen bezeichneten, von Generalmajor Joseph Graf Latour von Thurmburg abgelöst. Dieser wurde dem jungen Prinzen zum Vertrauten und Vaterersatz und sorgte für gute und liberale Lehrer.

Trotz all der Erziehungsgewalttätigkeiten entwickelte sich Rudolf zu einem der talentiertesten Habsburger: Er brachte es zum Akademiemitglied, zum exzellenten Redakteur und Naturwissenschaftler von internationalem Ruf. Er publizierte unter anderem in *Brehms Thierleben* – Brehm hatte ihn auch unterrichtet – und gab das sogenannte Kronprinzenwerk, die 24-bändige Enzyklopädie *Österreich-Ungarn in Wort und Bild*, heraus. Kronprinzenwerk deshalb genannt, weil Rudolf staatsrechtlich diese Position innehatte, die übliche Anrede war jedoch Erzherzog.

Rudolf dachte liberal, stand dem Adel und dem politischen Katholizismus kritisch gegenüber und wollte die einzelnen Nationen des Vielvölkerstaats gleichberechtigt wissen. Darin war er seiner Mutter ganz nah, nicht allerdings dem Vater, der der Auffassung war, der Sohn trage einen allzu »eigenen, sozialistischen Kopf« zwischen den Schultern.

In dem Gründer des *Neuen Wiener Tagblatts*, Moritz Szeps (1835–1902), fand Rudolf einen väterlichen Freund. Dieser in der Wolle gefärbte Demokrat verschaffte Informationen, die dem Kaisersohn von offizieller Seite vorenthalten wurden. Andererseits gab Szeps ihm die Möglichkeit, seine politischen Ideen in anonymen Artikeln zu veröffentlichen. Rudolf erkannte die Macht der Presse, glaubte an den technischen Fortschritt, an Bildung und Wissenschaften und bot so seinen Gegenspielern zahlreiche Angriffsflächen.

Zeit seines Lebens wurde der Kaisersohn überwacht, war Gehässigkeiten, indiskretem Getuschel und Anschwärzungen ausgesetzt. Gerüchte und Gemeinheiten machten vor seinem Privatleben nicht halt. Wie in vielen Lebensbereichen Rudolfs wurde auch in diesem maßlos übertrieben. Natürlich gab es Affären, aber sie waren damals nichts Ungewöhnliches. Eher schon hätten die Erzherzöge Franz Ferdinand, Otto und Ludwig-Viktor jene Kritik verdient gehabt, die sich an Rudolf entlud.

Als er sich standes- und pflichtgemäß mit Stephanie von Belgien verlobte, war diese noch ein Kind; bei der Heirat 1881 war sie gerade einmal 14 Jahre alt. Nach zwei Jahren kam Tochter Elisabeth Marie auf die Welt, die später als »rote Erzherzogin« bekannt wurde, eine glühende Sozialdemokratin.

Es heißt, dass das Paar sich rasch auseinandergelebt habe. Die Historikerin Ingrid Haslinger glaubt allerdings, dass es um die Ehe besser stand als allgemein bekannt: Der Kronprinz sei stets um Harmonie mit seiner Gattin bemüht gewesen. Die Stimmungsschwankungen vor allem in den letzten Jahren vor seinem Suizid führt sie auf die Syphilis zurück, der Mann sei unerträglich geworden, zu sich selbst und zu anderen.

Irgendwann um den 30. Januar 1889 kam es dann zur Katastrohe, zum Selbstmord des Kronprinzen, der die Monarchie zum Wanken brachte. Das ehemalige Jagdschloss Mayerling wurde nach der Mordnacht von Kaiser Franz Joseph in ein Kloster umgewidmet. Heute wird das Anwesen von den Karmeliterinnen bewirtschaftet. Teresa von Ávila hatte den Orden im 16. Jahrhundert gegründet. Mayerling beherbergt den Reformzweig des Ordens, die »Unbeschuhten Karmeliterinnen«. Der Empfangsbereich der Klostergebäude ist sehr modern gestaltet, man merkt, die Schwestern sind keineswegs der Welt abgewandt.

Seit nunmehr 120 Jahren kursieren die Gerüchte über den Tod des Kronprinz Rudolf und der jungen Marie Alexandrine »Mary« Freiin von Vetsera (1871–1889). Der Hof selbst trug zur Genüge dazu bei. Dokumente wurden vernichtet, Zeitungen konfisziert, widersprüchliche Meldungen ausgegeben: Jagdunfall, Schlaganfall, Herzschlag usw.

Mayerling war ganz anders lautet denn auch der bezeichnende Untertitel des Buches *Rudolf war immer ein guter Sohn* der Wiener Historikerin Ingrid Haslinger. Es gliedert sich in einen mehr als 200-seitigen biografischen Teil und einen Anhang, der eine Chronologie der Ereignisse, vor allem aber brisante Originaltexte enthält. Die Autorin hat mehr als tausend Briefe und Dokumente gesichtet. Diese Belege und Haslingers sachliche Kommentare scheinen geeignet, den Mythos Mayerling zu widerlegen. Die Historikerin spricht von »Ungereimtheiten«, viele der Interpretationen, die nach dem Tod des Erzherzogs formuliert wurden, erscheinen ihr »fragwürdig«.

Mit meiner Frau wandere ich das kleine Museum des Klosters ab, das den Tathergang schildert. Auch der Revolver ist ausgestellt, und all die unheimlichen Artefakte legen sich schwer auf mein Gemüt. Die grauenvollen Erziehungsmethoden, die beim damaligen Adel herrschten, kommen mir in den Sinn. Letztlich konnte in so einer Atmosphäre kein wirklich gesunder Geist gedeihen. Darauf zielte übrigens auch das Kaiserhaus ab, allerdings aus anderen Gründen: Um dem Thronfolger ein kirchliches Begräbnis zu ermöglichen, hatten ihn Ärzte für geisteskrank erklären müssen.

Der Leibfiaker Josef Bratfisch, den man wegen seiner Leibfülle auch »Nockerl« rief, war einer der wenigen Eingeweihten in die Affäre mit »der Vetsera«. Das ungleiche Paar traf sich im Ausflugslokal Roter Stadl. Von dort kutschierte Bratfisch die beiden weiter nach Mayerling, wo sie gegen ein Uhr Mittag von Rudolfs Leibkammerdiener Johann Loschek empfangen wurden.

Am Abend des 29. Januar wünschte das Paar dem Leibfiaker Bratfisch eine gute Nacht. Mary überreichte ihm eine kleine Uhr mit den Worten: »Gute Nacht, lieber Bratfisch, es war wunderschön.« Der Kutscher blickte überrascht auf, aber die Siebzehnjährige ermunterte ihn: »Nehmen Sie nur, ich brauche sie sowieso nicht mehr.« Dann reichte der Kronprinz, gegen jede Etikette, dem Kutscher die Hand.

Am Morgen des 30. Januar erschien der Kronprinz angezogen, als wolle er ausgehen. Er befahl dem Kutscher anzuspannen. Wenig später, während des Aufzäumens der Pferde auf dem Hof, hörte Bratfisch es zweimal knallen. Er rannte zurück ins Haus, und auch ein Jagdgast, der in einem Nebengebäude übernachtet hatte, Graf Hoyos, war herbeigeeilt. Nach ausgiebigem Klopfen an der Schlafzimmertüre des Kronprinzen brachte man den Kammerdiener Loschek dazu, die Tür aufzubrechen.

Es gilt als erwiesen, dass Rudolf zuerst die blutjunge Mary in den Kopf geschossen und dann sich selbst erlegt hat. Spricht man von Mord an einem liebestrunkenen Mädchen, kann man kaum widersprechen. Günstig interpretiert könnte man vielleicht mit Tod auf Verlangen argumentieren. Darüber wird heute noch spekuliert.

Der Leichnam Mary Vetseras wurde diskret weggeschafft und auf dem Friedhof im nahe gelegenen Stift Heiligenkreuz beigesetzt. 1945 plünderten russische Soldaten die Gruft, die erheblich beschädigt wurde. 1959 kam es zu einer Neubestattung in einem Zinnsarg. Die anwesenden Beamten schworen Stein und Bein, dass der Leichnam keine Schussverletzung aufwies. Dass das heute anders gesehen wird, liegt an weiteren Turbulenzen um die tote Geliebte: 1992 raubte ein Linzer Möbelhändler den Leichnam. Seine Beweggründe hatten mit Grabschändung nichts zu tun. Er habe lediglich beweisen wollen, dass Mary erschossen worden war. Seitdem sind zwei Einschusslöcher, die Ein- und die Austrittsstelle der Kugel, dokumentiert. So ganz ist das Ende der Lovestory aber bis heute noch nicht eingetütet, da die Nachkommen der Vetsera bisher keine Erlaubnis zu einer forensischen Untersuchung gegeben haben. Im Grunde kann uns das auch gleichgültig sein, tot ist tot.

Die Hofburg und das Café Sperl

Dass Wien so ist, wie es ist, hat zum großen Teil mit der kaiserlichen Zeit zu tun, weshalb wir uns auch damit beschäftigen wollen. Es ist ein weites Feld, und wir werden es nie erjagen können, aber den Versuch ist allemal wert.

Ich weiß noch, dass ich bei einem meiner ersten Aufenthalte in Wien fast einen ganzen Tag in der Hofburg verbrachte. Nicht nur drin ist es üppig, bereits davor, auf dem Heldenplatz, wird man ganz klein und merkt schnell, dass man selbst nicht zum Helden taugt. Da waren schon andere vorher da.

In direkter Linie vom Burgtheater kommend, hatte ich mein Fahrrad durch den Volksgarten geschoben. Ich entweihte einen Kandelaber, machte mein Vehikel daran fest, und mein Blick heftete sich an das Halbrund der Neuen Burg. Robert Musil kam mir in den Sinn, der einmal sagte: »Es gibt nichts auf der Welt, was so unsichtbar wäre wie Denkmäler.« Auf dem Weg zum Portal ging ich nämlich an zwei Denkmälern vorbei, die alles andere als bescheiden den Weg versperren. Trotzdem beachtete niemand die beiden Skulpturen, die sich den riesigen Platz teilen. Da wäre zum einen der Türkenbezwinger Prinz Eugen von Savoyen. Ohne diesen wackeren Feldherrn wären wir wohl sehr wahrscheinlich bis nach Deutschland hinein ein muslimisches Land. Das aufsteigende Pferd des Prinz Eugen stützt sich auf den Schweif. Da muss der Bildhauer schon nicht mehr ganz so fit gewesen sein oder, anders gesagt, schon mit den Nerven runter. Denn vor des Prinzen Skulptur hatte er sich bereits an jenem weiteren Denkmal verausgabt, das quasi vom Volksgarten auf die Hofburg zureitet. Es ehrt Erzherzog Karl, den Mann, der Napoleon 1809 in der Schlacht von Aspern besiegte. Was Heinrich von Kleist zur Aussage animierte, Karl habe das »Unüberwindliche überwunden«. Für das stattliche, sich gen Himmel aufbäumende Ross des Feldherrn wurden sagenhafte 448 Zentner Bronze verwendet. Das Innenleben des Sockels zu bauen, war genau so schwierig, wie die Skulptur obendrauf zu modellieren. Die Fertigstellung verzögerte sich erheblich, denn der Sockel musste zur Stabilisierung mit Stahlträgern durchzogen werden. Wegen der kniffligen Statik musste das Vorderteil des Pferdes dünner gegossen werden als das Hinterteil. Tatsächlich gelang es dem Erfurter Bildhauer Anton Dominik Fernkorn, die 22 Tonnen Bronze nur auf die beiden letztlich winzigen Hinterhufe des Pferdes zu verteilen, ohne dass der Schwanz des Rosses zu Hilfe genommen werden musste. Dieses statische Wunder ist seit 153 Jahren immer noch nicht in die Knie gegangen.

Die Neue Burg, die jetzt das Haus der Geschichte beherbergt, riegelt den Heldenplatz nach Südosten ab. Sie interessierte mich nicht so sehr, also schnappte ich mir wieder mein Fahrrad und düste nach links um das ganze Areal herum, bis ich zum Michaelerplatz kam. Dort findet sich das Portal zur alten Burg und zu den Kaisergemächern.

Es war nun 9.00 Uhr am Morgen, die Kasse öffnete, und ich

Erzherzog Karl

sind vor dem Gesetz gleich
Misshandlungen sind verboten
regelmäßige persönliche
Staatsbürger
BIRD

war, ganz der schwäbische Presser, in der »Poleposition«. Man tut gut daran, morgens nur kurz zu frühstücken, um rechtzeitig zur Öffnung der Pforten an Ort und Stelle zu sein. Denn mit dem Besuchswusch ist man nicht allein, nahezu 800 000 Interessierte schleppen sich jährlich die Prachttreppe hoch, da kann einem der rote Teppich fast leidtun. Wandelt man auf ihm die Stiege hoch, grüßt ein Porträt des Kaisers, und nach wenigen Schritten steht man auf der Beletage. Wer Versailles schon einmal besucht hat, das Schloss Ludwigsburg oder die Schlösser der Loire, der weiß, dass diese Art von üppigem Absolutismus, der im Inneren dieser Bauten zur Schau gestellt wird, lange her ist. Die Hofburg dagegen war noch vor etwas mehr als hundert Jahren bewohnt. Eine funktionierende Maschinerie nicht nur der Macht, sondern auch der Verwaltung und des habsburgischen Alltags. Diese mit höfischem Leben gefüllte Pracht verhinderte, dass sich der Kaiser und der Hofstaat einen klaren Blick aufs Volk und dessen Bedürfnisse verschaffen konnte.

Wer diese Art von »Wolke sieben« besichtigen will, beginnt am besten mit dem Durchwandern der Kaiserappartements. Große Überraschungen werden nicht geboten. So hausten sie halt, die Könige und die Kaiser, aus heutiger Sicht keineswegs komfortabel. Zeit seines Lebens wusch sich der Kaiser gebeugt über ein fahrbares Waschbecken und ging noch zu Stuhle, also auf den Leibstuhl, als das Wasserklosett längst erfunden war. Die Schamgrenze muss damals recht niedrig gewesen sein. Der Nachttopf wurde samt kaiserlicher Füllung von Bediensteten durch die ungelüfteten Räume bugsiert.

Ich weiß nicht, wie es Ihnen geht, aber mir tun spätestens nach einer halben Stunde die Füße weh. Selbst vor Jahren, als ich noch über stahlharte Waden verfügte, plagte mich falsches Schuhwerk oder Hirnleere infolge abgestandenen Museumsmiefs. Regelmäßig befällt mich nach einigem Herummäandern in Gemächern und Prunksälen ein zu Boden ziehendes Schlafbedürfnis, das ich mir für die Nacht so sehnlichst wünschen würde. Deshalb versuche ich, mir alle Eindrücke, die ich mir im Schnelldurchlauf durch Museen aneigne, fotografisch abzuspeichern. Bei genügend Neugierde und Interesse werden die überwältigenden Eindrücke zu Hause sortiert und mittels Büchern vertieft und aufgearbeitet. Oft gelange ich allerdings zur Erkenntnis, dass der Ort der kulturellen Freuden doch noch einmal aufgesucht werden muss. Manche mögen schneller sein, bei mir fällt der Groschen oft erst beim zweiten Besuch, weshalb ich mir die Hofburg immer wieder gerne ansehe.

Wollte man alles genauestens betrachten, wären allerdings selbst einige Monate Zeit zu knapp bemessen. Auf die Gemächer folgt der Zeremoniensaal, mit böhmischen Leuchtern illuminiert. Dann der Thronsaal mit 26 Leuchtern, an denen 1300 Kerzen aufgespießt sind. 24 korinthische Säulen halten Wache. Im Rittersaal wurde Maria Theresia getauft. Und dann wäre da noch die Hofbibliothek. Zu vier Millionen Büchern gesellen sich anderweitige zwölf Millionen Objekte. Richtig edel wird es in der Schatzkammer, da versagen mir die Worte. Und wer immer noch nicht genug hat, kann sich den Redoutensaal, den großen Festsaal mit Platz für tausend Personen anschauen oder – mal ganz bescheiden – nur einen Türgriff beäugen und die Handwerkskunst bestaunen, die heute kaum bezahlbar wäre.

Mit zur Hofburg zählt auch die Kunstgalerie Albertina, in die mich mein Vater schleppte, als ich noch unter der Schule zu leiden hatte. Ich empfand das als Erziehungsmaßnahme, wenn nicht gar als Strafe. Mit meinen Kindern mache ich es heute genauso, denn ein bisschen was bleibt, trotz Ablehnung, immer hängen. Der Feldhase von Dürer, ein zentrales Objekt der Albertina, zierte mein Grundschul-Lesebuch und ging mir letztlich nie mehr aus dem Kopf.

Kultur strengt an, so auch dieses Mal. Eine Stunde nach dem neuerlichen Durcheilen von Teilen der Hofburg muss irgendwas mit meinem Blutzucker schiefgegangen sein, das ganze Blattgold und die Opulenz setzten mir doch etwas zu. Also geht es raus aus dem Gemäuer, über Burggarten und Ringstraße hinweg zur Gumpendorfer Straße. Mein Ziel ist das dort befindliche traditionsreiche Café Sperl, eröffnet im Jahr 1880.

Tische und Stühle draußen sind noch verwaist, sie werden sich wohl erst gegen Nachmittag füllen. Aber mich zieht es ohnehin nach drinnen. Durch eine alte und gut gepflegte Schwingtüre gelange ich in das denkmalgeschützte Café, das mit Parkettboden, Marmortischchen und Thonet-Stühlen ganz im Stil der Ringstraßen-Cafés gehalten ist. Ich warte ein bisschen, ob mich jemand entdeckt und mir einen Tisch zuweist. Es dauert nicht lange, bis mich eine gestandene Serviererin mittleren Alters mit hochgestecktem Haar an einen Tisch in der Nähe von zwei Billardtischen führt. Eine Grießnockerlsuppe wird bestellt, zur Abwechslung gibt es heute mal nur Suppe und sonst nichts. Die Serviererin verleiht mir das Gefühl, sie würde für mein Wohlergehen das ihre aufs Spiel setzen, und alsbald steht die Suppe dampfend vor mir. Sie schmeckt prächtig, wie fast überall in Wien, der Kapitale des gekochten Fleisches. Aber diese Art von Gericht ist mir auch von zu Hause vertraut: Bei meinen Großeltern gab es am Samstag immer irgendeine Art von Siedfleisch, meistens mit Bouillon-Kartoffeln. Es ging dabei weniger um das Fleisch als um eine ordentliche Fleischbrühe für den Sonntag.

Während ich die Suppe löffle, lasse ich meinen Blick durch das Café schweifen. Ab und an gibt eine kleine Schwingtür den Blick auf die Küche frei. Die Köchin mit dem Turban begeistert mich von der ersten Sekunde an. Welch eine royale Erscheinung, auch wenn sie nur über ihr kleines Weltreich, ihre Küche, herrscht. Sie folgt beim Hantieren mit Pfannen und Töpfen einer so ausgefeilten Choreografie, als sei sie eine Balletttänzerin auf der Bühne. Einem geübten Koch oder – wie in diesem Fall – einer geübten Köchin bei der Arbeit zuzusehen, das ist großes Kino. Wie überhaupt das ganze Café großes Kino ist: Man fühlt sich zurückversetzt in alte Zeiten, was nicht nur an der über hundert Jahre alten Einrichtung liegt, die dementsprechend unter Denkmalschutz steht. Auch der Tisch, auf dem gut und gerne dreißig Zeitungen aufgefächert sind, wirkt in unseren Tagen beinahe anachronistisch.

Vincent, der hektische Esser, hat die Suppe schnell vertilgt und sich, wie so oft, etwas die Zunge verbrannt. Während ich noch überlege, ob ich ein kühles Bier zur Linderung bestellen soll, steuern einige Pensionisten die antiken Billardtische an. »Wollen S' a Runde mitspielen?«, fragt einer. Ich antworte, dass ich von dem Spiel keine Ahnung hätte, aber gerne zuschaue. Unter kräftigem Abstützen auf den Tisch, der fast umgekippt wäre, wuchte ich mich aus dem Thonet-Stuhl. Der ist mindestens doppelt so alt wie ich, aber gottlob in besserem Zustand als »Old Vincent«. Tatsächlich interessiert mich das Billardspiel nur mäßig, ich spüre aber das dringende Bedürfnis der Senioren, mich in die Geheimnisse einzuweihen. Gespielt wird Karambolage, eine Billardvariante, die nur mit drei Kugeln gespielt wird. Die Kugeln heißen auch nicht Kugeln, sondern Bälle, und haben die Farben Rot, Weiß und Gelb. Anders als beim amerikanischen Poolbillard, verschwinden die Kugeln nicht in der Versenkung, der Tisch hat nämlich keine Löcher. Ziel ist es, mit dem weißen Spielball die beiden anderen Bälle zu »karambolieren«, sie also zu treffen, was ungleich schwerer ist als die amerikanische Variante. Ich probiere das erst gar nicht aus und begebe mich nach einer Weile wieder an meinen Platz.

Ein Ehepaar knallt die Türe auf, stoffelt an mir vorbei und

pflanzt sich einfach so an einen Tisch, der eigentlich für Kartenspieler reserviert ist. Darauf weist die Tischdecke hin. Der Männe hat die Kaffeekarte studiert und blickt nun immer wieder fragend in Richtung Serviererin. Doch die Dame, die mich wie einen König behandelt hat, ignoriert die beiden Touristen hartnäckig. Es dauert nicht lange, und schon hallt in messerscharfem Berlinerisch die Cappuccino-Bestellung durch das altehrwürdige Haus. Die Serviererin ist momentan schwerhörig.

Hatte ich mich eben noch mit dem Gedanken getragen, die beginnende Langeweile durch einen Blick auf mein Smartphone zu verscheuchen, ist mir nun gar nicht mehr fad. Hier scheint sich Interessantes anzubahnen. Wiener Cafés sind, anders als in Deutschland, nicht nur Rastplätze, um schnell mal ein Stück Kuchen zu essen oder ein Tässchen Kaffee zu trinken. Diese Orte sind Heimat. Ist es zu Hause zu ungemütlich, zu langweilig, zu schlecht geheizt oder fühlt man sich dort sonst irgendwie unwohl, dann wirft sich der Wiener ins Kaffeehaus, und das zur Not den ganzen Tag lang und gerne auch jeden Tag. Von unzähligen berühmten Leuten weiß man, dass sie jeden Morgen ein Kaffeehaus in der Nachbarschaft aufsuchen. Sie kämen niemals auf die Idee, daheim Kaffee zu kochen. Und wozu extra Geld ausgeben, wo doch ein gutes Café mindestens zwanzig Zeitungen bereithält, mit denen man sich die Zeit vertreiben kann? Im Grunde ist ein Kaffeehaus eine Quartierbeiz des jeweiligen Wohnbezirks, der Treffpunkt des Grätzls. Es gibt in Wien nichts, auf das der Begriff Heimat besser passen würde. Das gilt selbst für Kaffeehäuser wie das Café Central, in dem die Wiener Aborigines nur noch eine Minderheit stellen. Bricht der Tourist in die Idylle eines guten Kaffeehauses ein, ist das wie ein Eindringen in eine letztlich private Zone.

Sicher, es gibt Cafés mit genervten Obern, die sich womöglich schon an einigen Reisebussen abgequält haben. Hier, im denkmalgeschützten Café Sperl, finden Reisehektiker in Kompaniestärke erst gar keinen Platz. Aber anecken kann man trotzdem, wenn man, wie die beiden Berliner, nicht am Eingang wartet, bis der Ober einem den Tisch zuweist. Der lautstark georderte Cappuccino kommt dann doch irgendwann, wird wortlos auf den Tisch gestellt. Ich empfinde das als wunderbare pädagogische Geste. Früher hieß es immer, »der Gast ist König«. Was macht man aber, wenn den Gästen die Kinderstube abhandengekommen ist? Die Berufsorganisation der Pariser Schankkellner hat sich für solche Fälle übrigens einen Verhaltenskodex spendiert. Wer beim Bestellen eines Getränks nicht Bitte sagt, wartet automatisch 15 Minuten länger.

Als der touristische Spuk nach einem gebellten »Zahlen!« zu Ende ist, werfe ich doch noch einen Blick auf mein Handy. Ich begucke die Internetbewertungen des Sperl, und es kommt, wie es kommen musste. Alles sei prima, finden Blogger und sonstige gastronomische Scharfrichter, nur der Service wäre hundsgemein schlecht. Auf Tripadvisor und ähnlichen Plattformen verkehrt eigentlich nicht die wirkliche Genießerfraktion, denn bei der spielt kulinarische Buchhaltung letztlich keine Rolle. Eher schon bei Leuten, die so wenig ausgehen, dass sie – ohne die Übersicht zu verlieren – ihre Einzelerlebnisse zum Besten geben können.

Wobei es mit der Gastfreundschaft und dem Service eigentlich kein schwieriges Gemenge ist. »Was du nicht willst, das man dir tu, das füg auch keinem anderen zu«, heißt es so schön. Ja, wenn wir diesen einen Satz beherzigen würden, wäre auch das gastronomische Paradies vollkommen. Ich halte es immer mit dem Wald, in den man hineinruft: Leute, die mich bedienen, lasse ich meine Dankbarkeit spüren, und ich bekomme für kleine Gesten immer viel zurück.

Apropos gastronomisches Paradies: Die Grießklößchen in der Rindsbrühe des Café Sperl schmeckten mir prima! Und damit Sie, liebe Leserinnen und Leser, auch etwas davon haben, folgt hier nun ein von mir modifiziertes Rezept, das garantiert auch für Anfänger funktioniert.

Grießnockerln

Rezept für 6 Personen

Zutaten

250 ml Milch
60 g Butter
80 g Hartweizengrieß
2 Eier
etwas Salz
etwas Pfeffer aus der Mühle

Zubereitung

Die Milch aufkochen, die Butter darin auflösen und den Grieß einrühren, bis die Masse recht dick ist und fast am Topfboden anbrennt.

Die Grießmasse in eine Schüssel umfüllen, die Eier schnell unterrühren und das Ganze mit Salz und Pfeffer abschmecken. Die Masse ca. 5 Minuten ziehen lassen.

Währenddessen einen Topf mit Salzwasser oder Gemüsebrühe zum Kochen bringen.

Aus der Grießmasse kleine Klößchen rollen oder mit einem Esslöffel Nockerln formen. Diese im siedenden Salzwasser (oder der Gemüsebrühe) ca. acht Minuten sanft garen, der Grieß muss schließlich weich gekocht werden, bis zum Herausnehmen kann man sich also ohne Schaden Zeit lassen. Die Nockerln kurz abtropfen lassen und dann rein damit in die Rindsbrühe.

Das Restaurant Vestibül

Ein Blick auf die Uhr zeigt mir, dass ich im Sperl doch ein wenig die Zeit vergessen habe. Es ist bereits kurz vor eins, ich müsste längst auf dem Weg zum Restaurant Vestibül sein, in dem ich mit meiner Frau verabredet bin. So schnell wie möglich radle ich los: Es geht nach Norden, wieder auf die Hofburg zu, doch dann schlage ich einen Haken und biege links auf den breiten Radweg ein, der, beidseitig von Linden beschattet, auf halber Strecke am monumentalen Parlamentsgebäude vorbeiführt. Wenige Minuten später erhebt sich aus dem Grün des Volksgartens und sehr schön anzuschauen das berühmte Burgtheater.

»Die Burg«, wie sie von den Wienern genannt wird, ist ein exzellentes Beispiel für den Historismus. Hinter diesem Begriff versammeln sich alle Baustile der Antike, aber nicht im Original, sondern als spätere Kopie und Neuinterpretation. Die Stilrichtungen, die im ausgehenden 19. Jahrhundert besonders gefragt waren, hießen Neoromanik, Neogotik, Neorenaissance und Neobarock. Übrigens: Ein Jahr, bevor diese monumentale Kulisse hochgezogen wurde, erblickte mit Charles-Édouard Jeanneret alias »Le Corbusier« einer der Begründer der modernen Architektur das Licht der Welt. Doch noch standen die Menschen der Moderne eher skeptisch gegenüber, im Fin de Siècle griff Angst vor der Zukunft um sich: vor der Eisenbahn, der Elektrizität, den ersten Autos … Der Lärm nahm zu, und die Geschwindigkeit sowieso, und die Arbeitswelt mündete immer mehr in menschenfeindliche Industrialisierung. Man schaute lieber in die von Nostalgie versüßte Vergangenheit als hoffnungsvoll in die Zukunft. Das erinnert doch stark an die Umbrüche unserer Zeit.

Dem Wiener Rathaus auf der anderen Seite der Ringstraße verpasste der deutsche Baumeister Friedrich von Schmidt jedenfalls himmelstrebende Neugotik, auch wenn er mit dem Turm in der Mitte die Höhe des Stephansdoms nicht ankratzen durfte. Das neue Selbstbewusstsein der Bürger kam mit diesem Rathaus trotzdem schon deutlich zur Geltung. Die neugotische Architektur war ein bewusster Gegenpart zum Barock-Habsburgischen, und auch mit der Wahl des Bauplatzes hatte man der Monarchie gezeigt, wo die Reise hingehen würde: Nicht irgendein öffentlicher Park, wie Franz Joseph I. meinte, nein, ein Stück des kaiserlichen Paradeplatzes wurde dafür auserkoren. Heute finden in diesem Palast der Bürgerschaft jährlich über 800 Veranstaltungen statt, vor allem im riesigen Festsaal, der eine Länge von 71 Metern und eine Breite von zwanzig Metern hat. Aber auch der holzvertäfelte Sitzungssaal des Gemeinderats lässt es an Prunk nicht fehlen. Der Raum wird von einem Kronleuchter zentriert, der einen Durchmesser von fünf Metern hat und sage und schreibe 3,2 Tonnen wiegt. Gefertigt wurde er einst für die Weltausstellung 1878 in Paris. 200 Glühbirnen bringen den Leuchter zum Strahlen, und damit man die Birnen wechseln kann, gibt es im Inneren des Glitzerkolosses einen Wartungsgang. Seit 2014 wird im Rathaus übrigens nicht mehr nur Politik gemacht, auf dem Dach pflegt ein Imker einige Bienenvölker, was dem Bauwerk heute den nötigen Nachhaltigkeitsanstrich beschert.

Das Burgtheater gegenüber, längst nicht so hoch aufschießend wie die Neogotik auf der anderen Straßenseite, liegt schwerer auf, wirkt fast wie in der Erde versenkt. Von außen erinnert es an die Dresdener Semperoper, kein Wunder, der Grundriss stammt von Gottfried Semper, die Neorenaissance-Fassade wurde von Karl Freiherr von Hasenauer vollendet, nachdem Semper sich gesundheitlich angeschlagen und verärgert über so einige Dispute mit dem Herren Kollegen zurückgezogen hatte. Das Innere dagegen barockisiert üppig vor sich hin.

Burgtheater nennt sich das Gebäude, weil es ursprünglich zur Hofburg gehörte. Ins alte Burgtheater am Michaelerplatz, das bis 1888 bespielt wurde, konnte die kaiserliche Familie sozusagen in Hausschuhen direkt von ihren Gemächern aus gelangen. Das neue war immerhin durch einen Tunnel mit der Hofburg verbunden, der Weg aber offenbar zu Fuß nicht zumutbar, weshalb Kutschen darin verkehrten.

Der Zuschauerraum war nun nicht mehr aus Holz, sondern ausgestattet mit allen Annehmlichkeiten der Moderne. Als der Kaiser von Akustikproblemen erfuhr, ließ er diese schnell beheben. Denn ohne Brot und Spiele, das wusste er nur allzu gut, waren morsche Staatengebilde noch stärker einsturzgefährdet. Der Aufwand lohnte sich, der kaiserliche Nimbus war aufpoliert, und die Burg wurde – und ist es bis heute – zur Stätte weltberühmter Schauspielkunst. Irgendjemand hat mir mal gesagt, es gebe deshalb keinen Nobelpreis für Schauspielerei, weil über ein Engagement in diesem Haus nichts hinausgehe.

Vom Burgtheater, diesem Triumph der Symmetrie, geht etwas Beruhigendes aus. Ich stehe mit meinem Rad direkt vor dem mittigen Rundbau. Geradeaus geht es die Kaiserstiege zu den besonderen Logen hinauf. Diese Treppe war ausschließlich dem Kaiser, seiner Familie und seinen Ministern vorbehalten. Links und rechts davon befinden sich rechteckige Anbauten mit den Treppen für das Volk. Doch wo befindet sich der Eingang zum Restaurant des Burgtheaters? Ich kann verstehen, dass keine große Reklame dieses Denkmal verschandeln soll, und mache mich etwas orientierungslos auf die Suche.

Das Vestibül findet sich schließlich auf der rechten Seite hin zum Volksgarten, hier war früher die Einfahrt für die Kutschen. Wenn man sich – wie ich – seit fünfzig Jahren einer Leidenschaft hingibt, spürt man schon von außen, wenn sich etwas Besonderes ankündigt. Irgendwann lernt man die feinen Hinweise zu deuten: messingfunkelnder Bluff oder gediegene Qualität? Ist vor dem Haus gekehrt und aufgeräumt, sind Kübelpflanzen verdorrt, kompostieren Herbstblätter vor sich hin, oder welken die Palmen im Foyer? Hier ist rundweg nirgends eine Nachlässigkeit zu entdecken.

Ein feingliedriger Vorbau aus grün schimmerndem Glas dient als Windfang, und darüber, buchstäblich gekrönt, grüßt ein überdimensionales und trotzdem diskretes »V« in filigraner Leuchtschrift – das Signet des Restaurants Vestibül. Meine Frau hat diesen Ort mit Bedacht gewählt. Es erwartet mich eine geglückte Verbindung von Wiener Küche und moderner Grande Cuisine. Wer sich vorher die Homepage angeschaut und dabei in die Gesichter der Chefs geblickt hat, der ahnt, dass hier keine Amateure am Start sind, sondern erfahrene Profis werkeln. Das Duo hört auf die Namen Veronika Doppler und Christian Domschitz. Letzterer nannte sein Restaurant einmal »Wiener Brasserie«. Derart kann man getrost tiefstapeln, wenn man sich seiner Leistung sicher ist.

Meine Frau wartet schon und sitzt wie eine Fürstin an einem Ecktisch des herrlichen und schön illuminierten Marmorsaals. Die Speisekarte, nach der jeweiligen Saison ausgerichtet, passt zum Ambiente. Für mich gibt's erst knusprige Weinbergschnecken, Frau Elisabeth beginnt mit gebratener Entenleber und Pistazien. Alsdann treibe ich meine Wiener-

Schnitzel-Forschungen weiter, und wenig später steht tatsächlich kein Brösellappen vor mir, sondern ein wahres Weltmeisterschnitzel, das ich mir in dieser Qualität und Luftigkeit bisher nur in der Meierei der Reitbauers am Heumarkt habe zuführen können. Dazu ein »Gemischter Satz« des Weinguts Hajszan Neumann aus Grinzing, das erfrischt ungemein.

Die Lieblingsspeise meiner Frau war und ist der Rostbraten. Hier wird er auf der Karte als »Girardi-Rostbraten« annonciert. Er kommt mit Kapern und Champignons geschmort auf den Tisch, dazu werden Speckböhnchen und Pommes Robert gereicht, man könnte auch sagen Kartoffel-Kräuterplätzchen. Eine ähnliche Kartoffelspezialität der französischen Küche nennt sich Pommes Macaire. Im Grunde sind es zerdrückte, mehlige Kartoffeln, mit Eigelb und Schnittlauch vermengt, zu einer Rolle geformt, in daumendicke Scheiben geschnitten und in Butter hellbraun gebraten.

Den Namensgeber des Rostbratens kann man getrost einen Wiener Dorfheiligen nennen. Der Operettensänger, Schauspieler und Komödiant Alexander Girardi belebte als eine der erfolgreichsten Wiener Bühnengrößen das 19. Jahrhundert. Eng mit Kaiser Franzens Trostfrau Katharina Schratt befreundet, reichten seine Beziehungen bis in höchste Kreise. Das allein kann man schon als Achtungserfolg ansehen, denn der Kaiser zeichnete sich nicht durch Geselligkeit aus. Der Schauspieler verkehrte regelmäßig in der Schratt-Villa, die man sich im 13. Gemeindebezirk Hietzing in der Gloriettegasse 9 anschauen kann. Dort soll sich auch jenes Ereignis zugetragen haben, das dem Rostbraten seinen Namen bescherte: Die Gastgeberin musste die sehr unterschiedlichen Gelüste des Kaisers und des Bühnenstars bei einem Mittagessen unter einen Hut bringen. Weil Ersterer einen Fleischzahn hatte, Girardi aber ein Gemüsefetischist war, wies Schratt die Mamsell an, Sämtliches an Vegetabilem, das sich in der Speisekammer befand, aufs gebratene Fleisch zu geben, bis nichts mehr davon zu sehen war. Dieser Rinderrücken mit Wurzelgemüse, Zwiebeln und Champignons ging als »Girardi-Rostbraten« in die Geschichte ein.

Im Vestibül kommt das Gericht, wie gesagt, auch mit Kapern auf den Tisch, die Frau Elisabeth aber sorgfältig auf dem Tellerrand aussortiert hat. Die Gattin stammt von einem schwäbischen Bauernhof. Obwohl sie sich durch fast alle Gourmetrestaurants Zentraleuropas gegessen hat, mag sie längst nicht alles, die Erblast der schwäbischen Scholle bekommt man letztlich nicht los. Was der Bauer nicht kennt … Aber, Kapern hin oder her, sie leckt sich nach dem Mahl hochzufrieden die Lippen.

Auf das Dessert, ich glaube, es war irgendwas mit Sorbet, folgt ein doppelter Espresso, dann bitten wir um die Rechnung. Das wäre nicht weiter erwähnenswert, hätte ich nicht auf der Speisekarte folgenden Vermerk entdeckt: »Wir bitten um Verständnis, dass wir Rechnungen nur tischweise ausstellen.« Eigentlich ist es bedauerlich, dass man so etwas aufschreiben muss. Auf der ganzen Welt zahlt man gemeinsam und teilt sich den Betrag unter den Tischgenossen. In Deutschland dagegen grassiert die Unsitte, dass sich sechs Personen verköstigen lassen und dann jeder eine separate Rechnung haben möchte. Warum muss man einen schönen Restaurantaufenthalt am Schluss zu einer Erbsenzählerei degradieren? Sicher, es kann sein, dass ein Tischgenosse dreimal so viel gesoffen hat wie die anderen aus der Runde. Na und? Ich habe festgestellt, dass sich Großzügigkeit immer irgendwann auszahlt, auch wenn man sich im ersten Moment ausgenutzt vorkommen mag. Und wer das partout verhindern will, der kann die Erbsen immer noch draußen vor der Tür ausklamüsern, ohne den Ober mit Mathematik belästigen zu müssen.

Wir erheben uns vom Tisch, und der aufmerksame Ober

will mir sogar noch hochhelfen. Ich bin nicht von Sorgen beladen, es ist der Mageninhalt, der auf verheerende Weise der Gravitation folgt. Ich schaffe es trotzdem allein und wanke auf poliertem Marmor an der Verbeugung des Chefs vorbei, der mich gottlob nicht erkannt hat.

Palais Coburg

Die frische Luft draußen belebt. Und weil ich einfach nicht gerne laufe, schwingen wir uns wieder rauf aufs Radl und rollen dahin, mit der Frage ringend, ob wir nach dem opulenten Mahl noch mehr Kultur in uns reinfressen sollen. Da gäbe es noch jede Menge abzuarbeiten, allein schon bei der Hofburg und ihrer unmittelbaren Nachbarschaft. Würden wir alles in Augenschein nehmen wollen, müssten wir uns wohl eine Wohnung in Wien mieten und womöglich unsere restliche Lebenszeit für die Erkundung drangeben. Da wäre nämlich noch der Schweizertrakt zu besuchen, die Hofburgkapelle, die Stallburg, die Amalienburg, der Leopoldinische Trakt, der seit 1946 den österreichischen Bundespräsidenten beherbergt, der Reichskanzleitrakt, die Hofbibliothek, der Augustinertrakt, der Redoutensaaltrakt, der Michaelertrakt, der Zeremoniensaaltrakt, die Neue Burg mit den drei herausragenden Sammlungen des Kunsthistorischen Museums (das Ephesos-Museum, die Sammlung alter Musikinstrumente und die Hofjagd- und Rüstkammer), dann der Festsaaltrakt und schließlich noch der Burggarten mit dem Palmenhaus.

Das Kunsthistorische und das Naturhistorische Museum liegen sich direkt gegenüber. Diese beiden Museen sind riesige, herrlich verzierte Sarkophage. Das Naturhistorische

KUNST
HISTORISCHES
MUSEUM
WIEN
EINGANG

beherbergt über zehn Millionen Käfer und sonstige Insekten. Ich glaube, an den Objekten kann man sich bei genügend Kondition und Interesse ein ganzes Leben lang abarbeiten. Das Kunsthistorische Museum zeigt sich von außen wie von innen in fast obszöner Pracht und mit einem Bestand, den ich an dieser Stelle gar nicht gebührlich genug beschreiben kann. Allein elf Meisterwerke von Pieter Bruegel d. Ä. hängen hier, dazu jede Menge Bilder von Albrecht Dürer, Rubens, Tizian, Tintoretto, meinem Lieblingsmaler Caravaggio, Jan Vermeer, Rembrandt, Raffael, van Dyck und von dem malenden Gott aller Vegetarier, Guiseppe Arcimboldo, um nur ein paar zu nennen. Es gibt nicht viele Museen, die ich für mich als »wichtig« auserkoren habe. Das Kunsthistorische Museum Wien wäre jedoch sogar ohne die ganzen Ausstellungsstücke, die bis ins alte Ägypten reichen, schon wegen der Innenarchitektur eine dringende Empfehlung. Außerdem ist das Museum der Schauplatz des Romans »Alte Meister« von Thomas Bernhard. Herr Reger, philosophisch vorbelastet, lungenkranker Kunstkritiker und Pessimist, schreibt für die Londoner *Times*. Um Ruhe zu finden, pflanzt er sich jeden zweiten Tag – und das seit dreißig Jahren – auf eine Sitzbank im Bordone-Saal, die heute noch zum Ausruhen einlädt. Den »Weißbärtigen Mann« von Jacopo Tintoretto vor sich, sinniert Reger über die Scheußlichkeiten der Welt und insbesondere Österreichs. Ein Museumswärter namens Irrsigler, für Reger der Inbegriff eines »Burgenländer Dummkopfs« und ein »Staatstoter«, der nur noch für seine Dienste im Museum lebe, spielt im Buch eine wichtige Rolle. Bei meinen zwei Besuchen des Museums hatte ich ebenfalls eine eindrückliche Begegnung mit der Wärterzunft: Beide Male erkundigte ich mich nach dem Tintoretto, beide Male pendelte der Uniformierte verneinend mit dem Kopf. Ich weiß bis heute nicht, ob Restauratoren gerade

Vor dem Kunsthistorischen Museum Wien

mit dem »Weißbärtigen Mann« beschäftigt waren oder man sich hier um die Abwehr der zahlreichen Thomas-Bernhard-Jünger bemühte.

Seit einigen Jahren wird im Kunsthistorischen Museum auch moderne Kunst ausgestellt. Im Vorbeiradeln erspäht meine Frau ein Plakat, das eine Ausstellung von Mark Rothko in der Beletage annonciert. Ich ahne Übles, schon bremst sie. In diesen heiligen Hallen bin ich nicht wirklich auf abstrakte Kunst eingestellt. Ich kann mir auch nicht vorstellen, wie man die flächigen Farben Rothkos vor klassizistischem Schnitzwerk artgerecht in Szene setzen will. Doch ich lasse mich von meiner Frau breitschlagen, etwas anderes wäre eh nicht möglich gewesen. Die riesigen Räume sind mit weißen Stellwänden in Kokons unterteilt. Die Bilder kommen zur Wirkung, aber man darf den Blick nicht über die Stellwände erheben oder drum herum gucken, denn dann beißen sich die Stellagen mit der habsburgischen Opulenz.

Meine Frau merkt davon gar nichts, weil sie sich voll auf die großen Farbfelder des New Yorker Künstlers mit lettischen Wurzeln konzentriert. Es ist ein eigenwilliger Kontrast, und wir kommen überein, dass es – trotz knirschender Hängung – eine gute Sache ist, wenn man Neu und Alt gegenüberstellt.

Wieder an der frischen Luft, führt uns der Ringstraßenweg gen Osten, linker Hand an der Oper vorbei, und wenig später kommt das Hotel Imperial vors Auge. Da möchte ich auch gerne mal übernachten, wobei ich glaube, dass das doch ein bisschen zu sehr upperclass für mich sein könnte. In Feudalhotels nehme ich gerne an der Bar einen Aperitif, mich erfreut die Sicht auf richtig reiche Leute mehr als ein Besuch im Zoo. Jetzt ist es aber noch zu früh für einen Drink. Der Schwarzenbergplatz wird überquert, wir rollen weiter und weiter, und dann kommt sie, die wichtige Gasse, die Orientierungsachse vom Stephansdom über den Franziskanerplatz nach Südosten zur Ringstraße: die Weihburggasse. Gleich ums Eck finden wir das Palais Coburg, in dem wir diese Nacht nächtigen wollen. Es ist fast genauso teuer wie das Imperial, aber im Besitz einer Wiener Familie und interessiert mich beruflich.

Der Eingang, überdacht von einem gläsernen Kubus, führt durch die ehemalige Stadtmauer. Das Entree ist quasi unter Niveau, nicht vom Ambiente her, aber man erreicht erst ein Stockwerk höher mit der Bastei das wirkliche Höhenniveau des Palastes. Im Volksmund nennt man das schlossartige 1845 fertiggestellte Monstrum auch »Spargelburg«, der vielen hoch aufragenden Säulen wegen, welche die gesamte Vorderfront beherrschen. Die Zimmer sind, wie die gesamte Einrichtung des Hotels, erste Sahne. Solche Eleganz passt eigentlich nicht zu mir, trotzdem habe ich es lieber

Im Kunsthistorischen Museum

schön, auch wenn ich durch meine nachlässige Kleidung nicht ganz kompatibel bin. Die Betten sind natürlich die reinsten Wohlfühlwolken, und ich ahne, dass es heute mit weiteren Besichtigungen wahrscheinlich nichts werden wird.

Doch eine halbe Stunde später schmeißt mich meine Frau aus dem Bett. Zu meiner Erleichterung steht ihr der Sinn aber nicht nach ausgedehnten Erkundigungen, sondern nach einem Besuch der Bar des Palais Coburg. Wir nehmen einen doppelten Espresso, und ich schütte gleich einen weiteren hinterher. Ganz klar, nach so einem Mittagsschlaf kommt man schwer in die Gänge. Aber um vier Uhr nachmittags sind wir dann doch wieder startbereit, um ins Innerste der Stadt vorzustoßen, denn jetzt ist der Stephansdom dran.

Franziskanerplatz

Vom Hotel aus rechts um die Ecke spazieren wir sanft ansteigend die schmale Weihburggasse hoch, bis diese sich zu einem kleinen Platz öffnet. In der Mitte plätschert der Mosesbrunnen, und dahinter, im Haus Nummer 3, vergnügen sich unter Sonnenschirmen die Gäste des Kleinen Cafés. Der Name kommt nicht von ungefähr. Das Lokal ist wirklich winzig und nicht nur wegen des Schauspielers Hanno Pöschl berühmt, sondern auch durch die Innenarchitektur von Hermann Czech, einem der Verfechter der »stillen Architektur«. Ihm geht es um Schönheit und Funktion, um eine Architektur, die »nur spricht, wenn sie gefragt wird«. Sie ist Hintergrund, zurückgenommen und kommt mit möglichst wenigen Auffälligkeiten oder Angeber-Accessoires aus.

1970 ging es los, in insgesamt vier Etappen gestaltete Czech die verschiedenen Ebenen des Hauses. Mitte der Siebzigerjahre eröffnete Pöschl das Café, er war immer mit ganzem Herzen dabei, aber mit dem anderen genialen Rest als Schauspieler unterwegs, eine Profession, die er von der Pike auf gelernt hatte. Er drehte mit Rainer Werner Fassbinder, war Kollege von Jeanne Moreau und Maximilian Schell. Seine Spezialität waren handfeste Kerle, was er in unzähligen Filmen, sogar in einem James-Bond-Streifen (»Der Hauch des Todes«) demonstrierte. Und in »Before Sunrise« hatte nicht nur Pöschl einen Gastauftritt, sondern auch das Kleine Café. Letztlich ist er auch ein Kollege von mir, nämlich Zuckerbäcker und vor allem erfolgreicher Wirt.

Typische Wiener Kaffeehäuser sind meistens groß, mit hoher Decke, gerne stuckverziert, und gewissen Anflügen von Feudalismus. Nicht immer, aber meistens. Das Kleine Café könnte man daher wohl besser als Bistro bezeichnen, von der Sorte, wie sie momentan in Paris immer weniger werden. Wer Zeit hat, dem sind hier ein Kaffee und irgendeine Leckerei schwer zu empfehlen.

Ein paar Meter weiter die Weihburggasse hinauf liegt linker Hand noch das Gasthaus Pöschl, das gute, traditionelle Wiener Küche bietet. Seit 2000 hat Hanno Pöschl das Lokal mit seiner Frau Andrea Karrer geführt, aber vor Kurzem an den langjährigen Mitarbeiter Zbigniew Stoch übergeben. Auch wilde Kerle werden nun mal älter. Ich lese die ausgehängte Speisekarte, und da wird von »Wiener Bruckfleisch« berichtet, ein gulaschähnliches »Alles-drin-Gericht« mit geschmorten Innereien, und von »Vanillerostbraten«. Man könnte jetzt meinen: Hoppla, die alten Wiener hantierten schon vor den jungen deutschen Sterneköchen mit Vanille und Fleisch. Doch dem ist nicht so: Genauso wie der Österreicher zu Erdbeeren Ananas sagt, nannte er früher Knoblauch gerne Vanille. Vanille, also die echte, war schon immer eine sehr teure Zutat, die konnte sich der normale Wiener damals nicht leisten, und so geriet der Knoblauch sozusagen zur Vanille des kleinen Mannes.

Auf der Westseite des Franziskanerplatzes residiert André Heller im Haus Nr. 6. An der südlichen Häuserfront des Platzes ragt die Franziskanerkirche auf. Das lange Gebäude links davon, das zur Singerstraße mündet, gab dem Platz seinen Namen. Als der noch »Gässlein, da man zu St. Jeronim geht« hieß, stand hier ein Büßerinnenhaus für ehemalige Prostituierte, das einem Brand zum Opfer fiel. Das Feuer und spätere Abbrucharbeiten sorgten dafür, dass aus dem Gässlein ein Platz wurde, auf dem seit 1589 die Franziskaner in einem Kloster residieren. Sie sind Jünger des heiligen Franz von Assisi, jenes Mannes, der mit den Vögeln sprach. Im 13. Jahrhundert gründete der wirklich verehrungswürdige Mann diesen Orden. Man erkennt die Franziskaner an der braunen Kapuzen-Kutte mit den zwei weißen Bändeln um den Bauch. Meist stecken die beseelten Herren auch im Winter barfuß in ihren Sandalen. Vor diesen Leuten und ihrer Gefolgschaft habe ich größten Respekt. Jeden Freitag gibt es hier am Franziskanerplatz eine Armenspeisung, und in der Kirche erklingt häufig klassische Musik, von bekannten Künstlern dargeboten.

Nicht dass einer denkt, ich würde mich hier als religiöser Eiferer gebärden, aber wir nähern uns schließlich immer mehr dem Stephansdom, und ich empfinde viel Respekt vor der christlichen Tradition, selbst als überzeugter Heide. Mit dieser Tradition geht es auch gleich weiter, als wir die Singerstraße entlanglaufen und am Haus mit der Nummer 7 vorbeikommen. Dort residiert der Hochmeister des Deutschen Ordens. Um eine solch hammermäßige Immobilie zu besitzen, muss man seinen Verein früh gründen. Der katholische Deutschritterorden geht ins 12. Jahrhundert zurück, wie der Johanniter- und der Malteserorden steht er in der Nachfolge jener Ritterorden, die zur Zeit der Kreuzzüge mit dem Schwert missionierten. Die heutigen Chorherren und -schwestern kümmern sich ums Karitative. Für mich kam, trotz Ungläubigkeit, ein Austritt aus der Kirche niemals infrage. Ich bin überzeugt, dass ohne die soziale Hilfe und Arbeit der Kirchen, egal welcher Konfession, der Staat nicht in der Lage wäre, diese Sozialdienste zu kompensieren.

Das Gebäude des Deutschen Ordens nimmt das ganze Karree ein. Ich wage mich in den Innenhof vor und bin mir gewiss, mitten im Herzen der Stadt nirgends größere Ruhe fin-

den zu können als hier. In dem großzügigen Komplex wird übrigens auch ein Gästehaus betrieben: In etwas spartanischem Outfit gehalten, ist die Ausstattung doch von erster Qualität. Eigentlich ist eine solche Einrichtung genau mein Ding. Der reine Purismus, ohne überflüssigen Schnickschnack. Es gibt Zimmer, bei denen sich die Fenster zum efeuberankten und bezaubernden Innenhof hin öffnen. In den Räumen auf der anderen Seite hat der Gast einen prächtigen Blick auf den Dom. Will man dort übernachten, empfiehlt sich eine zeitige Reservierung. In ganz Wien gibt es, da frei von Autos, kein ruhigeres Areal als die Gegend um den Stephansdom. Bei meinem letzten Besuch in Wien habe ich dort einmal ein Zimmer bezogen. Die Ruhe war geradezu rekordverdächtig, einziges Geräusch war die etwas knarzende Matratze. Wem das Gästehaus zu spartanisch erscheint, der findet in der Nähe noch andere sehr gute Übernachtungsgelegenheiten, etwa das Hotel Kaiserin Elisabeth (Weihburggasse 3) und das bezaubernde Hotel König von Ungarn, gleich um die Ecke in der Schulerstraße 10.

Nach wenigen weiteren Schritten stehen wir endlich auf dem Stephansplatz. Am Südturm des Doms vorbei verweisen in den Boden eingelassene altrosa Platten auf die Umrisse der Maria-Magdalena-Kapelle, weiße Platten auf die der Virgilkapelle. Diese schließt erst um 18.00 Uhr, wir haben noch genügend Zeit, finden aber den Eingang nicht. Die Wiener gelten ja gemeinhin als ruppig, doch uns Orientierungslosen wurde nicht nur in diesem Fall auf herzlichste Art geholfen. Eine ältere Dame weist uns den Weg zur U-Bahn-Station Stephansplatz, die man nun wirklich nicht verfehlen kann. Dort geht es die Rolltreppe hinunter, dann steht man – zwölf Meter unter dem Boden – vor dem Eingang der Kapelle.

Dieser Kraftort wurde erst 1973 beim Bau der U-Bahn

Im Gebäude des Deutschen Ordens

wiederentdeckt. Wann genau die Kapelle errichtet wurde, lässt sich nicht sagen. Die Architektur deutet auf das frühe 13. Jahrhundert hin, möglicherweise diente der Bau später als Andachtsraum einer reichen Wiener Kaufmannsfamilie. Im Mittelalter wurde direkt über der Kapelle die neue Maria-Magdalena-Kapelle errichtet, in der die Totenmessen abgehalten wurden, denn damals war der Platz um den Dom von einem Friedhof umgeben.

Mit 5 Euro Eintrittspreis ist man dabei, und ich empfehle es sehr, diese Summe hinzublättern. Die Räumlichkeiten haben 800 Jahre überstanden, ohne dass jemand daran rührte. Sehr früh wurde die Kapelle mit mittelalterlichem Bauschutt verfüllt und dann vergessen. Man gelangt von oben in das steinerne Verlies und steigt über moderne Wendeltreppen bis zum Grund der mysteriösen Stätte. Der Blick nach oben zu den frühgotischen Spitzbögen wird durch keine Fenster durchbrochen. Ich denke, wer an Klaustrophobie leidet, sollte diese Katakombe nicht aufsuchen. Zwischen den Stützmauern, welche die Spitzbögen tragen, gibt es sechs Apsiden, deren Zentren jeweils ein in Rötel gehaltenes Fresko ziert, das ein Radkreuz abbildet. Das kreisrunde Rad wird durch ein Kreuz geviertteilt, das nach außen hin breiter wird. Dieses Symbol geht auf die Mythologie bronzezeitlicher Sonnenanbetung zurück und wird auch Sonnenkreuz genannt. Man sieht den Fresken das Alter an, doch das tut der Wirkung auf mich keinen Abbruch. Der Anblick macht nachdenklich, hat aber auch etwas Meditatives.

Wer mag, kann noch etwas weiter nach unten steigen und dort in Vitrinen ausgestellte Fundstücke aus dem Mittelalter anschauen. Die Kapelle ist nicht groß, die Hälfte des ursprünglichen Baus wurde der U-Bahn geopfert. Nach einer halben Stunde hat man so ziemlich alles gesehen und kann

In der Virgilkapelle

wieder ans Tageslicht klettern. Verlässt man diesen besinnlichen Ort, gerät man schlagartig in das Gehetze der Massen, die der U-Bahn entströmen. Ein Kontrast, der einen noch etwas schneller nach oben streben lässt, hinauf ans Licht und hinein in die belebend frische Luft, die den Platz um den Stephansdom umweht.

Der Stephansdom

Den Stephansdom sehe ich als das wichtigste Monument Österreichs, und da wird mir wohl auch so ziemlich jeder zustimmen. Das gotische Bauwerk thront auf den Fundamenten einer spätromanischen Vorgängerkirche, die in Teilen an der Westfassade des Doms noch erhalten ist. Diese wird von den beiden sogenannten Heidentürmen flankiert. Doch noch zwei weitere Türme ragen in den Himmel: Der Südturm ist mit 136 Metern der höchste und beherbergt 13 verschiedene Glocken. Der Habsburger Herzog Rudolf IV. (1339–1365) hatte den Südturm erbauen und die Kirche entscheidend erweitern lassen. Seitdem wird Rudolf IV. von den Wienern als »der Stifter« verehrt. Er gründete auch die Universität, die – nach der Prager Karls-Universität – die älteste Mitteleuropas ist und noch heute seinen Namen trägt: Alma Mater Rudolphina.

Der Nordturm wurde nie ganz fertiggestellt, das Fragment ist jedoch so stabil, dass es die Schwingungen der riesigen Pummerin-Glocke absorbieren kann. Die ist mit über drei Metern Durchmesser die größte des Landes und die drittgrößte frei schwingende Kirchturmglocke der Welt.

Wie durch ein Wunder ist der Dom heil durch die Kriegswirren gekommen. Als die Schlacht um Wien zu Ende, alles überstanden war, brach im uralten Gehölz des Mittelschiffs

am 12. April 1945 ein Feuer aus. Ob es vorsätzlich gelegt wurde, ist letztlich nicht bewiesen. Die einen glauben an zivile Plünderer, manche sagen, die Waffen-SS oder die Russen hätten das Gebäude mit Artillerie in Brand geschossen. Nix Genaues weiß man nicht, aber das Feuer griff auf den Glockenturm über, auch diese Holzkonstruktion ging in Flammen auf, und die »alte Pummerin« zerschellte auf dem Stephansplatz. Das Material verwandte man teilweise für den Neuguss, der es auf über 20 Tonnen Gewicht brachte. Wegen der Größe der Glocke musste die halbe Gießerei in Sankt Florian (südlich von Linz) umgebaut werden. Der erste Guss misslang, ein Stützbalken brach, und beim Anstich der Form krachte das Gestell zusammen, und alles ging zu Bruch. Ein Jahr später schließlich hatten die Gießer Erfolg, am 3. Dezember 1951 wurde das Meisterwerk abgenommen und – nach einem aufwendigen Transport – am 26. April 1952 feierlich geweiht. Bis sie zum ersten Mal ertönte, sollte es aber noch eine Weile dauern, schließlich musste der Dom selbst

nach dem Brand erst wieder restauriert werden. Und als man die Riesenglocke dann in den Dom hineinbringen wollte, musste man aus dem großen Tor erst ein paar Steine entfernen, damit sie durchpasste. Seitdem ertönt die »Stimme Österreichs«, die zweifelsohne für viele Bürger einen hohen symbolischen Wert besitzt, zu festgelegten Anlässen.

Wer vor dem Portal steht, das nicht ohne Grund Riesentor genannt wird, wird eine Kuriosität entdecken. Links und rechts vom Portal ragen die beiden Heidentürme in den Himmel. Diese werden bis auf halbe Höhe jeweils von einer Doppel-Rundpilaster-Säule flankiert, die unter einem runden Fenster endet. Sie entsprechen mit einer ungefähren Höhe von neun Metern den beiden Säulen des Jerusalemer Tempels – Boas und Jakin –, den König Salomon erbauen ließ. Boas bedeutet »in ihm ist Stärke«, Jakin bedeutet »er wird feststellen«. Links wird die Säule von einem Penis gekrönt, rechts wird sie von einer Vulva geziert. Die beiden Geschlechtsteile sind aber nicht salomonischen Ursprungs, sondern ein steinernes Signal, dass Männer und Frauen in der Kirche hochwillkommen sind. So jedenfalls lautet die Auslegung der Dompfarrei.

Rechts neben dem Riesentor entdeckt man in Stein gemeißelt den Buchstaben O, kombiniert mit der Ziffer 5. Parteiübergreifend war dies das Zeichen des österreichischen Widerstands gegen die Nazis. Der fünfte Buchstabe des Alphabets ist das E. Die Chiffre bedeutet also OE für Österreich und wurde 1944 erstmals mit weißer Farbe an mehreren Gebäuden des Landes angebracht. 1965 wurde die Chiffre eingemeißelt, im Gedenken an die im Widerstand getöteten Österreicher, jene Helden, um die man sich nach dem Krieg kaum gekümmert hat.

Auf der Rückseite des Stephansdoms, genauer: an der Westwand der Nordturmhalle, stößt man auf ein weiteres Symbol mit einer Geschichte, eine Steinsäule mit einem

Christus nebst Dornenkrone darauf. Diese Figur hört auch auf den Namen »Zahnweh-Herrgott«. Die dazugehörige Geschichte geht so: Vier Nachtschwärmer hatten die ganze Nacht durchgesoffen und wankten ihrer Bettstatt entgegen. Auf dem Heimweg kamen sie an der Steinsäule mit dem Schmerzensmann vorbei, der ihnen in diesem Augenblick erschien, als habe er Zahnschmerzen. Sie banden ihm ein Tuch um die Backe und steckten eine Rose hinein, alsdann wankten sie belustigt über ihren Streich weiter. Mit der Bettruhe wurde es allerdings nichts in jener Nacht, denn alle viere klagten wenig später über höllische Zahnschmerzen, die auch der Zahnarzt nicht lindern konnte. Reuig machten sie sich also auf den Weg zum Stephansdom, um sich beim Schmerzens-Jesus zu entschuldigen. Vergebung wurde offenbar gewährt, denn im Handumdrehen waren die Zecher vom Zahnweh befreit. Wie mir berichtet wurde, wird der göttliche Zahnarzt heute noch von gläubigen Zahnjammerern aufgesucht.

Das Innere des Doms ist in so vielfältiger Hinsicht sehenswert, dass ich Ihnen eine Aufzählung ersparen möchte. In jedem Fall aber sollten Sie einen Blick auf das Grabmal Friedrich III. werfen. Es ist eines der wichtigsten Kunstwerke des Spätmittelalters und zeigt auf der massiven Deckplatte den Herrscher im Krönungsornat, daneben allerlei Zierwerk, Wappen und Herrschaftsattribute. Damit man das auch gut sehen kann, muss man ein paar Stufen erklimmen, das Grabmal hat eine Höhe von zwei Metern. Friedrich III. aus dem Hause Habsburg war der am längsten regierende Herrscher des Heiligen Römischen Reiches. Er reiste sehr wenig, was ihm als Unbeweglichkeit ausgelegt wurde, ihm aber ein langes Leben bescherte. Friedrich wurde als »des Heiligen Römischen Reiches Erzschlafmütze« verunglimpft, offenbar zu Unrecht, wie neuere Forschungen nahelegen. Generell sage ich dazu, auch auf die Gefahr hin, dass ich mich wiederhole: Es gibt nicht Subjektiveres als die Geschichtsschreibung. Sie ist immer auch dem Zeitgeist geschuldet, und die Einordnung Friedrichs als kauziger, von armseligen Interessen geprägter (er widmete sich unter anderem der Pflanzenzucht) und auf seinen häuslichen Palast reduzierter Phlegmatiker gilt heute als überholt. Ja, nie war die Geschichtsschreibung so gründlich und auf den Wahrheitsgehalt nachweisbar wie in unserer Zeit. Oder ist dies schon wieder eine Geschichtsverfälschung?

Die Dämmerung bricht herein, und vorsichtige Leute wie ich laufen im Büchsenlicht nicht freiwillig in der Gegend herum. Entweder man befindet sich nun auf dem Weg in ein Gasthaus oder auf dem Heimweg. Wobei man um den »Steffl« herum nichts riskiert, diese Ecke ist selbst spätnachts noch belebt. Mit Frau Elisabeth biege ich in die Goldschmiedegasse ein. Wobei das so nicht ganz stimmt, wie immer ist sie mir einige Schritte voraus. Man könnte sie auch einen wandelnden Stadtplan nennen, vielleicht will sie, die Nase voran, auch nur den Status der Chefin pflegen. Was soll ich sagen, mit den Jahren ist das halt so gekommen, und inzwischen genieße ich das hirnlose Hinterherdackeln, ohne Verantwortung übernehmen zu müssen.

Elisabeth strebt geradewegs auf die Peterskirche zu, und wenn man dort angelangt ist, liegt linker Hand eines der besten Thai-Restaurants, die ich kenne. Was mir an der Glutamathölle der meisten Thai-Restaurants so auf die Laune schlägt, wird von der armseligen Ware verursacht, die dort oft verwendet wird. Häufig gehören die Shrimps und Garnelen nicht auf den Teller, sondern in den Giftschrank. Im Patara, von dem es weltweit einige Filialen gibt, ist das anders. Die Speisekarte eröffnet mit glaubhaften und von mir überprüften Grundsätzen: »Patara legt Wert auf Qualität. Und auf äußerste Sorgfalt bei der Auswahl der Zutaten, die mehrheitlich aus kontrolliertem Anbau und nach Möglichkeit aus

patar
FINE THAI CUIS

Fair-Trade-Handel stammen. Weiters finden Sie auf unserer Karte gekennzeichnete Produkte österreichischer Biobauern.« Also, wenn sich das nicht gut anhört?

Es gibt keinen Wienbesuch, bei dem wir nicht in diesem Thai-Restaurant einkehren würden. Nach einigen Tagen mit Schnitzel, Knödel, Beinfleisch, Tafelspitz und Rindssuppen hängen einem irgendwann doch die Frittaten aus der Nase … Aber diesmal sind wir noch nicht so weit.

Vor dem Thai-Restaurant

Im Schwarzen Kameel

Zum Schwarzen Kameel

Bevor wir uns thailändischen Haubengenüssen hingeben, bleiben wir noch ein bisschen bei Wiener Tradition. Von der Kirche St. Peter streben wir Richtung Bognergasse. Liebe Leute! Haltet die Luft an, wer einsam ist, dem kann hier geholfen werden. Alles strömt und wuselt durch die Gasse, und das menschgewordene Wiener Magma-Gebrodel kulminiert

im Haus mit der Nummer 5: Es beherbergt das Schwarze Kameel, eine kulinarische Kultstätte, die ständig unter Volldampf köchelt.

Anno 1618 kaufte Johann Baptist Cameel das damals schon traditionsreiche Haus, richtete eine Gewürzkrämerei darin ein und benannte diese nach nichts Geringerem als sich selbst. Das Etablissement »Kameel« hat also nichts mit dem Kamel zu tun und trägt womöglich deshalb ein Dromedar im Wappen.

Schon auf der Terrasse vor dem Eingang ist stets die Hölle los. Es trifft sich *tout Wien*, und die Geschwätzigkeit des Völkchens, das sich hier tummelt, ist beträchtlich. Man wird buchstäblich mitgerissen. Die meisten wirklichen Stammgäste sind jedoch drinnen und verlustieren sich an kleinen Brötchen, wahren Kunstwerken, die in gläsernen Vitrinen ausgesucht und anschließend im Stehen verspeist werden. Es gibt hier Leute, die so stramme Waden haben, dass sie das stundenlang durchstehen können. Mir und Frau Elisabeth ist aber das Essen im Stehen ungefähr so unmöglich wie Tangotanzen im Sitzen. Deshalb haben wir auch einen Tisch im hinteren Restaurant bestellt, was gar nicht so einfach ist. Man muss zeitig dran sein – oder der Concierge eines guten Hotels ruft an, um die Reservierung zu übernehmen. Richtig demokratisch ging es in Wien noch nie zu. Wenn man auf einen versierten Concierge zurückgreifen kann, wird Wien erst richtig schön. Zumindest ist man dann wenigstens so wohlgelitten wie der Inhaber eines Hofratstitels.

Der Betrieb ist exzellent und straff geführt, die Kellner sind von einer Professionalität, die zumindest nördlich der Alpen arg selten geworden ist. Über all das wacht der Restaurantchef mit dem »Erste-Hilfe-Lächeln«, der Maître Johann Georg Gensbichler. Sieht man ihn zum ersten Mal, glaubt man, der alte Kaiser Franz Joseph sei wiederauferstanden: das Gesicht fein geschnitten, von einem angesilberten Bart umwölkt. Dann guckt man irritiert ein zweites Mal hin und verheddert sich in der Halluzination, dass sich der Wiener Opernball auf eine Person reduziert haben könnte. Wenn dann der Geist in Gala-Outfit auf einen zusteuert, durchlebt man eine weitere Schrecksekunde, bis sich der Maître als Gandseigneur mit ausgesucht filigranen Umgangsformen entpuppt.

Weiß der Teufel, wieso uns die Ehre zuteilwird, von diesem ganz besonderen Herrn an den Tisch geführt zu werden. Der Mann weiß nicht, wer wir sind, aber er ist vielleicht mit dem Concierge unseres Hotels verbandelt, denn die Stadt ist eigentlich ein riesiges Dorf. Wir bekommen einen ausnehmend schönen Tisch. Auch wenn wir darauf nicht wirklich Wert legen – dagegen wehren tun wir uns natürlich nicht. Der Habsburger-Wiedergänger schiebt Frau Elisabeth das Gestühl unter und unterhält uns im Laufe des Abends auf das Wunderbarste. Vor allem amüsieren wir uns köstlich, wie die hier verkehrenden gehobenen Stände der Stadt nach der Aufmerksamkeit des Johann Georg Gensbichler gieren.

Wir genießen das Wiener Kleinkunsttheater begleitet von einem hervorragenden Grünen Veltliner. Erst nach einer Weile wird bestellt: Wir beginnen mit Spargel und Beinschinken – wenn man den gekostet hat, weiß man wirklich, wo in Sachen Schinken der Hammer hängt. Nicht irgendein Schinken wird geboten, sondern die stadtbekannte Spezialität des Hauses. Es sind solche Details, die das Besondere des Kameels ausmachen. Das gilt übrigens auch für den Bereich hinter der Pendeltüre: Die Sandwiches aus den Vitrinen sind nicht nur wegen der Qualität des Belags so gut, sondern weil das darunter befindliche Brot allein schon unter Denkmalschutz gestellt werden sollte. Es kommt von einer Holzofenbäckerei aus dem Waldviertel.

Als Hauptgang folgt, natürlich, das Wiener Schnitzel: Ich weiß nicht, wie viele Wiener Schnitzel ich in meinem Leben

Der berühmte Beinschinken

schon vertilgt habe, es ist nun mal meine Leibspeise, und bei ihr geht es mir wie mit den Spaghetti, die werden mir auch nie über. Ich merke sofort, wenn ein Wiener Schnitzel aus der Fritteuse kommt oder in der Altölpfanne seinen Charme drangeben musste. Schnitzel aus der Fritteuse oder in rabenschwarz verbranntem Fett gebrandschatzt, das ist in Wiener Billig-Beisln gang und gäbe. Hier im Kameel duftet das Schnitzel hingegen, als säße man auf einer Butterwolke. Vor der Rechnung fürchten muss man sich auch im Kameel nicht. Für deutsche Verhältnisse sind die Angebote der guten Gastronomie in Österreich unerklärlich preiswert. Das Restaurant des Kameel bietet hohe Tischkultur mit gestärktem weißem Leinen und polierten Gläsern und hervorragende Küche bei moderaten Preisen.

Vorne ist es eher Kaffeehaus und Bar, hinten mehr veritables Restaurant, und schlussendlich ist es auch ein Einkaufsladen. Auf die Zeit als Gewürzkrämerei folgte im 19. Jahrhundert eine Erweiterung des Sortiments um edle Weine und schließlich um ein Lokal. Dass sogar Beethoven hier eingekauft hat, belegt eine hinter Glas gerahmte Rechnung des Komponisten an der Wand. Das Kaffeehausartige des Kameel rührt daher, dass man den ganzen Tag hier zubringen kann. Davon erzählt auch das hochinteressante und sehr unterhaltsame Buch des Wiener Fotografen Sepp Dreissinger, in dem sich auch ein Interview mit dem Ausnahmeschauspieler und Querkopf Paulus Manker findet. In einem Film mit diesem Schauspieler hatte ich mal eine kleine Nebenrolle als Koch: Ich musste Manker – mit Teig umhüllt – in einen Ofen schieben. In Deutschland war der Film kein Erfolg, denn der Wiener Argot war teilweise so heftig, dass ihn nur Geübte verstehen konnten. Wer übrigens das Wienerische gut verstehen möchte, dem empfehle ich, sich die gesamten Folgen der TV-Serie »Kaisermühlen Blues« anzuschaffen. Elisabeth und ich haben die 66 Folgen dreimal angeschaut, und seitdem sind wir kaum mehr in der Lage, richtig deutsch zu sprechen. Manker, Burgschauspieler während der Ära Peymann, ist aber immer gut verständlich. Wenn er in dem Buch erzählt, wie er im Kameel hockt und unlängst tatsächlich 14 Stunden dort verbracht hat, dann guckt so mancher Leser sicher neidisch aus seinem puritanischen Hamsterrad. Dass man so lange durchhält, hat damit zu tun, dass die Speisekarte zu allen Tageszeiten sensationell bestückt ist. Beim Frühstück hält sich der Manker an den, wie er sagt, besten Beinschinken Osterreichs (das kann ich bezeugen!) und bestellt vielleicht mal ein weiches Ei dazu. Ein Pfiff Bier wird, begleitet von einem kleinen Sortiment von Würsteln, auch gerne genommen: »Da bist du natürlich sofort ang'flaschelt, was ja auch nicht so schlecht ist. Die Kraft für einen Lokalwechsel schwindet dann zusehends«, meint der Paulus Manker.

In so einem Laden, in dem unzählige Exoten residieren, dieses Gemenschel in der Spur zu halten, das erfordert psychologisches Geschick. Hausherr Peter Friese mit Familie ist bereits in der zweiten Generation am Werk. Er arbeitet im Hintergrund, dies aber äußerst effektiv. Im Vordergrund dominiert natürlich der Haushofmeister Gensbichler, der nicht mit der Wimper zuckt, als ich mir zum Dessert noch einmal ein Wiener Schnitzel gönne. Da ich aber schon recht satt bin, lasse ich mir als Beilage eine Portion Spargel dazulegen, der hat mich schon bei der Vorspeise begeistert. Sie können es mir glauben, möchte man sich bei einem Wirt oder Koch unvergesslich machen, dann bestellt man zum Dessert ein Schnitzel oder einen Rostbraten!

Das opulente Mahl will verdaut werden, aber bevor ich noch am Tisch in einen leichten Dämmerzustand falle, erregt ein neues Spektakel meine Aufmerksamkeit: Ein Zeitungsverkäufer drängt in unser Biotop. Er stupst die Pendeltüre leicht an, traut sich aber nicht ganz rein. Gensbichler, des Eindringlings sofort gewahr, macht einen royalen Fächler mit der rechten Hand, ähnlich wie man eine Fliege verscheucht: »Schleich di!« Dem wird auch augenblicklich Folge geleistet – der Zeitungsverkäufer tritt ein paar Schritte zurück und bestellt sich an der Theke des Verkaufsraums einen Espresso. Als dieser hinuntergestürzt ist, beginnt der Zeitungsmann, auf die nächste Gelegenheit zu lauern. Das hat alles etwas von einem kleinen Theaterstückchen. Mit dem Espresso im Bauch schiebt sich der Zeitungsmann abermals in die Nähe der Pendeltüre, und wenige Augenblicke später ist er dann drin im Restaurant. Jetzt müsste Gensbichler eigentlich unwirsch werden und wieder sein Dirigat beginnen, vielleicht wiederum mit einer »Schleich-di«-Handbewegung, oder den Eindringling gar in verstärkter Version abwehren (»Geh scheißn!«, wie der Wiener bei derlei Gelegenheit wenig unverblümt sagt). Doch weit gefehlt, der Zeitungsmann hat seinen Part gut gespielt und darf dem Gensbichler eine Gratiszeitung reichen. Na ja, der Espresso war übrigens auch aufs Haus.

Zum Schluss noch eine Begebenheit, die ich in den *Salzburger Nachrichten* las: »Vor ein paar Jahren saß Udo Jürgens auf dem wohl schlechtesten Platz des Restaurants Kameel. Der Hausherr fragte: ›Herr Jürgens, hat man Ihnen keinen besseren Platz angeboten?‹ Der antwortete glücklich und zufrieden: ›Herr Friese, mir ist es lieber, ich habe den schlechtesten Tisch im schönsten Restaurant als den besten Tisch in allen anderen.‹« Dem ist nichts hinzuzufügen.

Freyung, Schottenstift und Café Central

Die Freyung ist eine Gegend, in die ich nicht so oft komme, obwohl man ganz einfach dort hingelangt. Vom Michaelerplatz spaziert man die Herrengasse hinauf, es geht am Café Central vorbei, aber nicht hinein, sondern weiter, wenigstens ein kleines Stück, bis man die rote Fahne oben auf der Ferstlpassage sieht. Die heißt so, weil sie, wie auch das Café Central, noch zum Palais Ferstl gehört. Hat man die Passage durchquert, wird es wieder hell, und schon steht man auf der Freyung, einem länglichen, großen Platz. Früher hieß er noch »Gegend bei den Schotten«, was gleich einen Hinweis liefert auf das alles dominierende Schottenkloster. Freyung wird die Gegend seit 1710 genannt, weil in vergangenen Zeiten die Anwohner dem Kloster unterstanden und von städtischen Auflagen befreit waren.

Auch ich gehe ins Kloster, aber nicht für immer, sondern für eine Nacht. Denn wie schon der Deutsche Orden hat auch die Benediktinerabtei ein Gästehaus. Es gibt aber noch einen weiteren triftigen Grund. Schlafen bei geschlossenem Fenster löst bei mir eine gewisse Erstickungsparanoia aus. Das hat dazu geführt, dass ich nur in Notfällen ein amerikanisch gemanagtes Hotel aufsuche. Ich empfinde es sowieso als Zumu-

tung, wie sich der Staat, die Versicherungen, Ärzte, mit der ganzen Pharmaindustrie dahinter, wie sich die ganze Umwelt um mich kümmert, ich aber selbst auf mich aufpassen kann. Ob ich rauche oder abends meinen Whisky trinke, ob ich mich – wie fast die ganze Menschheit – zu Ungesundem hingezogen fühle, wen geht das was an? Keiner sieht, wenn ich Durst habe, aber alle gucken auf mich, wenn ich besoffen bin. Ein Verschwörungstheoretiker würde sagen, egal, was man dir Gutes will, fast immer steckt ein monetärer Gedanke dahinter. Vielleicht wollen sich aus diesem Grund so viele Hotelgäste aus dem Fenster stürzen, und es ist deshalb besser, man schraubt sie nach amerikanischer Methode einfach zu? Oder ist in manchen Hotels die allgemeine Stimmung so morbide, gucken wir zu viel »Tatort«, und überall lauern Fassadenkletterer, die an unseren Billigschmuck wollen? Mich erstaunt auch, wie viele Leute nur bei geschlossenen Rollläden ihre allgemeine Angst unterdrücken und erst dadurch einen guten Schlaf finden können. Im Schatten der Schottenkirche, im Hotel Benediktushaus, ist man jedenfalls von allen Heiligen und Wohltätern, die der Bibel je innewohnten, bestens behütet.

Während viele Hotels in Wien an belebten Straßen liegen, ist das Schottenstift wirklich ein geschützter Bereich, nahezu festungsartig. Die Zimmer sind modern, alles klare Linie, und optimal in Schuss. Mir ist das letztlich doch viel angenehmer, als all der Prunk der Feudalhütten, der einen, wie beispielsweise im formidablen Hotel Imperial mit all seinem Blattgold, erschlagen kann. Alles zu seiner Zeit, das war schon immer meine Devise, auf die Nacht im Palais Coburg kann ruhig mal etwas Einfacheres folgen. Es ist wie beim Leberwurstbrot: Wenn einmal eine Scheibe Gänseleber darauf liegt, ist's mir auch recht, jedoch nicht alle Tage.

In der Herrengasse

Der Schlaf bei offenem Fenster hätte nicht angenehmer sein können. Das Erwachen mit einem Blick ins Grüne, auf einen baumbestandenen Innenhof, dürfte in Wien eine Seltenheit sein. Das Hotel wirbt damit, dass man kein TV, kein Radio oder sonstige dudelnde Gerätschaften ertragen muss. Es warnt vor gespenstischer Ruhe, nur unterbrochen vom Glockengeläut der benachbarten Schottenkirche.

Platz gibt es genug im Benediktushaus, jedes Stockwerk hat nur wenige Zimmer, und die Gänge und Flure, in denen man auf bequemen Sitzmöbeln lesen, schreiben oder sinnieren kann, sind weitläufig wie die Zimmer, alles ist frisch renoviert, hell und freudig stimmend. Das Ganze zu moderaten Preisen, die wohl nur eine schuldenfreie Firma wie die Kirche bieten kann. Vielleicht liegt es aber auch daran, dass man in diesem Hause auf diese bescheuerten Wellness-Zentren verzichtet, die auch der mitbezahlen muss, der sie nicht aufsucht. Wussten Sie eigentlich, dass gechlortes Badewasser geruchlos ist? Erst in Verbindung mit Urin setzt der Badesud diesen ätzenden Chlor-Odeur frei, auf den so manche Hoteliers scheinbar stolz sind. Prost!

Das Kloster wurde, nebenbei bemerkt, nicht von Schotten gegründet, die klerikalen Eroberer brachten das Heil vielmehr aus Irland an den Donaustrand. Schottland und Irland wurden damals gerne verwechselt, denn Irland nannte sich *Scotia maior*, nach dem irischen Stamm der Skoten. Und Schottland firmierte unter *Scotia minor*.

Nach einem vernünftigen Frühstück trete ich am nächsten Morgen aus dem Benediktushaus in die morgendliche Sonne. Es herrscht buntes Treiben vor dem Haus. Heute ist Samstag, und nach der tiefen Ruhe meines nächtlichen Refugiums befinde ich mich unversehens mitten in lärmendem Markttreiben. Es wird Besonderes geboten: Der Freyung-Biomarkt ist buchstäblich eine Erlebnislandschaft für Feinschmecker und Liebhaber echter Naturerzeugnisse. Mir ist das allemal lieber als die berühmte merkantile Ernährungsblase des Naschmarkts, der weniger ein Markt ist, sondern ein kulinarisches Partyerlebnis. Wobei fairerweise gesagt werden muss, dass es auch auf dem Naschmarkt exquisite Anlaufstellen gibt, wie beispielsweise die Essigbrauerei Gegenbauer und einige sehr gute Bistros, wie das Neni, das orientalische Weltküche bzw. gute jüdische Küche offeriert. Und es soll ja Leute geben, die es sehr gerne haben, wenn man sich aneinander reibend im Gedränge näherkommt.

Die Marktstände scharen sich um einen Brunnen, den Austria-Brunnen. Der ist auch etwas Besonderes. Kaiser Ferdinand stellte bei seiner Thronbesteigung gleich seinen Beinamen »Der Gütige« unter Beweis, indem er seine monetären Krönungsgeschenke für den Bau einer Wasserleitung für die westlichen Vorstädte spendierte. Das Geld reichte allerdings nicht ganz, und der Stadtverwaltung und mithin den Bürgern Wiens fiel die Fertigstellung anheim. Ludwig Schwanthaler aus München bekam den Auftrag für die Gestaltung des Brunnens, was die einheimischen Bildhauer gewaltig ärgerte. Schwanthaler war aber mit Abstand der preiswerteste Anbieter. 1846, zwei Jahre bevor der 19-jährige Kaiser Franz Joseph an den Start ging, fand die Einweihung des Brunnens statt.

Ich presse meinen Bauch gegen die Granitwölbung, beuge mich hinüber und schöpfe einige Hände voll Wasser heraus. Es ist von allerbester Qualität, das bilde ich mir jedenfalls ein, denn es war letztlich Donauwasser, das ich unwissentlich trank. Egal, ich vertrete die Ansicht – und meine unzerstörbare Gesundheit mag ein Beleg dafür sein –, dass ein bisschen Dreck den Körper in Schwung hält. Wer sich nur aseptisch ernährt, von ultrahocherhitzten Dosen oder sonstiger keimfreier Nahrung, der tut sich meiner Meinung nach nichts Gutes. Hygienischer Radikalismus begünstigt oftmals Allergien, der kleinste Keim haut einen dann um. Natürliche (Bio-)Nahrung sorgt immer für einen ausgeglichenen Bakterienhaushalt. So eine Demeter-Salatlaus hat meist eine hervorragende DNA und stabilisiert die Abwehrkräfte!

Ich schlendere zwischen den Ständen umher, und das Frühstück im Benediktushaus reut mich ein wenig. Ich könnte hier so vieles versuchen, verschiedene Olivensorten, Käse, Wurst und Was-weiß-ich-alles. Gleich gegenüber der Schottenkirche erblickt mein trübes Morgenauge viel Grünzeug, einen kleinen Park mit Bänkchen. Dort kann ich mit Anstand ein kleines Mandelbrötchen verknabbern, das ich im Vorbeigehen erstanden habe. Ich suche mir ein schönes Plätzchen und genieße die Aussicht. Links die Schottenkirche und rechts das wunderbare, herrschaftliche Palais Kinsky, vormals im Besitz des Grafen Daun. Sieht wirklich formidabel aus und ist eines der schönsten Barockgebäude der Stadt. Doch stopp, jetzt hat sich ein Mandelsplitter zwischen meine Zähne geklemmt. Ich sitze hier so exponiert, dass ich nicht mit den Fingern im Maul herumstochern kann. Also das Taschenmesser gezückt und von der Rankpflanze neben der Bank ein Ästlein abgeschnitten. Das Problem ist schnell behoben, und ich kann mich wieder dem Palais widmen.

Der Name hat übrigens nichts mit dem gefährlich-genialen Schauspielgenie Klaus Kinski zu tun, sondern mit einem tschechischen Uradelsgeschlecht aus jener Gegend, die Wiglaf Droste einmal »Protektorat Bohnen und Möhren« nannte. Das Palais birgt ein Geheimnis, das ich mir nun, nach dem Verzehr des Mandelbrötchens, in Ruhe ansehen will. Ich erhebe mich von meiner Bank, steuere auf das ausladend vorspringende Portal zu und werde um ein Haar von einem SUV-Panzerwagen umgefahren. Der Wiener gilt ja nicht gerade als ungestüm, sondern wird für seine Bedächtigkeit gerühmt. In meinem Fall hat der Fahrer bewiesen, dass er gut und schnell bremsen kann. Ja, der Hans-guck-in-die-Luft-Ausflügler lebt gefährlich. Meine riskante Querung der schmalen Straße lohnt sich aber. Ich hatte von einer Büste gehört, die sich im Eingangsbereich des Palastes befindet. Sie zeigt einen Mann namens Karl Wlaschek, 1917 in Wien geboren und 2015 in Graz gestorben. Nach dem Krieg schlug er sich als Barpianist durch, nannte sich »Charly Walker« und gelangte auch als Bandleader einer Jazz-Combo zu einiger Anerkennung. Mit etwas erspartem Geld eröffnete er 1953 eine Parfümerie und bot seine Waren zu Discountpreisen an. Dann kamen Lebensmittel dazu und 1960 managte er bereits 45 Filialen. Nach wenigen Jahren gab es die »Billa« (billiger Laden) allerorten. Bis heute ist der gelbe Schriftzug auf rotem Grund in Österreich sozusagen allgegenwärtig.

1996 verkaufte Wlascheck sein Imperium für 2,2 Milliarden D-Mark. Das Vermögen des Ex-Klavierspielers belief sich auf über 4 Milliarden Euro, zum Besitz zählten mindestens 300 Immobilien, beispielsweise die Wiener Innenstadtpalais Ferstl, Esterházy, Harrach, Hardegg und eben Kinsky. Wlaschek war es nie um möglichst hohe Renditen gegangen, sondern auch um den Erhalt des Wiener Stadtbilds und um Denkmalpflege. Wie sagt man so schön: Es ist schwierig, ein großes Vermögen zu erwerben, noch schwieriger ist es, dieses mit Anstand auszugeben.

So, und warum erzähle ich das alles? Mich fasziniert, dass ein schöngeistig grundierter armer Teufel, ein Jazzer aus kleinsten Verhältnissen, so weit kommen konnte. Wenn man berücksichtigt, dass viele großen Vermögen im deutschsprachigen Raum oft auf Kriegsgewinn und Zwangsarbeit gründeten, ist der ehemalige Barpianist »Charly Walker« eine wahre Lichtgestalt. Nur mit der Damenwelt scheint er so seine Probleme gehabt zu haben: »Beim G'schäft bin i guat, bei de Weiber bin i a Depp.« Aber man kann ja nicht alles können.

Die Sonne, die mir auf die Glatze brennt, verhindert weiteres Sinnieren. An exklusiven Geschäften vorbei gehe ich unter hohen, neugotischen Spitzbögen durch die Ferstl-Passage. Das Palais ist nach dem Architekten Heinrich von Ferstl benannt und mit romantisierendem Historismus üppig bepackt. Wie sich doch die Geschichte immer wiederholt. Die ehemals hier angesiedelten Börsianer sahen sich als die Herren der Welt. So zeigt sich der große Festsaal als riesiges Schiff und kann mit anderen Sälen auch für allerlei Festivitäten gemietet werden. In der Mitte der Passage plätschert der Donaunixenbrunnen im sechseckigen sogenannten Basarhof. Zu Füßen der Nixe mit wallendem Haar und einem Fisch in der Hand finden sich drei Bronzefiguren: ein Kaufmann, ein Schiffsbauer und ein Fischer.

Nach der Querung der Passage trete ich ins Licht der Herrengasse. Links führt sie, wie wir bereits wissen, zum Michaelerplatz, rechts befindet sich das Palais Batthyány mit der Hausnummer 19. Das gucke ich mir noch kurz an. Eleonore Gräfin Batthyány-Strattmann, »die schöne Lori«, widmete sich als Freundin dem Türkenbezwinger Prinz Eugen. Frauengeschichten hatte der Schlachtfeldstratege nie, seine Soldaten standen ihm näher. Und doch gibt es eine Frau, die großen Einfluss auf ihn hatte, eben jene Gräfin, die in hohem Maße als Ratgeberin des Prinzen ins politische Geschehen eingriff. Manche sahen in ihr gar die heimliche Herrscherin im Reich Karl VI.

Der edle Ritter mit dem Eisensplitter (im Hintern) residierte in seinem Winterpalais, gleich ums Eck in der Himmelpfortengasse. Beinahe Abend für Abend steckten die Gräfin und der Prinz die Köpfe zusammen und gaben sich dem Kartenspiel hin. Der Prinz war klein und unansehnlich, nahezu wie ein Gnom. Man munkelte von Homosexualität, aber vielleicht nahmen auch alle Frauen vor ihm Reißaus. In der Mitte seines Lebens brachte es Eugen, der sich ausschließlich dem Kriegshandwerk widmete, zu enormem Reichtum.

Vor dem Schloss Belvedere

Sozusagen als Sommerfrische leistete er sich das Schloss Belvedere.

Für den Moment verweilen wir ein wenig beim Palais Batthyány in der Herrengasse 19. An der Ecke des Gebäudekomplexes hin zur Bankgasse hielt im 19. Jahrhundert das Hotel Klomser seine Pforten offen. In diesem Hotel beging der Spion Oberst Alfred Redl Selbstmord. Er war im Mai 1913 der Spionage für Russland, aber auch für Italien überführt worden. Oberst Redl, der Leiter des kaiserlich-königlichen Nachrichtendienstes (damals Evidenzbüro genannt), hatte der Armee erheblichen Schaden zugefügt. Aufmarschpläne, Truppenstärke, Bewaffnung, Dauer der Mobilmachung – all diese Informationen waren in fremde Hände gelangt.

»Ich weiß schon, weshalb die Herren kommen. Ich bin das Opfer einer unseligen Leidenschaft; ich weiß, dass ich mein Leben verwirkt habe, und bitte um eine Waffe, um mein Da-

1907

sein beschließen zu können«, sagte der Ertappte, als seine Kollegen ihn im Hotel Klomser aufsuchten und ihm Pistole und Gift übergaben. Das Schicksal des Obersten wurde von István Szabó mit Klaus Maria Brandauer in der Hauptrolle 1985 grandios verfilmt, man hielt sich allerdings nicht an die Tatsachen, sondern gestattete dem Spion einige menschliche Züge und Schwächen, sodass man fast annehmen konnte, er sei mehr Opfer als Täter gewesen. Der Generalstab geriet damals mit dieser Staatsaffäre kurz vor dem Ersten Weltkrieg in höchste Peinlichkeiten, und es wurde – diesbezüglich war das Kaiserreich höchst versiert – in großem Maße vertuscht und gemauschelt.

Mit diesen Gedanken im Kopf schreite ich voran und komme, wer hätte es gedacht, am Café Central vorbei. Das Unterbewusstsein führt einen auf seltsame Wege, und ich füge mich bereitwillig. Es ist noch früh am Tag, die Touristen sind noch nicht in diesem Zielgebiet angelangt. Gleich am Eingang grüßt der berühmte Dichter Peter Altenberg zeitunglesend als Gipsfigur. Er lebte von 1859 bis 1919 und hieß eigentlich Richard Engländer. Auf ihn werde ich noch zu sprechen kommen. Das Café ist perfekt gemanagt, die Mehlspeisen, Torten und Törtchen sind hervorragend. Ich möchte nicht wissen, wie viele Hundertschaften Touristen Tag für Tag hier ins Staunen kommen. Auf einen Wiener trifft man hier allerdings kaum. Wenn man der Einheimischen überdrüssig ist, dann ist man hier am richtigen Ort. Wer sich in den Sprachen der Welt üben mochte, kann sich in dieser Kathedrale des Schlagobers ungebremst weiterbilden. Dem Gedränge zum Trotz, das spätestens gegen Mittag hier einsetzt, ist dieser Ort ein besonderer. Wenigstens einmal hier einen Kaffee getrunken zu haben, ist mir bei jedem Wienbesuch Pflicht.

Café Central mit Peter Altenberg

Das Looshaus

Das Café Central im Rücken, gehe ich die Herrengasse entlang, auf den Michaelerplatz zu. Viele Male bin ich hier schon vorbeigelaufen, es wird wohl an der alten Gewohnheit liegen, dass man den Gehsteig nach Hundehaufen abscannt oder zu steif im Genick ist, um mal ganz nach oben zu schauen und die Giebel ins Auge zu fassen. Das Haus mit den Nummern 6–8 in der Herrengasse, gleich an der Ecke zur Fahnengasse, lohnt den Blick nach oben. Es wurde 1932 fertiggestellt und galt nach dem Kornhäuselturm aus dem Jahr 1827 als das zweite Wiener Hochhaus. Um laut Bauordnung als solches durchzugehen, musste ein Gebäude eine Mindesthöhe von 35 Metern aufweisen.

Mit rund fünfzig Metern war das Hochhaus Herrengasse geradezu ein Wolkenkratzer. 224 Wohnungen waren darin zu vermieten, darunter viele Einzimmerwohnungen, damals »Ledigenwohnungen« genannt. Das Gebäude renommierte mit Schnellaufzügen, und heute ist ganz oben, mit einem sensationellen Ausblick auf die Skyline der Stadt, vom späten Nachmittag an bis Mitternacht, ein Aussichtscafé geöffnet, die Freiluft-Stadtterrasse.

Der neugierige Schwabe muss natürlich seine Nase dort hineinstecken. Rechts vom Portal sitzt ein Concierge. Ich marschiere einfach los, als würde der Laden mir gehören.

Das funktioniert ganz gut, seit ich eine Bankdirektorenbrille trage und mein Resthaar ergraute. Eigentlich ist Besuchern der Zutritt erst ab 16 Uhr gestattet, wenn das Dachterrassencafé geöffnet hat. Jetzt, früh am Morgen, hat der livrierte Zerberus offenbar noch etwas Schlafbedarf und ist günstigerweise weggedöst. Unbemerkt geht's mit dem Aufzug hinauf. In diesem Haus haben sich schon Curd Jürgens eingemietet und Christoph Waltz, Pavel Kohout und Daniel Kehlmann. Ich genieße den Blick auf die Stadt, die Herrengasse hat sich inzwischen belebt, in der Ferne sehe ich die Hofburg und mein nächstes Etappenziel: Dort, wo sich die eher dunkle Herrengasse zum lichten Michaelerplatz öffnet, liegt das Looshaus, die ehemalige Raiffeisenlandesbank.

Es gilt als zentrales Beispiel der modernen Wiener Architektur. Der Architekt Adolf Loos hatte viel Kritik einstecken müssen. Kam da doch einer daher, der Häuser baute, ohne dass den Fenstern ein Gesims oder eine üppige Umrahmung spendiert wurde. Fenster ohne »Augenbrauen«, also ohne Reliefs und Verdachungen, das empfand man seinerzeit als unerhört. Der Geschmack des Volkes war noch ganz vom Historismus geprägt, und das Haus war in gewissem Maße auch ein Affront gegen den Kaiser mit all seinen Allmachtansprüchen, dem royalen Zierrat und architektonischem Schwulst. Die Fassade kam dermaßen brût daher, dass die Bevölkerung in eine Art Schockstarre fiel und erst mal Ruhe gab. Die Wiener, die nie mit Häme sparten, verhielten sich still, in der Annahme, dass noch ein Verputz mit dem gewohnt üppigen Dekor aufgetragen werde. Doch das einzige Zugeständnis, das der Architekt machte, um der »unanständigen Nacktheit« des Gebäudes entgegenzuwirken, waren Blumenkästen vor den Fenstern der oberen Etagen.

Der junge Adolf Loos, Sohn eines Steinmetzen aus Brünn,

Hochhaus Herrengasse

hätte heute wohl ein gewaltiges #MeToo-Problem, war er doch wegen schlechter Sittennoten mehrfach von der Schule geflogen. Auf die wilden Jahre folgte ein Studium an der Universität für angewandte Kunst in Wien und der Technischen Hochschule Dresden. Nach einem Aufenthalt in den USA ließ er sich 1896 in Wien nieder, wo er sich besonders an der Wiener Secession abarbeitete, der österreichischen Ausprägung des Jugendstils. Seine bekannteste Schrift *Ornament und Verbrechen* wird heute gerne fälschlich dahingehend wörtlich interpretiert, dass jedes Ornament ein Verbrechen sei. Geht man aber in das Innere des Gebäudes, wird klar, dass funktionale schöne Form genügend Aussagekraft hat.

Das Looshaus verzichtet auf gestaltete Ornamentik, Loos bedient sich aber, sozusagen als Ornamentersatz, immer ganz besonderer Materialien, die den Wunsch nach Dekor obsolet machen. Die Innenräume sind von bestechender Anmut und Sinnlichkeit. Liebe Leser, gehen Sie kurz rein in diese ehema-

lige Sparkasse, und überzeugen Sie sich. Wenn Sie wieder herauskommen, schauen Sie auf das Portal der Hofburg. Es geht die Mär um, dass Kaiser Franz Joseph I. nach der Fertigstellung des Looshauses stets ein anderes Portal nutzte, um seine Wohnstatt zu verlassen. Angeblich soll er sogar verfügt haben, die Fenster zum Looshaus vernageln zu lassen, damit er diesem grauenvollen Anblick nicht länger ausgesetzt war. Wie so vieles, das sich um den alten Kaiser rankt, mag aber auch diese Geschichte schlicht Schmäh sein.

Seiteneingang Looshaus

In der Hofküche

Wo ich gerade schon in der Nähe bin, beschließe ich, der weitläufigen Hofburg einen weiteren Besuch abzustatten. Ich laufe rechts um jenen Kreisverkehr, in dem die Fiaker regelmäßig einen Stau verursachen. In der Mitte kann man auf Ausgrabungen aus römischer Zeit blicken, mich aber zieht es weiter, durch das riesige Portal der Hofburg hindurch in den Innenhof. Mein heutiges Ziel ist die Hofküche, in der ich kupferne Wannen, Kessel, Töpfe, unzählige Pfannen und Backformen besichtige. Besonders angetan bin ich von den Steinbuttwannen, rautenförmigen Kupferbehältnissen in allen Größen, vom mittleren Steinbutt bis zu großen Kaventsmännern von zehn Kilo Gewicht. Der gewaltige Hofstaat wollte versorgt werden, dafür sorgte ein ganzes Heer von Köchen und Gehilfen. Für die riesigen Öfen gab es extra Holzträger, die ab dem Morgengrauen nichts anderes zu tun hatten als Brennmaterial herbeizuschaffen.

Es gibt in Europa, in der »Alten Welt«, wie schon gesagt, nur zwei wirkliche Hochküchen: die französische und die k. u. k. Küche der Donaumonarchie. Die italienische Küche zählt nicht zu dieser Liga. Sie ist keine Hochküche, sondern eine Mama- beziehungsweise Familienküche, die ich dennoch extrem schätze. Aber eine Hochküche im Wortsinn hat sich meiner Meinung nach nur in einer Monarchie entwickeln können. Nun wird mancher einwenden, dass wir Deutschen schließlich auch ein Kaiserreich hatten. Friedrich der Große pflegte nicht nur exquisite Umgangsformen, sondern legte auch Wert auf kulinarische Genüsse. Aber da er in hohem Maße zur französischen Lebensart neigte, wurden eher selten deutsche Speisen kredenzt. Und abgesehen davon galt: »Quod licet jovi, non licet bovi« – zu Deutsch: »Was dem Jupiter erlaubt ist, ist dem Ochsen nicht erlaubt.«

Während Kaiser ausländisch schlemmten, konnte das Volk froh sein, mit fortschreitendem Wohlstand Rollmops, Grütze und Sauerfleisch, später dann auswurfgraue Kartoffelknödel, Soleier, Erbspüree, Eisbein und sonstige Magenbeschwerer verdauen zu dürfen. Es liegt auch nahe, dass puritanischer Protestantismus, preußischer Militarismus und Zucht und Ordnung als Lebenscredo den Deutschen wenig Genuss zukommen ließen. Daran laborieren wir noch heute. Kürzlich hatte ich einen Belgier zu Gast, der mir einleuchtend erklärte, dass es in seiner Heimat umgekehrt sei. In Belgien gäbe es viel Genuss und wenig Ordnung, in Deutschland sei es genau andersherum. Das klingt freilich alles ziemlich klischeehaft, aber an Klischees ist immer auch ein wenig Wahres dran.

Denkt man an Wien, käme zum Genuss noch freudiges Walzertanzen dazu. Böse Zungen unken, die Nation würde sich lustvoll im Dreivierteltakt drehen, ohne dass es vorwärtsginge. Mit der Küche ist es jedenfalls immer vorwärtsgegangen, bis heute bewegt sich die österreichische Küche auf Weltniveau. Und dies durchgehend vom Ursprünglichen bis hinauf in die erlesensten Gefilde der Gourmandise: Feinster Donauhuchen in Champagner wird ebenso virtuos zubereitet wie ein Fiaker-Gulasch.

Nein, es kann nicht verwundern, dass die beiden Hochküchen Frankreichs und Österreichs in katholischen Monarchien erblühen konnten. Nach Völlerei und Exzess bietet die

Beichte Erleichterung, und der Sünder kann danach, wie gewohnt, aufs Neue hedonistisch durchstarten. Der Zentralismus der Donaumonarchie zog gute Köchinnen und Köche aus dem gesamten Herrschaftsgebiet, besonders aus den Kronländern an. Großen Anteil an der österreichischen Gourmandise haben beispielsweise die böhmischen Köchinnen, aber auch Ungarn ist bis heute ein Feinschmeckerland, wenngleich es unter dem Kommunismus schwer gelitten hat und sich nur langsam erholt. Weitere Einflüsse gelangten aus Slowenien und Kroatien an den kaiserlichen Hof. Die Internationalität schlug sich auch sprachlich nieder. Kukuruz meint in Österreich Mais, Karfiol (vom italienischen *cavolfiore*) steht für Blumenkohl, und der Name Fogosch aus dem Ungarischen gilt dem Zander. Die Küche des Vielvölkerstaats verschmolz zu einer ganz eigenen, der Wiener Küche, übrigens der einzigen Küche der Welt, die einen Städtenamen trägt.

Die Hofburg selbst war in der Kaiserzeit nicht nur eine Schaltzentrale der üblen Nachrede, ein Hort ständigen Gemunkels, Klatsches und Tratsches, sondern auch Versorgungsstelle für den Staat im Staate. Unglaublich viele Mäuler waren zu stopfen. Für den reibungslosen Ablauf zeichnete der Küchenmeister verantwortlich. Über die Herdfeuer wachte ein Mann, der, seiner großen Verantwortung entsprechend, im Range eines Obersten stand und »Oberstküchenmeister« genannt wurde. Wer mehr darüber wissen möchte, dem sei das wunderbar ausführliche und reich bebilderte Buch *Die Hofküche des Kaisers* von Josef Cachée empfohlen. Es ist antiquarisch noch zu bekommen.

Allein der Hofstaat – Beamte, Hochwürden, Verwaltungschefs und diverse Hofoffiziere – summierte sich auf einen zu verpflegenden Personalstand von über zweitausend Personen, die zum Teil recht uneffektiv vor sich hinschimmelten und erst richtig zum Leben erwachten, wenn die Glocke zur

Essenszeit schlug. Es herrschte unverhohlene Günstlingswirtschaft, Bereicherung galt als Kavaliersdelikt, für die ranghohen Bediensteten lagerten in Eiskisten Hummer und unzählige Austern. So manches Mal wurden die edlen Speisen nicht selbst verzehrt, sondern teuer weiterverkauft.

Die Hofküche umfasste verschiedene Bereiche für die Zubereitung von Fleisch – unterteilt nach Wild, Geflügel und anderen Sorten –, in anderen Räumen wurden Soßen hergestellt, in wieder anderen waren es kalte Gerichte und Mehlspeisen. Im großen Kochsaal konnten zweihundert Personen gleichzeitig werkeln, es gab riesige Bratenspieße, auf denen vierhundert Hühner auf einmal vor sich hinbrutzelten. Allein die Patisserie, also die Hofzuckerbäckerei, beschäftigte eine kleine Kompanie an Mitarbeitern: Desserts, Konfekt, Eis, feine Backwaren, Kaffeegetränke und Limonade mussten zubereitet werden. Besonders gerühmt wurden die Zuckerbäcker für ihre imposanten essbaren Dekostücke, die bei Bällen regelmäßig zu Tumulten führten, kaum dass die Hoheiten den Saal verlassen hatten. Jeder wollte ein Stück erhaschen, angeblich ließen sich manche Gäste sogar eigens Roben mit großen Taschen anfertigen, um möglichst viel Naschwerk einheimsen zu können.

Die Abteilung, welche die Waren einkaufte und in den Magazinen säuberlich einsortierte, wurde »Hofzehrgaden« genannt. Pro Tag mussten umgerechnet 4500 Euro für die Vorratshaltung berappt werden, pro Jahr verschlangen die kaiserlichen Küchen stattliche 2,8 Millionen. Was von großen Gelagen übrig blieb, wurde von »Schmauswaberln« abgeholt, von Wirtinnen, die daraus neue Gerichte für Hungrige mit geringem Budget zauberten.

Die Hüter des Hofkellers mussten den gewaltigen Durst des Hofstaates lindern. Unter dem Leopoldinischen Trakt, erbaut um 1660, befanden sich Weinkeller auf drei Etagen. Unter anderem machte sich dort ein Keramik-Weinfass breit, das über 73 000 Liter fasst. 1878 wurde es aufgestellt und versorgte fortan die Bediensteten mit gutem Haustrunk. Die Weine waren nach Qualität und potenziellen Trinkern sortiert: Für die Dienerschaft gab es »Mischwein«, es folgten »Soldatenweine«, »Offiziersweine« und schließlich die »Herrschaftsweine« für die kaiserliche Familie und ihre Gäste. 1918, mit dem Zusammenbruch der Monarchie, spendete die junge Demokratie das gesamte Weinlager der Vereinigung der Kriegsinvaliden, die die ungeheuren Mengen von Zigtausenden Weinflaschen abverkauften.

Wenn ich mir als Gastronom das so überlege, wurstelten die Haushofmeister jenseits aller Vernunft. Trotzdem halte ich schützend meine Hand über das Personal. Der ganze Hofstaat war ja eine große Feier des Lebens. Wenn der Kaiser schon nicht richtig – also im Sinne einer auf sich selbst gerichteten Barmherzigkeit – zu leben verstand, so glichen das seine Beamten aufs Vortrefflichste aus. Der Kaiser hatte ja kaum eine differenzierte Sicht auf seine Untertanen. Womöglich dachte er, dass das ihm unterstellte Personal, alles Leute aus dem Volk, genauso lebte wie das restliche Volk auf dem flachen Land. Und es kam ja noch hinzu, dass er als Zugreisender, an Bahnhöfen vorbei, stets jubelnde, glückliche Menschen zu sehen bekam. So aufgehübscht sich das Land gab, wenn Kaisers vorbeifuhren, so glanzvoll präsentierte sich das Kaiserhaus, wenn andere Hochwohlgeborene zugegen waren. Der Schein zählt, das war schon immer so.

Die Silberkammer der Hofburg

Und wo wäre der schöne Schein im Wortsinn besser zu besichtigen als in der Silberkammer in der Hofburg? Die interessiert mich schon allein aus beruflichen Gründen ganz besonders. Ich erinnere mich noch an die Zeit, als Hotels gelernte Silberputzer beschäftigten. Das war ein richtiger Beruf. Meine Tochter hat das während ihrer Ausbildung im Schlosshotel Friedrichsruhe bei Öhringen auch noch umfassend gelernt. Solcherlei Fingerfertigkeit ist in der heutigen Gastronomie nahezu abgeschafft. Da kommt der Controller eines feudalen Hotels oder Restaurants und rechnet vor, welch ungeheure Kosten mit der Silberputzerei auflaufen und wie schön modern doch hochglänzend-pflegeleichtes Cromargan sei. Gegen solcherlei monetäre Vernunft ist kein Kraut gewachsen, zumal sich Effektivität mittlerweile zum Religionsersatz ausgewachsen hat. Von Paul Bocuse ist bekannt, dass er sich selten echauffierte, wenn aber jemand von Rationalisierung sprach, ließ der Tobsuchtsanfall nicht lange auf sich warten. Fast alles, was praktisch ist, ist leider meist auch hässlich. Die Schönheit glänzt zweifelsohne in den Bereichen des Überflüssigen, sie strahlt über dem, was über das Notwendige hinausgeht. Man könnte auch sagen: Wozu ein

Tizian-Bild, wenn ein Tankstellenkalender auch schöne Ansichten bietet?

In meinem Restaurant sind jede Woche drei Mitarbeiter einen Tag lang damit beschäftigt, das Besteck, die Champagnerkübel und die Silberplatten auszukochen und in zwei unterschiedliche Poliermaschinen zu geben. Man kann sich vorstellen, dass die Hofburg bei Tausenden unterschiedlichen Besteckteilen, alle aus massivem Silber, aber auch Gold, eine kleine Armee von Bediensteten allein für das Polieren beschäftigte. Aufseher überwachten die Polierkräfte, denn das für die Tafel benötigte Kleinzeug belief sich auf einen Wert von vielen Millionen. Ständigen Schwund gab es trotzdem, trotz Aufsicht und Inventurlisten. Um dem vorzubeugen, machte schon der Habsburger Friedrich III. im 14. Jahrhundert die Silberkammer zu einem eigenen Department und setzte einen verantwortlichen Hüter ein. Doch diebische Elstern gab es weiterhin, vor allem Silberlöffel hatten es ihnen angetan.

Dass sich an den Objekten der Begierde im Laufe der Jahrhunderte nichts geändert hat, stellten wir nach dem Tod meiner Mutter fest. Wir staunten nicht schlecht, als der Blick der Erben in einen Schuhkarton fiel, in dem es nur so blitzte und blinkte. Die Sammlung enthielt je einen Silberlöffel aus dem Restaurant von Paul Bocuse, dem von Alain Chapel, dem der Haeberlins aus dem Elsass, der Auberge du Père Bise am Ufer des Lac d'Annecy und noch viele andere mehr, deren Provenienz ich über die Jahre hinweg vergessen habe. Meine Frau, als Hüterin der Tafelkultur, erleichterte sich das Fremdschämen, indem sie die Raubgüter an die betreffenden Betriebe zurückschickte.

Die Exponate der Silberkammer in der Hofburg reichen bis ins 15. Jahrhundert zurück. Beim Gang durch die festlichen Räume kann man die Entwicklung der höfischen Tischkultur bestens nachvollziehen. Wenn man sich die

Silberkammer

Kunstfertigkeit der Gold- und Silberschmiede, der Porzellanmanufakturen und der Glasbläser so ansieht, kann man sich durchaus fragen, ob die Küche zu allen Zeiten mit diesem Niveau mithalten konnte, ob also das, was obendrauf war, zu den kunstvollen Untersätzen passte. Allein die Tischwäsche – eine besondere Schwäche Maria Theresias – wäre ein eigenes Kapitel wert. Wer die Wäschekammer besucht, wird verstehen, was ich meine.

In der Silberkammer werden rund 7000 der insgesamt 150 000 Sammlungsstücke ausgestellt. So ist beispielsweise das Reisebesteck Maria Theresias zu sehen, selbstverständlich aus purem Gold. Dazu Unmengen von Porzellan aus dem 17. und 18. Jahrhundert. Unvergleichlich ist der Mailänder Tafelaufsatz, letztlich ein überflüssiger sündhaft teurer Tischschmuck, der sich zu einer Länge von dreißig Metern zusammensetzen lässt. Das Prunkstück wurde 1838 gefertigt, anlässlich der Krönung Kaiser Ferdinands zum König von Lombardo-Venetien.

Nicht nur bei diesem Stück geht es um Status. Bei Staatsempfängen gab man im Hause Habsburg Vollgas. Das »Grand Vermeil«-Besteckservice für vierzig Personen fertigten französische Goldschmiede. Um 1850 wurde es auf 140 Gedecke erweitert. Heute sind noch 4500 feuervergoldete Teile erhalten, die es insgesamt auf ein Gewicht von einer Tonne Silber bringen. Das ergibt einen Materialwert von 4,5 Millionen Euro, das galvanisierte Gold gar nicht gerechnet. Hinzu kommen diverse Platten, Schüsseln und Saucieren, natürlich auch alles aus massivem Silber.

»Old Vincent«, als gemäßigter Sozialist und in Anbetracht dessen, dass es dem Volk damals keineswegs gut ging, sollte beim Anblick dieses Prunkes wenigstens in Unmut geraten. Oder will es das Volk gar nicht anders? Dieser Gedanke kann einem kommen, wenn man sich die übrig gebliebenen heutigen Königshäuser vors innere Auge holt. Man denke nur an das ganze Remmidemmi um die englischen Royals. Ohne das englische Königshaus wäre Großbritannien in der Wahrnehmung der Welt wohl deutlich weniger groß. Womöglich will das Volk aufschauen, womöglich sieht es seine eigenen Träume von den Adeligen gelebt? Von solch seltsamen Anwandlungen sind selbst moderne Bürger nicht frei. Letztlich bediente und bedient heute noch die Monarchie den Wunsch des Volkes nach einer gottähnlichen Instanz auf Erden. Keine Frage, der Pomp hält den Vatikan ebenso zusammen wie die alten Monarchien Europas. Wenn deren Mitglieder sich – wie einst im Buckingham Palace geschehen – wie das gemeine Volk gebärden, dann sägen sie an dem Ast, auf dem sie sitzen.

Im alten Wien war es der Aufwand, der um das höfische Leben betrieben wurde und den man heute in der Hofburg nur noch ansatzweise nachvollziehen kann, der das Volk in seliger Trunkenheit wiegte. Mit des Kaisers Tod 1916 war letztlich der Ofen schon aus, bevor der Erste Weltkrieg beendet war. Auch wenn mancher das bis heute nicht wahrhaben will.

Die Wiener Küche

Wo wir uns nun schon so eingehend mit Tischkultur beschäftigt haben, wird es Zeit, dass endlich was auf den Tisch kommt! Die Wiener Küche ist durchaus geeignet, dieses Buch um 300 Seiten anwachsen zu lassen. Wir beschränken uns daher auf die herausstechenden Merkmale und Rezepte.

Herings Lexikon der Küche, kurz: *Der Hering*, zählte lange auch in Deutschland zur Grundausstattung eines jungen Kochs. Geschrieben wurde es bereits 1907 vom österreichischen Küchenmeister Richard Hering und wird bis heute in unzähligen Auflagen fortgeführt. Auf über tausend Seiten werden Handgriffe und Rezepte vorgestellt, die heutzutage leider vielen jungen Köchen als verzichtbar gelten. Herr Hering, 1873 in Wien geboren und 1936 dort gestorben, arbeitete als Küchendirektor im heute noch berühmten Hotel Bristol am Kärntnerring, später dann auch im nicht minder feudalen Hotel Metropol am Franz-Josefs Kai. Das Metropol wurde nach dem Anschluss Österreichs von Richard Heydrich beschlagnahmt und zum Sitz der Gestapo umfunktioniert. Der ehemalige Besitzer, Markus Friediger, ein renommierter Hotelier, der auch Häuser in München, Partenkirchen und Berlin führte, hatte enge Kontakte zu Otto von Habsburg, der damals in Paris lebte. Über diesen erfuhr er von den Plänen einer Widerstandsgruppe, die sich um Hauptmann Karl Burian geschart hatte und einen Sprengstoffanschlag auf die Gestapo-Zentrale plante. Friediger, Deckname »Feidel«, stellte die alten Hotelpläne zur Verfügung. Das Vorhaben wurde verraten, Burian nach langer Haft 1944 zum Tode verurteilt.

Kurz vor Ende des Krieges bekam das Gebäude zwei Bombentreffer ab, war danach aber noch einigermaßen intakt. Die Ruine hatte von der Waffen-SS vollends gesprengt werden sollen, dazu kam es aber nicht mehr, die NS-Schergen mussten sich um ihre eigene Zukunft kümmern. Bei Plünderungen soll es dann zu einem Feuer gekommen sein, das die Kohlevorräte entzündete und eine Explosion auslöste, die dem Haus mehr zusetzte als der Bombenangriff. Bevor man die Ruine 1948 abriss, war sie Schauplatz einiger Szenen des Films »Der dritte Mann« mit Orson Welles. Und auch literarisch ist das Metropol verewigt: In Stefan Zweigs *Schachnovelle* etwa oder auch in *Der Trafikant* von Robert Seethaler.

Aber beenden wir die kleine Abschweifung und wenden uns wieder dem berühmten österreichischen Küchenlexikon zu, das mir in meiner Jugend wie eine Bibel über viele berufliche Unsicherheiten hinweghalf. Zum *Hering* gesellte sich ein weiteres Werk aus österreichischer Feder: das *Handlexikon der Kochkunst*. Der Verfasser, Karl Duch, ist unter Wiener Köchen immer noch eine feste Größe, sein Buch in unzähligen Auflagen erschienen. Band 1 beschäftigt sich mit internationaler Hotel- und Restaurantküche, Band 2 mit Menü- und Speisekartenkunde. Beide Bände bringen es je auf gut tausend Seiten. Maître Duch wurde1948 Präsident des Verbands der Köche Österreichs. Diese Vereinigung war 1902 mithilfe von Johann Sacher als Club der »Grand Chefs der Ringstraßenhotels« gegründet. Von 1956 bis 1960 war er Präsident des Weltbunds der Kochverbände (WACS).

So eine Speisekartenkunde kann nicht schaden, zumal,

wenn man sich in Wien bewegt. Damit Sie sich auf der Wiener Speisekarte nicht verirren, folgt hier ein kleines Glossar, keineswegs vollständig, aber als Soforthilfe durchaus geeignet:

Fisolen = grüne Bohnen
Obers = Schlagsahne
Karfiol = Blumenkohl
Karotten = Möhren
Kren = Meerrettich
Marille = Aprikose
Melanzani = Aubergine
Topfen = Quark
Paradeiser = Tomaten
Palatschinken = Pfannkuchen
Ribisel = rote Johannisbeere
Gselchtes = Geräuchertes
Kracherl = Limonade
Radi = Rettich
Schwammerl = Pilze
Eierschwammerl = Pfifferlinge

So, nach dieser kleinen Hilfestellung zum Verständnis der Speisekarte geht es nun aber mit Volldampf hinein in die Klassiker der Wiener Küche.

Wiener Schnitzel

»Wenn das Rindfleisch die Seele der Wiener Küche ist«, schreibt Joseph Wechsberg, das Vorbild aller Gastro-Feuilletonisten, »so ist das Wiener Schnitzel sein Herz.« Und weil ein echtes Wiener Schnitzel nun einmal aus Kalbfleisch ist, kommt dem Kälbernen in der Wiener Küche ein (fast) ebenso großer Stellenwert zu wie dem Rindfleisch. Abgesehen davon gilt es als gesund. So schrieb Anna Dorn schon 1827 in ihrem *Großen Wiener Kochbuch*, Kalbfleisch sei eine geradezu ideale Kost für »Kinder, Alte, Wiedergenesende, Entkräftete, Verblutende, Gichtkranke, hypochondrische und hysterische Personen«. Was will man mehr?

Gemeinhin hält man das Wiener Schnitzel ja für ein simples Gericht. Trotzdem behaupte ich, dass 99 Prozent der Schnitzelesser noch nie ein wirklich gutes Wiener Schnitzel gegessen haben. Tatsächlich sind Speisen, die man unter einfacher Küche einordnet, in Wirklichkeit oft wesentlich schwerer zu kochen als beispielsweise Hummer.

Über das Wiener Schnitzel heißt es, davon würde der Wiener träumen, verschlüge es ihn auf eine einsame Insel. Es ist ein Kultobjekt und stammt zum Jammer der Österreicher aus Oberitalien – so jedenfalls geht eine schöne Mär. In Indien allerdings wurde paniertes Fleisch bereits vor tausend Jahren in die Pfanne gehauen. Da wussten die Österreicher noch gar nicht, dass sie Österreicher sind. Kamen die kleinen »Bröselteppiche« am Ende gar von dort übers Morgenland zu uns? Womöglich im kulinarischen Gepäck einer byzantinischen Prinzessin? Auch davon ist zu hören. Am hartnäckigsten hält sich aber die Geschichte mit Oberitalien, wofür die enge Verwandtschaft des Wiener Schnitzels mit dem Mailänder »Cotoletta alla Milanese« spricht. Feldmarschall Radetzky, mit vollem Namen Josef Wenzel Radetzky von Radetz (1766–1858), war ein wackerer Böhme und der mit Abstand bedeutendste österreichische Heerführer des 19. Jahrhunderts. Die letzten zehn Jahre seines Lebens verbrachte er als Generalgouverneur in Lombardo-Venetien. Dort, in Oberitalien, soll er das panierte Wunder kennengelernt und das Rezept quasi für das Kaiserreich okkupiert haben. Doch möglicherweise gehört auch das ins Reich der Legende, es gibt noch unzählige andere Geschichten, nicht nur über die Herkunft des Wiener Schnitzels. Es ist ja überhaupt ein Problem der Geschichtsschreibung über die österreichische Monarchie, dass insbesondere die Wiener wunderbare Märchenerzähler sind. Zu jeder Behauptung, die ich in diesem Buch aufstelle, gibt es fast immer eine andere Version.

Beim Wiener Schnitzel herrschen nur insofern klare Verhältnisse, als es mit Kalbfleisch zubereitet sein muss. Versteckt sich unter der Panade Schweinernes, muss es sich »Schnitzel Wiener Art« nennen. Nur in Wien selbst kann man es als Schweineschnitzel wie auch als Kalbsschnitzel bestellen – und es wird trotzdem ein echtes Wiener Schnitzel bleiben.

Bevor wir genauer auf diesen Klassiker der Wiener Küche zu sprechen kommen, eines vorweg: Die Panade ist entscheidend. Fertige Industrie-Semmelbrösel taugen nicht einmal zum Sandburgenbauen! Sie sollten die Brösel also wenigstens beim Bäcker kaufen oder selbst Hand an alte Brötchen legen. Ein optimales Ergebnis erzielt man allerdings nur, wenn die getrockneten Brötchen im Cutter mit der Moulinette oder einer speziellen Reibe zerkleinert werden.

Beim Fleisch kommt es auf die Qualität an. Vakuumiertes, im eigenen Saft vor sich hinsäuerndes Quälfleisch wird immer erstickt schmecken. Fleisch sollte man generell nicht im Supermarkt kaufen, und wer sparen will, soll es lieber ganz bleiben lassen und seinen Geiz nicht auf dem Rücken unschuldiger Tiere ausleben. Wir besorgen uns also gutes Fleisch aus dem Metzgereifachgeschäft.

Für das Wiener Schnitzel braucht es Kalbsschnitzel, besser noch Scheiben vom Kalbsrücken. Die Scheiben werden möglichst dünn geklopft oder zwischen Frischhaltefolie mit einem flachen Gegenstand plattiert und anschließend gepfeffert. Gesalzen wird erst nach dem Braten, würde man das jetzt tun, würde das Fleisch nässen und die Brotkrumen der Panade aufweichen. Für die benötigen wir drei tiefe Teller: einen fürs Mehl, einen fürs geschlagene Ei und einen für die Brösel.

Die gepfefferten Fleischscheiben nun in Mehl wenden, dann das Mehl etwas abklopfen und die Schnitzel durch das geschlagene Ei ziehen. Der Gipfel der Kunst wäre, wenn Sie dem Ei etwas geschlagene Sahne unterziehen würden. So entstehen die berühmten Blasen zwischen Kruste und Fleisch, man spricht von »souffliertenSchnitzeln«. Beim Braten entsteht unter der Panade Wasserdampf, und der bläht die Kruste so schön auf.

Nun wird das mehlierte und von Ei triefende Schnitzel in den Teller mit den Bröseln gelegt. Leicht rütteln, damit sich die Brösel überall verteilen, aber nicht andrücken! Beim Herausnehmen noch einmal vorsichtig schütteln, damit lose Brotkrumen abfallen.

Damit das Schnitzel richtig souffliert, muss es beim Backen im Fett schwimmen. Schwimmt das Schnitzel, ist es weniger der Schwerkraft ausgesetzt und kann sich auch nach unten gut ausdehnen. Deshalb sollte man die Pfanne nicht größer wählen als das darin zu verstauende Bratgut. Sie muss groß genug sein, damit alles reinpasst, aber klein genug, damit das Fett darin hoch genug steht, sodass die Schnitzel wirklich noch schwimmen können. Während des Backvorgangs sollte die Pfanne stets leicht gerüttelt werden, damit das Fett auch auf die oben liegende Schnitzelseite schwappt.

Apropos Fett: Eigentlich müssten die Schnitzel in Butterschmalz gebraten werden, Schweineschmalz oder normales Öl tut es auch. Aber Vorsicht, egal was, das Braten kann so seine Tücken haben. Denn wird das Schmalz oder das Öl nur einen winzigen Moment zu heiß, fängt es ganz leicht zu rauchen an, dann ist es schon zu spät. Einfach die Hitze drosseln, und alles wird gut, denkste, das funktioniert dann nicht mehr! Deshalb darf man die Pfanne beim Erhitzen nicht aus den Augen lassen. Geübte Köche wissen, wann es kritisch wird, nämlich dann, wenn Fett, Schmalz oder Öl den sogenannten Rauchpunkt erreichen. Bei Butterschmalz wird es ab 175 Grad kritisch, die Todeszone liegt bei circa 200 Grad. Bei normalem Öl ist es dasselbe. Raffiniertes Erdnussöl stirbt erst bei 230 Grad, es ist deshalb fürs Frittieren am besten geeignet.

Wiener Schnitzel dürfen generell nicht zu heiß gebacken werden, denn die Brotkrume neigt zum Verbrennen, und innen ist das Fleisch dann womöglich noch roh. Auf beiden Seiten zwei Minuten bei nicht zu starkem Feuer sollten normalerweise reichen, sofern das Fleisch die richtige Dicke hat, also schön dünn ist. Die ganz hohe Kunst ist es, ein Schnitzel zu servieren, das außen kross und schön gebräunt, innen jedoch noch etwas rosa ist.

Sind die Schnitzel fertig, kommen sie kurz auf Küchenkrepp, damit das Fett etwas absorbiert wird. Aber nur, um gleich noch einmal mit einem Geschmacksträger übergossen zu werden: Während die Schnitzel auf dem Küchenkrepp ruhen, wird nämlich die Pfanne ausgerieben, und einige Butterflocken kommen hinein. Schäumt die Butter braun auf, die Schnitzel sofort auf einen vorgewärmten Teller geben und die Butter darübergießen.

Zugegeben: Ein bisschen Übung braucht man zum Wiener-Schnitzel-Machen. Aber mit guten Grundprodukten wird das Gericht immer schmecken. Nie wird man seinen Gaumen beleidigen wie mit all den Millionen Schnitzeln aus den Fritteusen hierzulande. Zum Schluss und schlimm für den Schwaben, den Franken und sonstige Teutonen, auf deren Tellern das Fleisch immer schwimmen muss: Zum Wiener Schnitzel wird keine Soße gereicht! Muss man nicht gegen den Fritteusenmief ankämpfen, dann braucht es auch keinen Zitronenschnitz. Das wirklich gute Schnitzel ist sich selbst genug, hat sehr sympathische Charakterzüge, kommt ganz einfach daher und gehört eigentlich unter Denkmalschutz.

Egal, wo ich so ein Teil esse, ich frage immer: Fritteuse oder Pfanne? Sehr häufig wird glaubhaft beteuert, dass es aus der Pfanne kommt. So ist es auch oft, aber wenn im Fett dieser Pfanne bereits fünfzig Schnitzel durchgeorgelt wurden, das Fett nebenbei immer wieder mal zu heiß geworden ist und rauchend die ganze Gegend parfümiert hat, dann reklamiere ich zwar nicht, suche aber schnell das Weite. Am besten lässt sich die Qualität von allem Paniertem prüfen, indem man sich gleich zu Anfang den Teller unter die Nase hält. Bei meinem letzten Mal im Roten Salon des Hotel Sacher duftete das Wiener Schnitzel (27 Euro) herrlich nach frischer, brauner Butter, dafür war der Apfelstrudel eiskalt. Größten Hinterhalt wittere ich, wenn so ein echtes Wiener Schnitzel, also eines vom Kalb, zu sehr niedrigem Preis angeboten wird. Wir alle wissen jetzt: Ein Wiener Schnitzel ist gar nicht so volkstümlich, sondern – in guter Qualität – eine nicht ganz billige Besonderheit.

Ein Leben ohne Gulasch ist mir nicht vorstellbar

Während seiner Zeit als Wiener Staatsoperndirektor versuchte Gustav Mahler seinen Kollegen, den Komponisten Karl Goldmark, davon zu überzeugen, sich unbedingt einmal Wagners »Walküre« anzuhören. Goldmark allerdings zögerte und meinte, Wagners Musik beeinflusse ihn stets so sehr, dass er sie sich lieber gar nicht mehr anhöre. Darauf Mahler trocken: »Aber Sie essen ja auch Rindfleisch und werden doch kein Ochse.«

Über die Wiener Königsdisziplin, den Tafelspitz, haben wir uns ja bereits genügend ausgelassen. Deshalb soll es nun um einen Import aus dem Paprika-Kulturkreis Ungarn gehen, der ebenfalls mit Rindfleisch zubereitet wird – und mit viel Zeit.

Die Wiener sind zwar schnell im Kopf, begehen jedoch den Alltag in vernünftigem Adagio, also grad so, dass man nicht merkt, wie langsam sie sind. Gut Ding will eben Weile haben. Ich finde ja ohnehin, die Liebe zu stundenlang siedendem Fleisch und damit auch zu vor sich hin schmorendem Gulasch ist Teil des sehr vernünftigen Lebensstils der Ösis. So gesehen ist auch das Gulasch ein Triumph der Langsamkeit.

Wer dieses Gericht zubereitet und den halben Tag lang sanft köcheln lässt, der bekommt am Ende eine rare Köstlichkeit. Doch wer bewacht den Topf auf dem Herd schon gern über sechs Stunden hinweg? Genau das ist der Grund, warum für modernes Gulasch zarteres Keulenfleisch, Stücke aus der Schulter oder sonstiges fettarmes und deshalb total trockenfaseriges Fleisch verwendet wird, das nur mit einem großen Humpen Wein oder Bier durch die Gurgel geschmirgelt werden kann.

Also besser doch auf die althergebrachte Weise zubereiten und auch mit dem klassisch dafür vorgesehenen Fleisch: Rinderhaxe, mit extrem vielen Sehnen und Flachsen. Diese sind nach ungefähr sechs Stunden weich wie Gummibärchen und verleihen dem Fleisch eine unglaubliche Saftigkeit. Es empfiehlt sich, das Fleisch in einem Bräter mit massig Zwiebeln anzurösten und anschließend mit geschlossenem Deckel bei ca. 160 Grad in den Ofen zu stellen. Im Ofen wird von allen Seiten geheizt, nichts kann von unten anbrennen, und so lässt sich die lange Garzeit stressfreier bewältigen. Wenn man alle Stunde mal den Deckel lüpft und ein Fleischbröcklein nascht, kann man den Garprozess bestens verfolgen.

Übrigens, damit keine Missverständnisse aufkommen: Bei den Ungarn versteht man unter Gulasch das, was wir Gulaschsuppe nennen. »Pörkölt« sagen die Magyaren zu dem, was wir als Gulasch gleich näher unter die Lupe nehmen werden. Ähnlich wie beim Wiener Schnitzel gibt es wohl unzählige Anekdoten über schlechtes Gulasch aus schlechtem Rindfleisch. Schuld an so einem Ergebnis, wie es meist in Kantinen auf den Tisch kommt, trägt der Koch. Er ist schlichtweg zu spät aufgestanden. Noch mal: Um ein gutes

Gulasch zu kochen, braucht es eine ganz seltene Ressource, nämlich Zeit. Was sonst noch reinmuss, folgt sogleich:

Wiener Gulasch

Rezept für 4 Personen

Zutaten

1 kg Zwiebeln
2 Knoblauchzehen
1 kg ganze, entbeinte Rinderwade, auch »Hesse« genannt
1/2 Bio-Zitrone
1 Sardellenfilet
1 TL Kümmel
5 EL Schmalz oder Butterschmalz
2 EL Tomatenmark
3 EL Paprikapulver, edelsüß
500 ml Rinderbrühe
etwas Salz und Pfeffer

Zubereitung

Die Zwiebeln und eine Knoblauchzehe schälen und fein schneiden.

Das Fleisch in circa 5 cm große Würfel schneiden.

Von der Zitrone etwas Schale abschneiden. Diese mit dem kurz gewässerten Sardellenfilet und dem Kümmel sehr fein zu einer Gulasch-Gewürzmischung zerhacken.

In einem Topf mit 5 EL Schmalz die Fleischwürfel und die Zwiebeln 20 Minuten anbraten. Knoblauch, Tomatenmark, Paprikapulver, Salz und Pfeffer zugeben und das Ganze mit etwas Brühe aufgießen. Mit der Brühe gehen wir jedoch noch sparsam um, immer grad so, dass nichts anbrennt. Wenn sich doch Bratensatz ansetzt, mit zwei bis drei Esslöffeln Brühe wieder vom Boden lösen.

Das Gulasch nun im Ofen abgedeckt ca. vier bis sechs Stun-

den leicht simmern lassen, bis das Fleisch weich ist. Die beste Kontrolle ist, wie bereits erwähnt, zwischendurch immer mal wieder ein Stückchen probieren. Aber nicht, dass dann nur noch die Hälfte im Topf ist (so passiert es mir immer wieder, was man mir auch ansieht).
Ist das Fleisch gar, werden die Stückchen herausgenommen und der Sud so lange eingekocht, bis er eine sämige Konsistenz hat. Ich helfe immer mit dem Handmixer ein bisschen nach.
Die Fleischwürfel wieder zugeben und eventuell nochmals mit Salz und Pfeffer abschmecken. Übrigens: Das Fleisch darf gerne schon etwas zerfallen. Sieht ein Gulasch schön aus, hat man das Thema verfehlt.
Petersilien-Salzkartoffeln passen sehr gut dazu. Salzkartoffeln mit wenig Butter und Petersilie in der Pfanne schwenken. Achtung, wird zu viel Butter verwendet, haftet die Petersilie nicht.

Ähnlich wie beim Schnitzel, kann man auch für Gulasch Schweinefleisch verwenden. Das nennt sich dann »Schweinspörkölt«. Beim Schwein kommt man mit einer viel geringeren Garzeit aus, nach eineinhalb Stunden müsste alles fertig sein.

Gulasch vom Schwein

Rezept für 4 Personen

Zutaten
600 g Schweinehals
6 Zwiebeln
3 EL Schmalz oder Pflanzenöl
2–3 EL Tomatenmark
1–2 EL Paprikapulver, edelsüß
etwas Salz
1/2 TL Kümmel

etwas Pfeffer
Wasser oder Fleischbrühe zum Angießen der Soße

Zubereitung
Das Fleisch in ca. 5 cm große Stücke schneiden. Die Zwiebeln halbieren und in möglichst feine Scheiben schneiden oder fein hobeln, sie sollen ja für die Soße zerfallen.
Die Zwiebeln und das Fleisch in Schmalz oder Öl hellbraun anbraten. Tomatenmark, Paprikapulver, Salz, Kümmel und Pfeffer dazugeben. Die Hitze drosseln und möglichst so dosieren, dass auch ohne Ablöschen nichts anbrennt. Lassen Sie das Ganze einfach sanft im Topf (Deckel nicht vergessen) schmurgeln.
Spätestens nach eineinhalb Stunden müsste das Fleisch weich sein. Die Fleischstücke aus dem Topf nehmen und beiseitestellen. Der Zwiebelansatz wird nun mit etwas Wasser oder Fleischbrühe gemixt, bis wir eine sämige Soße erhalten. Es kommt kein Mehl zum Andicken dran. Ist die Soße zu dünn, noch etwas einkochen, ist sie zu dick, kommt noch etwas mehr Wasser oder Fleischbrühe dran. Nun ja, ein bisschen Rotwein könnte auch nicht schaden.

Faschiertes

Dieses Traditionsgericht wollen wir aus dem hartnäckigen Ćevapčići-Milieu rausholen, um ein Kunstwerk daraus zu bereiten. Es ist höchste Zeit dafür, denn es steht nicht in gutem Ruf, das »Durchgedrehte«. Das ist wie bei der Wurst, da weiß man auch nie, was wirklich drin ist. Es empfiehlt sich daher, das Durchgedrehte nicht beim Discounter zu kaufen.

In der Wiener Küche gibt es allerlei Gerichte mit Hack. Etwa den »Judenbraten« – erst dachte ich an Antisemitismus, aber weit gefehlt, dahinter verbirgt sich ein klassischer Hackbraten. In der Zeit der habsburgischen Aufklärung fanden zahlreiche Rezepte der Kronländer, aber auch viele jüdische Gerichte Eingang in Wiener Kochbücher. Damit wollte man den Vielvölkerstaat festigen – Liebe geht ja bekanntlich durch den Magen – und einen Beleg für die kulturelle Vielfalt liefern. Leider war diese versöhnliche Zeit viel zu kurz. Der Historiker Hannes Etzlstorfer spricht vom »Judenbraterl«, denn mit dem Koscheren nahmen es nur die orthodoxen Juden genau. Der in Wien beliebte Hasenbraten ist auch nicht koscher, und daher rührt der Ausdruck »Falscher Hase«, der Ahnungslosen eine koschere Speise suggerierte. Und dann gibt es natürlich noch das »Laberl«, die deutsche Bulette oder Frikadelle; wenn man das »Laberl« recht flach drückt, um es dann in der Pfanne zu braten, so nennt sich das in Wien verwirrenderweise »Butterschnitzel«.

Bevor wir uns nun eben jenem »Laberl« zuwenden, lassen Sie mich noch kurz meinen Lieblings-Schweinefleisch-Witz erzählen, dessen Philosophie sehr meiner eigenen Lebenshaltung entspricht:

Ein Rabbi betritt eine Metzgerei und zeigt auf den Schweineschinken: »Von diesem Fisch möchte ich gerne 300 Gramm.«

»Mein Herr«, sagt der Metzger, »das ist ein Schweineschinken.«

Der Rabbi erwidert: »Welchen Namen Sie diesem Fisch geben, ist Ihre Sache. Ich möchte gerne 300 Gramm von diesem Fisch!«

Fleischlaberln

Rezept für 2 Personen

Zutaten
1 Zwiebel
etwas Pflanzenöl
2 frische Brötchen

1/8 l Sahne
200 g Schweinehack (nicht vom Quälschwein, sondern beim seriösen Metzger gekauft. Mit Kalbfleisch wird das Gericht übrigens noch feiner)
2 Eier
1 Knoblauchzehe (kann man auch weglassen)
1 Messerspitze Muskat
1/2 TL Thymianblättchen
Pfeffer, Salz, evtl. etwas Cayennepfeffer

Zubereitung
Zwiebel fein hacken, in etwas Pflanzenöl bräunen, abkühlen lassen.
Brötchen in sehr dünne Scheiben schneiden, in eine große Schüssel geben und mit der Sahne übergießen. Wenn wir ein bisschen darin herumfuhrwerken, sollte alles zu einem fast flüssigen Matsch gedeihen. Wenn nicht, wenn der Batz also noch zu fest ist, etwas Milch dazugeben.
Das Hack und alle anderen Zutaten beimengen und so lange kneten, bis aus dem lockeren Teig ein recht cremig-zähes Brät entstanden ist.
Wir können nun lockere Fluffies in der üblichen Bulettengröße ins heiße Öl geben, nach drei Minuten wenden und im Ofen bei 180 Grad weitere 20 Minuten backen. Edelköche buttern Ringformen aus Metall aus und füllen diese mit dem Hack. Nach dem Garen gibt man die Ringe auf den Teller, löst den eventuell festgebackenen Rand mit einem kleinen Messer und zieht den Ring nach oben ab. Auf dem Teller hat man dann ein schönes Rundstück. Oder man formt eben klassische Frikadellen, also Fleischlaberln, um sie im Ofen bei 180 Grad zu backen.

Ein Fisch zur Völkerverständigung

Das Gebiet des heutigen Tschechiens kann man getrost das Fundament der Wiener Küche nennen. Aus Böhmen, Mähren und Teilen Schlesiens strömten vor zweihundert Jahren Köche und Köchinnen zuhauf nach Wien, weil es dort jede Menge Genießer gab, die für gutes Geld gute Küche einforderten.

Böhmen nennt sich auf Tschechisch *Čechy* und auf Lateinisch *Bohemia*. Der Sprung zum französischen Wort *Bohème* ist nicht groß. Man bezeichnete so einst die nach Paris Zugewanderten aus dem böhmischen Gebiet. Vorwiegend Angehörige der Roma zählten dazu. Karl Marx sprach von fahrendem Volk und vom »Lumpenproletariat«. Der Begriff wandelte sich im 19. Jahrhundert, er zielte fortan auf genussvolle Lebemenschen, auch unangepasste, herrlich frei lebende Künstler wurden als *Bohèmiens* tituliert. Dass die nicht immer gut eingesäumt waren, weiß man, wenn man die Oper aufsucht und Giacomo Puccinis 1896 uraufgeführtes Werk »La Bohème« genießt.

Das Königreich Böhmen erstreckte sich östlich von Regensburg über Nord- und Mittelböhmen ins heutige Polen hinein. Südböhmen – also Mähren und Schlesien – grenzte südlich an Österreich und im Osten an Polen. Deshalb ist das folgende Rezept des böhmischen Karpfens auch eine Reminiszenz an den polnischen Karpfen, der als weitverbreitetes Weihnachtsessen berühmt ist. Mag sein, dass dieses Gericht nur deshalb auf die Weihnachtszeit und aufs Festliche abonniert ist, weil es einen erheblichen Aufwand an Zutaten verlangt. Vielleicht liegt's aber auch daran, dass Karpfenteiche nun mal im Herbst abgefischt werden, weshalb sich die Saison naturgemäß auf das Winterhalbjahr beschränkt.

Was an unserem Karpfen nun eher böhmisch und was polnisch ist, lässt sich so genau nicht sagen. Das Schöne an der

Kocherei ist ja, dass jeder jeden beklaut. So gesehen tragen Essen und Trinken natürlich zur Völkerverständigung bei. Wie gut der Austausch funktioniert, sieht man auch beim böhmischen Knödel, der mit den schwäbischen Hefeklößen eng verwandt ist. Ich versteige mich jetzt nicht in Patriotismus, indem ich postuliere, die Böhmen hätten uns Schwaben dieses Rezept geklaut, ähnlich der Wahnvorstellung, die Italiener hätten die schwäbische Maultasche okkupiert, um daraus ihre Ravioli zu konstruieren. Nein, wir wollen friedlich bleiben und einfach nur genießen. Deshalb jetzt also ran an den Karpfen.

Böhmischer Karpfen

Rezept für 4 Personen

Zutaten für den Sud

2 ganze Karpfen, jeweils ca. 800 Gramm schwer

1 Bund Suppengrün

1 Lorbeerblatt
5 schwarze Pfefferkörner
1 Nelke
2 Pimentkörner, zerdrückt
Salz
1 l Wasser
2 Zwiebeln
3 EL Butter
1/4 l Rotwein
1 Bund Petersilie, grob gehackt
2 Zweige Thymian

Zutaten für die Soße
100 g Lebkuchen ohne Zuckerglasur, am besten eignet sich fränkischer Soßenlebkuchen
2 EL Zucker
Saft von 1/2 Zitrone
1 EL Apfelessig
50 g Mandeln, geschält und geviertelt
2 EL Walnüsse, gehackt
1 EL Rosinen
10 Dörrzwetschgen, gehackt

Zubereitung
Die Karpfen jeweils der Länge nach filetieren. Wer sich das nicht zutraut, kann vielleicht den Fischhändler zu dieser Arbeit animieren. Die Karkassen, also das Gerippe, und auch die Abschnitte wie Kopf und Flossen nicht wegwerfen, sie sind wichtig für den Sud, aus dem später die Soße gezogen wird. Karkasse und Fischabschnitte zusammen mit dem Suppengrün und den Gewürzen (Lorbeer, Pfeffer, Nelke und Piment) in einen Topf geben und eine halbe Stunde in Salzwasser köcheln. Anschließend durch ein Sieb abgießen und den Sud um die Hälfte einkochen.

Die fein gehackten Zwiebeln in einem Bräter oder einer Reine in Butter anschwitzen; mit Rotwein ablöschen und mit dem Sud auffüllen. Die Petersilie und den Thymian dazugeben.
Die Karpfenstücke in den Sud geben, zehn Minuten ziehen lassen, herausnehmen und warm stellen.
Weiter geht's mit der Soße: Zum Andicken des Sudes verwenden wir nicht Mehl oder Mehlbutter, sondern den zerbröselten Lebkuchen, den man sich, sofern man nicht in Franken lebt, im Internet unter »Soßenlebkuchen« bestellen kann. Es ist eine alte Praxis, mit Brot (nicht mit der Rinde) oder brotähnlichen Gebäcken Soßen anzudicken. Sie stammt noch aus Zeiten, als es eben noch keine fixen Soßenbinder gab.
Den Lebkuchen-Sud so lange sanft köcheln, bis eine dunkle, sämige Soße entsteht. Mit Zucker, Zitronensaft und einem Spritzer Essig pikant abschmecken. Mandeln, Walnüsse, Rosinen und Zwetschgen dazugeben.
Zu guter Letzt die Karpfenstücke in die Soße geben und einige Minuten ziehen lassen, dann kann angerichtet werden.

Klassisch gibt es zu diesem Karpfen Knödel und Rotkraut – aber wenn schon Rotkraut, dann natürlich ein besonderes!

Da fällt mir eine nette Anekdote ein:

Leo Trotzki weilte bekanntlich vor der russischen Oktoberrevolution im Wiener Exil. Dort soll er sich häufig im berühmten Café Central aufgehalten haben. Als der Revolutionär dort einmal ein Hirschfilet bestellte, fragte der Ober: »Mit Rotkraut und Knödel?«

Trotzki soll geantwortet haben: »Mit Knödel ja, rot bin ich selber.«

Rotkohl

Rezept für 4 Personen

Zutaten

1 Kopf Rotkohl
4 Schalotten
3 EL Gänseschmalz
2 Lorbeerblätter
8 EL Apfelessig
1/2 l kräftigen Rotwein
1 TL Wacholder, zerstoßen
1 Nelke
1 Messerspitze Piment, zerstoßen
1/2 TL Salz
25 g Preiselbeerkonfitüre
200 g Johannisbeerkonfitüre

Zubereitung

Der Rotkohl wird geviertelt, vom Strunk befreit und in möglichst feine Scheiben geschnitten. Je feiner der Kohl geschnitten ist, umso kürzer ist die Garzeit, die ungefähr eine halbe Stunde beträgt. Der Kohl bleibt also etwas »al dente«.

Die Schalotten in einen Topf geben und mit etwas Gänseschmalz hellblond rösten. Dann kommt alles Übrige hinein – der Kohl, die Gewürze, Essig und Rotwein –, nur die beiden Konfitüren nicht. Während des Kochvorgangs immer wieder umrühren und das Unterste nach oben holen. Nach einer Viertelstunde die Konfitüren hinzugeben und weitere fünfzehn Minuten kochen.

Zum Schluss noch mal ordentlich Feuer geben und unter ständigem Umrühren so lange kochen, bis aller Saft reduziert ist und das Kraut anzubrennen droht. Nun noch etwas Gänseschmalz unterziehen und anrichten.

Mehlspeisen und die ganze Strudelei

Nie hat jemals einer an der Mehlspeise gezweifelt. Dann aber verstieg sich der Philosoph Friedrich Nietzsche zu einem vernichtenden Resultat: »Was ist gut?«, fragte er und antwortete sogleich: »Alles, was das Gefühl der Macht im Menschen erhöht.«

»Was ist schlecht?«, fragte der Philosoph und führte aus: »Erstens alles, was aus Schwäche stammt, und zweitens die Mehlspeisen.« Letztere sah er gar zum Briefbeschwerer entarten.

Der gute Mann hatte zwar intensive Briefkontakte zu Wiener Intellektuellen, aber meines Wissens besuchte er nie die Stadt an der Donau. Sein großes Wissen um die Mechanik des Hirnkastens und der Welt verschaffte ihm wenig Überblick bezüglich der Feinschmeckerei, die über den Sauerbraten hinausging. Als Sigmund Freud seine Praxis in der Wiener Berggasse 19 eröffnete, war es für den Schwerdenker bereits zu spät. Aber er hätte noch erfahren können, dass eine Wiener Mehlspeise mehr bewirken kann als mancher Psycho-Schamane.

Für die Mehlspeise spricht einiges. Man konnte sich mit ihrer Hilfe beispielsweise im erzkatholischen Wien ohne Gewichtsverlust durch die Fastenzeit retten. Auch außerhalb dieser entbehrungsreichen Zeit pocht der Wiener auf die lebensverlängernde Wirkung des Süßen und versteigt sich zu dem erdbebenstarken Satz, dass man dafür gerne eine Hypertonie hinnehme und so manche Mehlspeise den Arzt ersetze. Diese Auffassung hat dazu geführt, dass gerade in Bade- und Kurorten doppelt so viele Konditoren am Tortenbauen sind als anderswo. Als Regulativ braucht es keine Sportstudios, das häufige Drehen im Kreis, die Lust am Walzer, tut es auch. Walzertanzen ist wahrlich schweißtreibend, ich kann ein Lied davon singen. Ich habe es nur einmal probiert, um dann keuchend zu bemerken: »Ich tanze erst wieder Walzer, wenn eine Version erfunden ist, die es ermöglicht, dass ich den Dreh im Liegen absolvieren kann.«

Manchem Wiener Ehegatten geht es genauso, zumal während der Zeit der absoluten »Handkussraserei«, die auch unter der Bezeichnung »Opernball« firmiert. Und so beordert er einen Taxi-Tänzer an die Hüften der tanzwütigen Gemahlin. Im Internet kann sich Madame adrette Sportsmänner aussuchen, die ihrer Vermietungsagentur »Taxi-Dance« fest versprochen haben, mit der Tanzpartnerin auf Zeit nicht durchzubrennen. Für Mannsbilder mit Bewegungsdrang hält die Firma eine Tänzerinnenequipe bereit. Diesen Ladys würde ich durchaus zutrauen, dass sie sogar mir noch das Gehopse beibringen könnten.

Das Wort Mehlspeise an sich kommt wirklich etwas dickfüßig daher, und wenn man zu sehr darüber nachdenkt, kriegt man womöglich schon Verstopfung. Dabei sind Mehlspeisen viel filigraner, geradezu von leichtfüßig-hüpfender Eleganz, als ihre Bezeichnung nahelegt. Aber ehrlich gesagt fällt mir auch kein besseres Wort ein als der angestaubte Begriff, der mit Mehl beginnt. Wobei nicht jede Mehlspeise etwas mit Mehl zu tun hat. Mehlspeisen können sich durch Cremes, Vanille-Schlagsahne, luftigen Eierschaum und begleitet von Früchten zu erfrischenden Köstlichkeiten steigern. Man denke nur an Marillenkonfitüre, die sich inmitten einer Dampfnudel am wohlsten fühlt.

Beginnen wir unsere Erkundung der faszinierenden Welt der Mehlspeisen mit einem Klassiker, über den ich mir so einige Gedanken gemacht habe: dem Kaiserschmarren, bei dem es sich ursprünglich um einen dicken Pfannkuchen mit vielen Eiern handelte. Vorneweg noch eine kleine Bemerkung: Alle Rezepte fußen auf der alten K.-u.-k.-Küche. Um einige fundierte Bücher – vor allem für Mehlspeisen – zu nennen: *Die Prato*, ein Standardwerk von Katharina Prato aus dem Jahr 1890, ist ziemlich wichtig. Das Buch wird immer wieder nachgedruckt und heißt im Originaltitel *Die Süddeutsche Küche*. Es hat eine ganze Weile gedauert, bis mir richtig bewusst wurde, dass Teile Deutschlands mal zum Habsburgischen Reich gehörten.

Franz Ruhm, ein wirklich ruhmvoller Küchenchef, der nach dem Zweiten Weltkrieg die Wiener Küche wieder in Schwung brachte, sei ebenfalls noch genannt. Sein Buch *Die Wiener Küche* kann man in Antiquariaten nach wie vor recht günstig erstehen.

Aber jetzt kommt's: Alle Rezepte, die hier genannt werden, sind von mir überarbeitet und zum Teil modernisiert worden. Gleichwohl wäre es vermessen, wenn ich behaupten würde, dass ich ein Hort der kulinarischen Wahrheit wäre. Jede Wiener Oma hat ihre eigene Wahrheit, und davor habe ich höchsten Respekt.

Aß der Kaiser wirklich Schmarren?

Über den absoluten »Kaiser« unter den Schmarren gibt es fast so viele Anekdoten wie Rezepte. Wie er entstanden ist, gehört meist ins Reich der K.-u.-k.-Legendenbildung. Eine recht einleuchtende Entstehungsgeschichte wird aus der kaiserlichen Intimzone berichtet. Kaiserin Elisabeth, genannt »Sisi«, gab ja, wie man weiß, auf eine tadellose Figur wesentlich mehr als auf gutes Essen. Ihre Lieblingsspeisen waren bekanntlich rohes Rindfleisch und Stierhoden, aber Letzteres ist wahrscheinlich auch nur ein Märchen. Die Spezialkompositionen, die der in seine Kaiserin ein bisschen verliebte Küchenchef eigens für sie kreierte, rührte sie mitunter nicht einmal an. Als der Kaiser mit seiner Gemahlin eines Abends beim trauten Zweier-Souper saß, kündigte der Kammerdiener wieder einmal »eine neue Spezialität« an, die sich »der unterthänigste Hofkoch Eurer Majestät zur gnädigsten Begutachtung zu präsentieren« erlaubte. Es handelte sich dabei um eine etwas seltsame Kreation aus zerrissenen Omeletten und Zwetschgenröster. Elisabeth besah sich's einen Moment und schüttelte wortlos den Kopf. Der Kaiser, bemüht, die Situation zu retten, meinte: »Na, geb er mir halt den Schmarren her, den unser Leopold da wieder z'sammbatzt hat.« Der »Schmarren« schmeckte dem einfache Gerichte schätzenden Monarchen jedoch so vorzüglich, dass er seither »Kaiserschmarren« heißt.

Dass es bei kulinarischen Anekdoten mit der Wahrheit nicht immer sehr ernst genommen wird, beweist eine andere Entstehungsgeschichte des Kaiserschmarrens: Bei einem Jagdausflug verirrte sich die kaiserliche Gesellschaft in eine kleine Wirtschaft, die von einem »Kaser« (also einem Senner) betrieben wurde. Der arme Mann erstarrte natürlich schier vor Ehrfurcht, als er Seine Apostolische Majestät eintreten sah. Und es war ihm furchtbar peinlich, ihm nichts anderes als einen primitiven Schmarren anbieten zu können. Franz Joseph aß den Schmarren jedoch mit erstaunlichem Wohlgefallen und lobte den wackeren Senner am Schluss: »Dieser Schmarren wäre wahrhaft würdig, ›Kaiserschmarren‹ zu heißen.«

Vielleicht verhält es sich mit dem Kaiserschmarren aber auch nur wie mit dem Kaiserfleisch, den Kaisersemmeln oder dem Kaiserwetter: Man will damit lediglich ausdrücken, dass etwas wirklich abgehoben gut ist. Wie es aber so ist mit den Superlativen, sie werden auch von Geschäftemachern missbraucht. Die berühmte Kaisersemmel gibt es mittlerweile in jedem Industriebackshop, meist wird der Kaiser damit nicht gewürdigt, sondern entwürdigt.

Mit dem Schmarren könnte es auch einfach folgendermaßen zugegangen sein: Ein dicker, fetter Pfannkuchen zerriss beim Wenden, und die entsetzte Köchin hat ihn dann ganz zerrupft. Frühere Eisenpfannen neigten schließlich dazu, dass alles festbackte und man den Pfannkuchen letztlich mit schierer Gewalt raushauen musste. Es wurde gekratzt, was das Zeug hielt, und dementsprechend bekam das Gericht beispielsweise im Schwäbischen den Namen »Kratzete«. Dieser Schmarren wird aber selten süß bereitet, sondern kräftig gesalzen.

Kaiserschmarren

als Hauptspeise für 2 Personen, als Dessert reicht es für 4 Personen

Zutaten
200 g Mehl
½ l Milch (außerhalb der Fastenzeit wäre die Hälfte davon Sahne)
3 Eigelbe
1 Messerspitze Salz
1 EL heiße Butter
3 geschlagene Eiweiß (nicht zu fest)
Butter zum Backen
2 EL Zucker
50 g gehobelte Mandeln

Zubereitung
Den Ofen auf 180 Grad vorheizen. Bei modernen Öfen kann man zwischen Umluft und stiller Hitze, also Ober- und Unterhitze wählen. Umluft benötigt man nur, wenn man gleich drei Kuchen in den Ofen schiebt. Ich selbst habe noch nie irgendetwas mit Umluft gebacken, denn der »Sturm« im Ofen trocknet das Bratgut oder das Gebäck unliebsam aus!
Mehl, Milch, Eigelbe und Salz mit dem Handmixer glatt rühren, dann die heiße Butter hineinträufeln.
Danach das geschlagene Eiweiß mit einem Schneebesen unterheben. Achtung: Fast immer ist das Eiweiß zu fest geschla-

gen und lässt sich so kaum mehr homogen unter die Teigmasse heben.

Eine beschichtete Pfanne erhitzen, etwas Butter hineingeben und dann den Teig etwa einen Zentimeter dick in die Pfanne geben. Leicht angehen lassen und zehn Minuten im Ofen weiterbacken. Vorsicht bei der Auswahl der Pfanne: Deren Griff muss Hitze aushalten können.

Die Pfanne aus dem Ofen nehmen und den Schmarren mit einer Gabel in etwa zwei Zentimeter große Stücke reißen. Die restliche Butter mit dem Zucker und den Mandeln dazugeben und bei größter Hitze schwenken, bis der Zucker zu bräunen beginnt. Vorsicht, karamellisierter Zucker ist sehr heiß und ruck, zuck verbrannt und bitter.

Übrigens: Wenn man keinen Zucker nimmt, sondern das Ganze salzt und pfeffert, hat man mit einem angemachten Kopfsalat dazu ein prima vegetarisches Gericht.

Und würden wir den aufgegangenen und halb gebackenen Teig vorzeitig aus dem Ofen nehmen, hätten wir ein Omelette Soufflée. Mit Himbeerkonfitüre dick bestreichen, zu einem Halbmond zusammenklappen und dann wieder für 15 Minuten ab in den Ofen. Herrlich schmeckt ein Omelette Soufflée auch mit einer Creme aus Quark und Erdbeeren. Die kommt aber erst in den fluffigen Halbmond, wenn der fertig zum Anrichten ist.

Diese Art von Luftigkeit nannte man in früheren Zeiten auch »Omelette Stephanie«, benannt nach der Großherzogin von Baden: Kreiert und erstmals serviert wurde es in Brenners Parkhotel. In letzter Zeit konnte ich diese Speise, einst der ganze Stolz der Hotelpatissiers, nicht mehr auf der Karte finden, dafür beispielsweise eine Konstruktion aus Zitrusfrüchten, Basilikum, Kefir, Malt Whisky, Sanddorn und Malzerde. Die Zeiten ändern sich, auch in Wien, dort aber wesentlich gemächlicher.

Apfelmus

Original wird zum Kaiserschmarren Zwetschgenröster serviert. Es handelt sich dabei um ein stark eingekochtes und daher sehr konzentriertes Zwetschgenkompott. Am Schluss mit etwas Zwetschgenwasser verfeinert, fühlt man sich beim Schmausen wie im Himmel.

Ich will jetzt aber mal eine Lanze für das Apfelmus brechen, das oft als braune Pampe geschmäht wird. Die Welt ist ohnehin schon braun genug, deshalb sollten wir dringend wenigstens zur Rettung des Apfelmuses antreten. Wenn man es schnell zubereitet, kann da gar nichts oxydieren, kann keine Rostfarbe die Schnittstellen der Äpfel befallen.

Zutaten
300 g Äpfel, möglichst Backäpfel, wie Boskop
1/8 l Apfelsaft
1 EL Zucker

Zubereitung
Die Bio-Äpfel nicht schälen (in der Schale sitzt der Geschmack!), aber unter heißem Wasser sauber waschen und die Stiele abdrehen.
Den Apfelsaft in einem Topf erhitzen.
Dann die Äpfel samt Kerngehäuse grob zusammenschneiden. Es muss schnell gehen, damit die Schnittstellen nicht braun werden. Unser Gehäcksel kommt sodann rasch in den sprudelnden Apfelsaft. Deckel drauf und kochen, bis alles sehr weich ist.
Nun durch ein Sieb streichen. Besser wäre, man schafft sich eine »flotte Lotte« an, die sich auch für Kartoffelpüree gut eignet.
Damit hätten wir das Grundrezept schon beieinander. Sind die verwendeten Äpfel wohlschmeckend, braucht es auch nicht Weiteres, vielleicht muss man ein wenig nachzuckern.

Darüber hinaus lässt sich das Mus trotzdem noch verbessern, indem es durch die Beigabe von einer Vanilleschote, einer Zimtstange, frischem Ingwer oder – je nach Kreativitätsdrang – auch noch ein bisschen Calvados parfümiert wird. Ganz hammermäßig wird alles, wenn dann noch Schlagsahne untergezogen wird.
In jedem Fall sollte das Apfelmus nicht eiskalt serviert werden.

Anziehend ausgezogen – das muss ein echter Strudel sein

»Wennst den besten Strudel von Wien essen willst, musst nach Breitenfurt fahren« – das war zu Beginn des 19. Jahrhunderts ein geflügeltes Wort unter Wiens Mehlspeisenwahnsinnigen. Südlich der Stadt, im Wienerwald, wurde nämlich erstmals eine Strudelkomposition serviert, die sich aus Semmeln, Milch, Butter, Eiern, Vanille, Rosinen, Zucker und Obers (Schlagsahne) zu einer Kadenz der Lebenslust steigerte. Wenn man zeitgenössischen Dokumenten Glauben schenken darf, gab es an den Wochenenden eine geradezu fürstliche Auffahrt von Fiakern und Kutschen, die vor dem Breitenfurter Wirtshaus Station machten. Der dort servierte »Milchrahmstrudel« wurde bald als »Millirahmstrudel« bezeichnet, wobei es keineswegs eine sprachliche Schlamperei war, die die Milch zur »Milli« machte. Milli war vielmehr der Vorname jener genialen Köchin, der wir diesen Genuss verdanken.

Selbstverständlich kann man für einen Strudel auch gekauften Teig verwenden. Ich bin mir aber ganz sicher, wer sich mit der ausgezogenen Variante wenigstens zwei- bis dreimal auf die Probe stellt, wird sehen, dass es schlussendlich sehr einfach ist. Die Zutaten für den Teig kosten ja nicht viel, so entsteht letztlich kein Schaden, außer dass man etwas Zeit verschwendet hat. Wobei »verschwendet« hier letztlich nicht stimmt. Lernen und Scheitern gehören zur menschlichen Entwicklung dazu – wer sein ganzes Leben nach Abkürzungen schielt, wird im Mediokren stecken bleiben. Also trauen Sie sich, gehen Sie ans Werk und versuchen Sie sich an diesem hauchdünnen, filigranen Teig, der vor ein paar Hundert Jahren »spanischer Teig« genannt wurde. So ist sein Ursprung wahrscheinlich auf der Iberischen Halbinsel zu suchen, zu einer Zeit, da das Christentum diesen maurischen Landstrich noch nicht demontiert hatte. Aber egal, wer auch immer diesen Teig erfunden hat, es kommt darauf an, was man aus ihm macht.

Das Rezept für den Strudelteig ist immer das gleiche, die Füllung macht den Unterschied. Weil es nun einmal der Klassiker ist, beginnen wir mit dem Apfelstrudel:

Ausgezogener Apfelstrudel

Rezept für 10 Personen

Zutaten für den Strudelteig
80 g Wasser (manche nehmen auch Milch)
25 g flüssige Butter
150 g Mehl (Type 405)
1 Prise Salz
etwas Pflanzenöl

Wasser (oder Milch) aufkochen, die zerlassene Butter einrühren.
Alles in eine Schüssel geben und das Mehl mit der Prise Salz unterkneten. Mindestens fünf Minuten kneten, jedenfalls so lange, bis man den Teig zu einer ganz glatten Kugel formen kann.
Diese in zwei Stücke teilen, jedes erneut zu einer Kugel formen und mit etwas Öl abreiben. Die Kugeln auf einen Teller geben.
Einen Topf mit etwas Wasser füllen und dieses aufkochen. Das

LANDMA
Café Landmann

Wasser wegschütten und den erwärmten Topf für eine halbe Stunde über den Teller mit den Teigkugeln stülpen.
Danach kann man eigentlich gleich loslegen. Manch gute Strudlerin bevorzugt allerdings eine Lagerung im Kühlschrank bis zum nächsten Morgen. Wie auch immer, ein Glaubenskrieg muss deswegen nicht entbrennen.

Zutaten für die Füllung
500 g Äpfel, z. B. Boskop (die seltenen, schwäbischen Gewürzluiken wären ideal)
etwas zerlassene Butter
2 EL Semmelbrösel
50 g Rosinen, in Zitronensaft und 4 cl Rum mariniert
30 g geriebene Mandeln
Zucker und Zimt nach Geschmack
Puderzucker zum Bestreuen
1/8 l geschlagene Sahne

Der größte Fehler, den man beim Apfelstrudel machen kann, ist die Verwendung der falschen Äpfel. Die richtigen sind eigentlich genau diejenigen, welche heute kaum mehr im Handel erhältlich sind. Es gibt generell zwei Arten von Äpfeln: Die einen sind fest, frisch und knackig und eignen sich gut zum roh Essen. Das sind die Knackäpfel aus der Zahnersatzwerbung. Die anderen kommen auf den ersten Bissen etwas mehlig daher. Das sind die guten Strudel- und Kuchenäpfel, die beim Garen schnell weich werden und dabei ihren ganzen Geschmack entfalten.

Vor der Verwendung der falschen Äpfel sind auch Profis nicht gefeit. Kürzlich bestellte ich in einem der berühmtesten Wiener Cafés einen Apfelstrudel – und war nach den ersten Happen mit den Nerven völlig runter. Wie kann man für diese Ikone der Süßspeise einen Golden Delicious oder gar den unzerstörbaren Granny Smith verwenden? Meine Güte, wenn das der Hans Moser wüsste. Die Umhüllung mit den dünnblättrigen Teigschichten war wunderbar gelungen, aber die Füllung, diese verdammten Äpfel, quietschen mir im Mund herum wie Gummischeiben.

Also: Kaufen Sie für den Strudel die richtigen Äpfel, greifen Sie zu eher alten Sorten, die es zumindest auf dem Wochenmarkt noch zu kaufen gibt.

Zubereitung

Die Äpfel werden entkernt, geschält und geviertelt und anschließend zu möglichst dünnen Apfelscheibchen gehobelt.

Der Teig hat inzwischen genügend geruht, die eine Kugel kann nun auf ein mit Mehl bestäubtes, sauberes Geschirrtuch gelegt werden. Mit der anderen Kugel macht man das Gleiche. (Zwei Kugeln deshalb, weil die Tischfläche in der Regel zu klein ist, um den gesamten Teig so fein auszurollen.) Der Teig reicht also für zwei Riesenwürste. Das Tuch sollte quer zu Ihnen liegen, also mit der langen Seite. Den Teig ebenfalls etwas mit Mehl bestäuben und ausrollen, so dünn es geht.

Dann den Teig vorsichtig hochnehmen und über den Handrücken auseinanderziehen. Dabei leicht drehen, damit er überall gleich dünn wird. Er sollte am Ende so dünn sein, dass das Geschirrtuch durchschimmert, wenn man ihn wieder drauflegt. Reißt der Teig beim Auseinanderziehen, musste man in früheren Zeiten eine Runde Küchenbier spendieren. Lassen Sie sich davon nicht entmutigen, so ein Loch kann man jederzeit flicken: einfach vom Rand ein bisschen Teig wegnehmen und draufpappen.

In einer Pfanne etwas Butter zerlaufen lassen und damit den ausgezogenen Teig einstreichen. Anschließend streut man etwas Semmelbrösel darauf, die den Saft der Äpfel aufsaugen. Nun gibt man die Apfelscheiben, die geriebenen Mandeln, die mit Zitronensaft und Rum marinierten Rosinen, Puderzucker und Zimt, alles gut in einer Schüssel vermengt, auf den Teig.

Dabei an den Rändern des Teiges etwa 3 Zentimeter Platz lassen, da sich die Füllung beim Aufrollen verschiebt. Die Ränder an den kurzen Seiten einklappen, damit beim Aufrollen nichts hinausfällt.
Der Strudel wird nun folgendermaßen aufgerollt: Das Geschirrtuch an der vorderen Längsseite so weit anlupfen und vorsichtig nach hinten ziehen, dass sich der Strudel von selbst aufwickelt. Ist er aufgerollt, die Naht leicht andrücken.
Nun braucht man eine zweite Person, die das gefettete Backblech an den Rand des Tisches oder der Arbeitsfläche hält, sodass man die Teigrolle leicht vom Tuch aufs Blech rollen kann. Alles mit zerlassener Butter bestreichen und den Strudel bei 200 Grad (Unter- und Oberhitze) etwa 30 bis 40 Minuten hellbraun backen.
Den Strudel kurz auskühlen lassen und mit Puderzucker bestreuen und mit geschlagener Sahne servieren.

Milchrahmstrudel

Der Milch- oder »Millirahmstrudel« ist ein Klassiker der Wiener Mehlspeisenküche. Die gute Milli, die ihn einst im Gasthaus Zum roten Stadl in Breitenfurt erfunden hat, füllte den Strudelteig damals mit Semmelwürfeln, Rosinen, Eiern und Rahm. Bis heute wird er traditionell in einer Auflaufform gebacken und mit einem Überguss aus Milch, Zucker und Ei hergestellt. Ein Drittel dieses Übergusses kommt sofort in die Auflaufform, der Rest wird während des Backvorgangs nach und nach hinzugefügt. Mit anderen Worten: Der Milchrahmstrudel wird eher gekocht als gebacken. Serviert wird er warm und nach klassischer Machart entweder übergossen mit Kanarimilch (Milch, Eidotter und Vanillezucker) oder Vanillecremesoße.

Der Strudelteig ist der gleiche wie beim Apfelstrudel, er wird auch auf die gleiche Weise ausgezogen.

Zutaten für die Füllung
120 g weiche Butter
40 g Puderzucker
2 Eigelb
Abrieb von 1 unbehandelten Zitrone
Abrieb von 1/2 unbehandelten Orange
1 Msp. Salz
400 g Topfen (über einem Sieb gut abgetropft)
50 g Rumrosinen
300 g saure Sahne (Zimmertemperatur)
2 Eiweiß
1 EL Vanillezucker (besser noch eine ausgekratzte Vanilleschote)
100 g fein gewürfeltes Kastenweißbrot ohne Rinde
zerlassene Butter zum Bestreichen

Zubereitung
Die Butter mit der Hälfte des Zuckers, den Eigelben, dem Zitronen- und Orangenabrieb und der Prise Salz mit dem Handrührgerät schaumig schlagen.
Dann den Topfen, die in Rum eingelegten Rosinen und die saure Sahne dazugeben.
Die Eiweiße mit dem Vanillezucker schaumig schlagen, aber nicht zu fest, und anschließend mit den Brotwürfeln unter die Topfenmasse heben.
Nun gehen wir vor wie beim Apfelstrudel: Hat der Teig über Nacht geruht (ich habe auch schon nach einer halben Stunde losgelegt), legt man ihn auf ein mit Mehl bestäubtes, sauberes Geschirrtuch. Den Teig auch etwas mit Mehl bestäuben und ausrollen. Dann ganz dünn über den Handrücken auseinanderziehen. Er sollte so dünn sein, dass das Geschirrtuch durchschimmert. In einer Pfanne Butter zerlaufen lassen und damit den ausgezogenen Teig bestreichen. Nun die Topfenmasse darauf verteilen, jedoch die Ränder circa drei Zentimeter frei lassen.

Den Strudel aufrollen und anschließend das Geschirrtuch so zusammenraffen, dass die Strudelwurst in der Mitte zum Liegen kommt. Das Ganze anheben – der Strudel hängt dann quasi mittig wie in einer Hängematte – und in eine gebutterte Auflaufform hineinheben.
Das Geschirrtuch vorsichtig hervorziehen, den Strudel mit flüssiger Butter bestreichen und 15 Minuten bei 170 Grad stiller Hitze, also Ober- und Unterhitze, backen.

In der Zwischenzeit machen wir uns an die **Eiermilch**

Zutaten
250 ml Milch
60 g Crème fraîche
2 Eier
3 EL Zucker
1 ausgekratzte Vanilleschote

Zubereitung
Alles mit dem Rührgerät gut vermischen.
Nachdem der Strudel nun schon seit einer Viertelstunde im Ofen ist, wird die Temperatur auf 150 Grad reduziert, die Eiermilch wird samt und sonders dazugegeben.
Durch die niedrige Ofentemperatur stockt die Ei-Milch-Mischung langsam, ohne dabei zu hart zu werden. Das ist übrigens auch beim Käsekuchenbacken oder bei Soufflés wichtig. Sonst passiert ein klassischer Fehler: Alle freuen sich, wie das Konstrukt aufgeht, fast den Ofen sprengt, um dann beim Abkühlen total in sich zusammenzufallen. Chemisch ist da das Gleiche passiert wie beim geplatzten Wiener Würstchen. Das enthaltene Eiweiß gerinnt und dehnt sich aus. Doch man merke sich fürs ganze Leben: Alles, was sich schnell aufbläht, fällt auch wieder schnell zusammen.

Buchteln

Sie werden auch Rohrnudeln oder Ofennudeln genannt, und mit ihnen sind wir wieder kulinarisch in Böhmen angelangt, wo sie »buchty« heißen. Im Österreichischen werden Buchteln häufig mit Powidl (Zwetschgenröster, zu teerartiger Konsistenz eingekocht), Mohn, Topfen oder Marillenmarmelade gefüllt.

Moderne Schnellköchinnen und -köche können das Folgende jetzt gerne überlesen, denn inzwischen gibt es sogar Biohefe, die raketenartige Triebkraft bereithält. Einst galt aber das Dampfl, der Vorteig, als ultimativer Test für den lebendigen Germ (Hefe). Germ war ein wertvolles Treibmittel und ständig akut vom Verfallsdatum bedroht. Mit lauwarmer Milch und etwas Zucker wurde aus dem unscheinbaren Germstück ein Dampfl der Superklasse. Das windstill und warm gelagerte Dampfl brachte die wahren Fähigkeiten des Germs aufs Wunderbarste zur Geltung. Stieg es schließlich in sanfte Höhen, konnten das Zubereiten und Backen von Teig und Knödeln bedenkenlos beginnen. Zugluft und Temperaturwechsel mag der sensible Vorteig gar nicht. Und selbst in der heutigen Zeit, in der Germ von stabiler Qualität und verlässlicher Haltbarkeit ist, gilt dem Dampfl stets große Aufmerksamkeit. Schließlich gibt es dem Teig Glanz, Größe und Flexibilität – und übrigens auch einen unverwechselbaren Geschmack.

Zutaten für das Dampfl – alle Zutaten müssen Zimmertemperatur haben

1 Würfel Hefe à 41 g
1 TL Zucker
3 EL Mehl
1/8 l Milch

Zubereitung
Die Hefe in ein hohes Gefäß einbröckeln, Zucker zufügen und kräftig mit einem Löffel verrühren. Dabei kann die Hefe auch an den Gefäßrand gedrückt werden, das macht ihr gar nichts. Mehl und Milch zufügen und so lange rühren, bis ein dickflüssiger Teig entsteht.
Das Gefäß mit einem Tuch abdecken und den Teig an einem warmen Ort gehen lassen. Ein halbes Stündchen Ruhe genügt. Wenn es schnell gehen muss, kann man das Gefäß auch in ein warmes Wasserbad stellen.
Die Hefepilze vermehren sich nun und bauen Mehl und Zucker teilweise in Alkohol und Kohlensäure ab, was den Teig auflockert. Dieser Vorgang erfolgt am günstigsten bei 25–35 Grad Celsius (handwarm), weshalb die Zutaten vor der Bereitung des Dampfls auch Zimmertemperatur haben sollten. Zu heiß darf es nicht werden, da sonst die Hefepilze absterben!
Sobald das Dampfl zubereitet ist, kann es für einen Germteig weiterverarbeitet werden. Dazu wird das Mehl des Buchtel-Teigs (siehe unten) in eine Schüssel gesiebt. In der Mitte eine Grube machen, das aufgegangene Dampfl hineingeben und das umgebende Mehl übers Dampfl häufeln.
Lauwarme Milch, Butter, Zucker und Salz zufügen und alles gut vermengen bzw. mit einem Kochlöffel abschlagen, bis sich der Teig von der Schüssel löst und seidig glatt ist und Blasen wirft. Mit etwas Mehl bestreuen und mit einem nassen Tuch zudecken. Den Teig an einem warmen Ort gehen lassen.
Wem all dies zu aufwendig erscheint, der kann heutzutage auch gleich Turbohefe ins Mehl geben und ohne nachzudenken zu kneten beginnen.

Zutaten für die Buchteln
Rezept für 4 Personen

20 g Hefe (Germ)
etwas Zucker
3 EL lauwarme Milch
400 g Mehl, gesiebt (damit hilfreiche Luft unters Mehl kommt)
60 g Zucker
Salz
80 g Butter, zerlassen
2 Eier, verquirlt
Milch nach Bedarf
4 EL Butter
Powidl (Zwetschgenmus) oder Marillenmarmelade

Die zerbröselte Hefe mit etwas Zucker und 3 EL lauwarmer Milch mischen und zugedeckt gehen lassen (= Dampfl).
Mehl mit dem Dampfl, mit Zucker, Salz, zerlassener Butter und versprudelten Eiern mischen; noch so viel Milch dazugeben, dass ein mittelfester Teig entsteht. So lange schlagen, bis der Teig seidig glatt geworden ist und Blasen wirft. Eine Viertelstunde zugedeckt rasten lassen.
In der Zwischenzeit Butter in einem Pfännchen schmelzen.
Hat der Teig genügend geruht, mit einem Esslöffel Teigstücke in der Größe kleinerer Tennisbälle abstechen, flach drücken und Powidl oder Marillenmarmelade in die Mitte geben. Die Ränder einschlagen, sodass die Füllung von Teig umschlossen ist. Die Buchteln nun in der geschmolzenen Butter wenden und möglichst eng nebeneinander in eine gefettete Auflaufform oder Reine geben. Die Buchteln mit einem Tuch zugedeckt eine halbe Stunde gehen lassen; dann bei 180 Grad Unter- und Oberhitze im Ofen goldbraun backen. Anschließend stürzen und nach kurzem Abkühlen auseinanderreißen.

Topfenknödel

Rezept für 15 Stück

Zutaten

150 g Butter
200 g Puderzucker
3 Eigelb
3 ganze Eier
1 Vanilleschote
geriebene Schale von ½ Zitrone
Saft von ½ Zitrone
250 g Weißbrot, entrindet und sehr fein geschnitten
800 g gut abgetropften Quark (also echten Quark, kein Quarkerzeugnis); um ihn richtig trocken zu kriegen, den Quark auf ein Tuch geben, dieses zusammenzwirbeln und über einer Schüssel die Molke abpressen. Die Molke übrigens ist ein sehr gesundes Getränk.

Zubereitung

Butter, Puderzucker, Eigelbe und Eier, Zitronensaft und -abrieb in eine Rührschüssel geben und schaumig schlagen.
Ist die Masse schaumig, wird das Brot untergehoben, aber nur das Innere, aus der Rinde machen wir Semmelbröseln. Gut abdecken und über Nacht im Kühlschrank lassen.
Anderntags wird der Quark untergearbeitet. Wer es besonders fein mag, kann ihn vorher noch durch ein Sieb streichen.
Knödel formen. Die Vanilleschote der Länge nach halbieren und auskratzen. Beides dann in die leicht gesüßte Milch geben, mindestens einen Liter, und diese zum Siedepunkt bringen. 15 Minuten pochieren.
Währenddessen die Brotrinde raspeln, mit 2 EL Zucker und 1 EL Butter in eine Pfanne geben, gut bräunen und karamellisieren.
Die fertigen Knödel anrichten, mit den Bröseln bedecken und etwas zerlassene Butter darübergeben.

Die Milch wird gesiebt und nach dem Abkühlen in den Kühlschrank gestellt, im Sommer kalt getrunken oder im Winter heiß serviert.

Marillenknödel

Leo Slezak, der weltberühmte Wiener Tenor, der zeit seines Lebens mit Figurproblemen zu kämpfen hatte, ließ sich als Krönung eines opulenten Festessens gerne Marillenknödel mit viel Staubzucker servieren. Das Mahl pflegte er schließlich mit einem Kognak und einer guten Zigarre abzuschließen, worauf er sich zum Mittagsschlaf begab. Sein Sohn Walter Slezak erinnert sich in seinen Memoiren, dass der Schlaf nach dem Schlemmen nicht immer geruhsam, sondern mitunter Katzenjammer angesagt war. Vom üppig beschwerten Magen aus dem Schlummer gerissen, schickte der Kammersänger dann ein Stoßgebet gen Himmel: »Lieber Gott, bitte gib mir einen zweiten Magen – ich geb dir meinen Bauch dafür!«

Wer schon mal richtig gute Marillenknödel gegessen hat, wird's nachempfinden können.

In der Saison sind wirklich vollreife Aprikosen die erste Wahl. Wer diese wunderbare Speise das ganze Jahr über genießen will, kann auch auf getrocknete Früchte zurückgreifen, die sind genauso geschmacksstark.

Zutaten

100 g getrocknete Aprikosen; in der Saison nehmen wir selbstverständlich frische, reife Früchte. Diese werden entkernt, dabei aber nicht ganz aufschneiden, sonst fallen sie auseinander. Der Kern wird durch ein Stück Würfelzucker ersetzt.
150 g Hefezopf oder Milchbrot
1 Vanilleschote
60 g Butter

65 g Puderzucker
1 EL Speisestärke
3 Eigelb
500 g Schichtkäse
2 EL Rum
1 Msp. abgeriebene Zitronenschale
1 Prise Salz

Zubereitung

Die getrockneten Aprikosen in einem Topf mit Zuckerwasser bedecken und aufkochen. Den Topf vom Herd ziehen und circa 1 Stunde ziehen lassen.

Den Hefezopf in kleine Würfel schneiden. Die Vanille längs aufschneiden und das Mark herausstreichen.

30 g Butter mit 40 g Puderzucker, der Speisestärke und den Eigelben mit dem Handrührgerät schaumig schlagen.

Den Schichtkäse in ein Tuch geben, gut ausdrücken. Den Rum mit 100 g Hefezopfbröseln, der Zitronenschale, Vanillemark, Salz und dem Schichtkäse zur schaumig gerührten Masse geben und alles gut durchkneten.

Den Teig ausrollen und kleine Vierecke zuschneiden.

Die eingeweichten und abgetropften Aprikosen jeweils mit einem Teigflecken umgeben und zu Knödeln formen. Die Knödel lassen sich sehr gut kugeln, wenn man die Hände immer wieder in kaltes Wasser taucht. Die Knödelformerei empfinde ich als ein haptisches Vergnügen, sie dann in siedendes Zuckerwasser zu befördern, das hat etwas Finales. Wenn sie dann auch noch halten (deshalb immer mit einem kleinen Probeknödel starten), könnte man fast in eine Art Siegestaumel geraten. Wenn sich die Knödel im fast kochenden Wasser auflösen, dann muss noch etwas geriebenes Weißbrot unter den Teig. Im

Idealfall sind diese Lustkugeln nach 15 Minuten gegart. Herausnehmen und abtropfen lassen.
In der Zwischenzeit die restlichen Brösel mit dem übrigen Puderzucker mischen, in eine Pfanne geben und schwenken, bis der Zucker karamellisiert und die Brösel braun werden. Die restliche Butter untermischen und schmelzen lassen.
Die Knödel anrichten, die Butterbrösel darüber verteilen und servieren.

Ein Völkchen, das sich so in Zuckerbäckerei verlieren kann, kann zunächst einmal nicht ganz schlecht sein. Ich wüsste auch keine kulinarischere Augenweide als die Vitrine in der Konditorei Demel am Kohlmarkt. Und keine Frage, die Zuckerbäckerei geht auch außerhalb der Patisserien mit architektonischem Spritzgebäck weiter. Geht man durch die Straßen und hebt den Blick, tut sich eine Welt von in Stein gegossenem Schlagobers auf. Es gibt Kunstkenner, die be-

rechtigt darauf hinweisen, dass all die architektonischen Törtchen und Petit Fours, der Zuckerguss und der vernebelte Puderzucker, Kitsch in Reinkultur seien. Dem kann ich nicht ganz widersprechen, aber trotzdem ist es schön und erfreut mein Auge. Läuft man beispielsweise vom Kohlmarkt kerzengerade auf den Michaelerplatz zu und eilt beschwingt weiter durchs Tor der Alten Burg und dann noch weiter an der Neuen Burg vorbei, grüßt den Erzherzog Karl zu Pferde und dankt dem Prinz Eugen für die Errettung vor dem Islam, taucht man weiter durch ein dreigliedriges Tor, dann kommt der Zaun in Sicht, der so viel Geld für die Restaurierung verschlang. Und dann, dann blickt man auf einen Boulevard, der niemals hätte gebaut werden können, wenn die Wiener Architekten kein Naschwerk oder sonstigen süßen Zierrat schnabuliert hätten.

Die Ringstraße, Orgie des Historismus

Zu Weihnachten 1857 las man in der *Wiener Zeitung* ein Handschreiben des Kaisers: »Es ist Mein Wille, dass die Erweiterung der inneren Stadt Wien mit Rücksicht auf eine entsprechende Verbindung derselben mit den Vorstädten ehemöglichst in Angriff genommen und dabei auch auf die Regulierung und Verschönerung Meiner Residenz- und Reichsstadt Bedacht genommen werden.« Das Vorhaben – sieht man mal von den verlorenen Kriegen ab – sollte sein deutlichstes Vermächtnis an die Nachwelt sein. Es begann die lange Phase des Abrisses, der nicht nur Befürworter fand. Vergeblich hatte die Gemeinde Wien um den Erhalt der alten Stadtmauer geworben. Und während man nun den sehr breiten Festungswall abwrackte, komponierte Johann Strauß die »Demolier-Polka«.

Innerhalb von siebeneinhalb Jahren erhob sich aus den Trümmern das neue Ensemble der Ringstraße. Bis heute macht man an ihr die Schönheit und den royalen Glanz der Stadt fest. Nach Fertigstellung des triumphalen Boulevards bekam diese Gründerzeit genannte Phase in Wien einen neuen Namen: die Ringstraßenzeit.

Bei der imperialen Prachtstraße handelt es sich letztlich

gar nicht um einen Ring, sondern um gerade Straßen, die sich zu einem Sechseck zusammenfinden. Die Geraden boten nicht nur freies Schussfeld im Falle von Volkserhebungen oder gar einer Revolution des Volkes, breite Chausseen ließen sich auch schwerer verbarrikadieren als enge Gassen. Deshalb geriet die Bautätigkeit auch nicht zu einer Keimstätte der aufstrebenden modernen Architektur, gar zu einem Ausdruck des sozialen Gedankens, sondern sie diente den Eliten – in erster Linie dem Kaiserhaus – als Bühne der Selbstdarstellung, als Element der Machtfestigung.

Entlang der neuen Ringstraße entstanden zahlreiche öffentliche und private Bauten, die Grundstücke dafür wurden günstig vergeben. Zunächst belegte die »erste Gesellschaft«, das Kaiserhaus und der gehobene Adel, Parzellen, danach kam die »zweite Gesellschaft« zum Zuge, die hohen Beamten und Ministerialen. Letztlich war es aber die »dritte Gesellschaft«, die Bourgeoisie der Aufsteiger und Neureichen, die dem Projekt zum Erfolg verhalf.

Viele der Geldgeber und privaten Investoren waren Juden, was in Wien nicht überall auf Wohlwollen stieß. Man begegnete ihnen mit Neid und Ressentiments. Es war das habsburgische Toleranzpatent des Jahres 1782 gewesen, das viele Juden auf habsburgisches Staatsgebiet gelockt hatte, vor allem nach Wien. Das Patent garantierte nun auch Juden freie Religionsausübung, doch von wirklicher Gleichberechtigung konnte zunächst keine Rede sein. Die jüdischen Unternehmer und Bankiers waren durch vielerlei Verbote und Beschränkungen in Geschäftsfelder gedrängt worden, die sich am Ende als sehr lukrativ erwiesen. So hatten Juden bis zur Jahrhundertwende schlicht keinen Zugang zu den Handwerksinnungen. Ein Handwerk konnte nur ausüben, wer Mitglied einer Zunft war, und diese waren lange durchweg christliche Bruderschaften. Was den Juden blieb, waren von Christen geächtete Berufe wie Trödelhandel, Pfandleihe oder Kreditwesen.

Da es Christen bis ins 15. Jahrhundert nach kirchlichem Recht verboten war, Geld gegen Zinsen zu verleihen, wurden Juden als Bankiers sehr erfolgreich. Was ihnen Neid und Missgunst ihrer christlichen Zeitgenossen einbrachte, die ihnen erst den Zugang zu anderen Tätigkeitsfeldern verwehrt hatten.

Die eingeschränkten Erwerbsmöglichkeiten erwiesen sich nun als Glücksfall, denn der Handel und das Bankenwesen waren die zukunftsweisenden Geschäftsfelder, die den aufkommenden Kapitalismus befeuerten. Und: Ohne die jüdischen Geldgeber, die sich sehr patriotisch in den Dienst der Monarchie stellten, wäre auch diese nicht lebensfähig gewesen.

Der junge Kaiser Franz Joseph scheint ein ambivalentes Verhältnis zu diesem Teil seiner Bevölkerung gehabt zu haben. So soll er dem Bankier Rothschild bei einem Besuch im Schloss nicht einmal die Hand gereicht haben. Gleichwohl verfügte der Kaiser 1867 die absolute Gleichberechtigung und damit auch das Recht auf Grundbesitz. Dafür wurde der Kaiser von der jüdischen Bevölkerung regelrecht verehrt, die nun liebend gerne bereit war, ihm bei der Sanierung seiner Staatsfinanzen und selbstredend auch beim riesigen Ringstraßenprojekt beizustehen. Mir scheint, es kommt nicht von ungefähr, dass ausgerechnet die umfassende Gleichstellung der habsburgischen Juden mit dem Bau der Ringstraße einherging.

Doch sehen wir uns diese doppelreihig mit Linden bepflanzte Allee einmal genauer an. Mit der Trambahn Nr. 1 fahre ich bis zur Urania, von dort aus will ich diesen Prachtboulevard abwandern. Schon nach ein paar Schritten wird klar, der Ring diente dem Verkehr und der Repräsentation, er ist nichts für einen Schaufensterbummel. Verkehr damals, das hieß prachtvolle Kutschen, mit denen man angab, während unter den Bäumen flaniert wurde, die Frauen ihre schönsten Kleider zeigten, der Adel, die Ministerialen, das

Beamtentum im Sonntagsstaat hier entlangstolzierte. Der »vierte Stand«, die wachsende Schicht der Industriearbeiter, hatte für derlei Müßiggang keine Zeit.

Wenn man einmal richtig darüber nachdenkt, ist die Eitelkeit ein unglaublicher Antriebsmotor für die Wirtschaft, ein Garant für Entwicklung und Fortschritt. Vieles in Wien hat irgendwie mit Repräsentation zu tun und damit, der gehobenen Gesellschaft, oder denen, die sich ihr zugehörig fühlten, einen angemessenen Auslauf zu bescheren. Die Gebäude, die die Ringstraße säumen, bedienen alle die gleiche Klientel.

Baulich besonders interessant wird es ab der Urania. An der nordwestlichen Seite, die am Franz-Josefs-Kai und dem Donaukanal entlangführt, kann man wunderbar radeln, aber ansonsten ist dort nicht viel Sehenswertes vorzufinden. Allerdings, den Schwedenplatz sollte man sich merken. Er ist ein Straßenbahnknotenpunkt, und hier findet sich auch die Anlegestelle der Blue Danube Schifffahrts-GmbH. Ich bin einmal an einem grauen Novembertag mit so einem Dampfer den Kanal hochgezuckelt. Es war wahnsinnig langweilig, allenfalls das Friedensreich-Hundertwasser-Kraftwerk in Spittelau nötigte mir einen zweiten Blick ab. Diese Müllverbrennungsanlage funktioniert vorbildlich und versorgt die ganze Gegend mit Strom. Nicht weit davon schob sich der Dampfer noch an einem in die Jahre gekommenen Wohnkomplex der Architektin Zaha Hadid vorbei. Es dürfte nicht der größte Wurf ihres Lebens gewesen sein, aber wie auch immer, dem einen gefällt's, dem anderen nicht.

Sehr anzuraten wäre hingegen eine andere Flussfahrt: Vom Schwedenplatz aus bietet sich eine Katamaran-Fahrt nach Bratislava an. Der »Twin-City-Liner« schafft die Strecke in nur 75 Minuten, er legt hier fünfmal am Tag ab. Das Boot fährt langsam los, um wenige Hundert Meter später, an der Urania, Vollgas zu geben. Mit einem Affenzahn geht es durchs idyllische Donautal, an Hainburg und der Burg Theben vorbei. Und der Zielort Bratislava ist auf alle Fälle einen Besuch wert.

Wir aber bleiben auf festem Boden und schauen uns die Urania an. Sie ist benannt nach der Muse Urania, die in der griechischen Mythologie als Schutzgöttin der Sternkunde gilt. Und die war um die Jahrhundertwende sehr en vogue. Überall gründeten sich Vereine, die dem Laien die neuesten Erkenntnisse vom Himmel nahebringen wollten. Der Zustrom war so enorm, dass ein eigenes Gebäude errichtet werden musste. Die Grundsteinlegung zu diesem Jugendstilbau erfolgte 1909, nur ein Jahr später wurden Sternwarte und »Volksbildungshaus« eröffnet. Verantwortlich für den Bau war der Architekt und Otto-Wagner-Schüler Max Fabiani, der dem Ensemble einen neobarocken Stil verlieh, von Spöttern *baroccus fabiensis* genannt. Heute beherbergt der Bau neben der Sternwarte und einem Café verschiedene Kino- und Vortragssäle sowie das von Hans und Marianne Kraus gegründete Puppentheater.

Von der Urania biege ich auf den Stubenring ein und laufe etwa hundert Meter weiter bis zum Café Ministerium. Direkt gegenüber erstreckt sich das ehemalige Kriegsministerium, ein gewaltiger Bau, in dem heute das Ministerium für Digitalisierung und Wirtschaftsstandort untergebracht ist. Bewacht werden die Beamten – so sie sich nicht ins Café verdrückt haben – von einer Statue des Feldmarschalls Radetzky, der hoch zu Ross vor dem Gebäudekomplex thront. In der Mitte der Attika, wo oben das Bauwerk endet, sieht man einen riesigen Doppeladler mit 15 Metern Spannweite und einem Gewicht von vierzig Tonnen.

Ich steuere das Café an, draußen in der Sonne sind alle Tische besetzt. Ein gediegen wirkender Herr in Anzug und Weste deutet auf einen freien Stuhl an seinem Tischchen. Ich vermute, dass er mindestens die mittlere Beamtenlaufbahn eingeschlagen und sich gerade vom gegenüberliegenden Ministerium eine Auszeit genommen hat. Ich bedanke mich artig für den freien Stuhl und habe das Gefühl, irgendwie das peinliche Schweigen überbrücken zu müssen. »Ganz schön großer Kasten da drüben«, sage ich und deute auf das Bundesministerium.

»Ja, fast 14 000 Quadratmeter«, nickt mein Tischpartner.

Ich dann: »Da würde ich mich dauernd verlaufen.«

Er darauf: »Net nur Sie, wir ham alle unsere liebe Not mit dem Labyrinth.«

Fieberhaft überlege ich, wie ich unsere mühsame Konversation am Laufen halten kann. Was böte sich besser an als ein Schwenk zur Kaiserzeit? Also sage ich: »Als der Koloss noch als Kriegsministerium in Diensten stand, hatten die Insassen sicher auch schon erhebliche Koordinierungsprobleme, oder?«

Mein Tischgenosse ist offensichtlich froh, dass ich mich nicht in den zeitgenössischen Beamtenstand bohre, und verkündet, als wäre er selbst der gutmütige Kaiser Franz Joseph: »Dr Kaiser war a friedliebender Mann, wenngleich er immer in dr Uniform rumgloffen is. Der ärgste Kriegstreiber, der den Ersten Weltkrieg ankurbelte, der hot damals a Stockwerk unter meim heutigen Büro umanandergschrieen … Feldmarschall von Hötzendorf. Der wor aggressiv wie a Preuß. Seine Untergebene aber ned, die war'n faul und deppert.«

Ich murmle: »Der Kaiser hat ja nie einen Krieg gewonnen, vielleicht, weil sich seine Strategen in dem Riesengebäude ständig verlaufen haben?« Mein verlängerter Kaffee kommt mit etwas flüssiger Sahne und dem obligaten Wasserglas, das füllt die peinliche Pause. Eine Reaktion auf meine Mutmaßung bekomme ich nicht. »Und wie ist das mit den Beamten heutzutage?«, frage ich jetzt doch etwas frech, um dem Mann noch ein Gesprächsbröckchen zu entlocken.

»Sehr viel besser ist's heut a ned! Ich bin im Wirtschaftsressort, und da kannst ja eh nix machen, da sind Mächte am Werk, die durchschau i scho längst nimmer.«

Ich erzähle ihm, dass ich Koch bin und in Stuttgart ein Restaurant betreibe, um dann in eine ähnliche Kerbe zu hauen: »Ja, ohne Steuerberater kann man sich heute gar nicht mehr auf die Straße trauen. Alles ist so kompliziert geworden.«

»Ah, Sie sind kein Pensionist? I muaß no vier Jahre abhocken, da muaßt den Ball flach halten und darfst ned auffallen. Grad in meiner Stellung ist's guat, wennst unterm Radar bleibst.« Er winkt nach dem Kellner, um zu zahlen, geniert sich ein bisschen, als ich die Rechnung übernehme. Dann entfernt sich der Herr gemächlich. Sein Anzug sitzt hervorragend, einen guten Schneider erkennt man daran, dass der Anzug am Rücken und über den Schultern keine Falten wirft. Beamter und Maßanzug? Wie passt das zusammen? Womöglich war das der Chef der Behörde.

Nachdem der Ministeriale weg ist, mache ich jetzt in aller Ruhe erst einmal das, was ich besonders gut kann: sitzen bleiben. Ich lasse die Augen zum Denkmal des Herrn Georg Coch schweifen, das sich keine zehn Meter vor mir aufbaut. Coch gründete die Wiener Postsparkasse, die sich direkt gegenüber dem Ministerium befindet, von meinem Tischchen aus gesehen rechts, und um eine Häuserzeile nach hinten versetzt. Dieser fantastische Jugendstilbau wurde in die zweite Reihe des Stubenrings verbannt, das Gebäude war den damaligen Stadtplanern schlichtweg zu modern. Von 1904 bis 1906 entstand es nach den Plänen von Otto Wagner. Dieser Architekt gilt heute als einer der wichtigsten Vertreter der Jugendstilepoche, der aber auch schon in die Moderne vorausdachte.

Alles, bloß keine Veränderung, das gehört seit jeher zur Krankenakte des Wieners. Wie schon beim Looshaus am Michaelerplatz regte sich am Ungewohnten auch in diesem Fall zunächst kein offener Protest. Die Bevölkerung dachte schlichtweg, das Haus sei noch nicht fertig. Man konnte sich

U-Bahn-Station von Otto Wagner erbaut

damals nicht vorstellen, dass ein Gebäude ohne Dreiecksgiebel über den Fenstern, ohne seitliche Maskarons, also irgendwelche Köpfe, Fratzen oder Engelchen, auskommen könnte. Die Fassade der Postsparkasse belegte Architekt Otto Wagner mit Marmortafeln, die in der Mitte von einem dicken Aluminiumstift gehalten werden. Aluminium war in der Belle Époque eine technische Sensation. Es ging Wagner aber nicht nur um die Befestigung der Platten, die 17 000 Alu-Knubbel dienten auch als Stilelement. Die Bürger Wiens waren mit den Nerven völlig runter, als sie erfuhren, dass auf die Platten kein Verputz mehr drauf kommen würde, die Schlichtheit tatsächlich gewollt war.

Das Gebäude ähnelt ein bisschen einem Tresor, und wie das bei Tresoren oft so ist, kommt es auf das Innere an: Die

Schalterhalle kann von Montag bis Freitag zwischen 10.00 und 17.30 Uhr besichtigt werden. Der große Kassensaal wird von einem verglasten, mächtigen Lichthof überspannt. In dem Gebäude befindet sich heute auch das Otto-Wagner-Museum, in dem ich mich nach meinem ausgiebigen Cafébesuch mindestens eine Stunde lang aufgehalten habe, obwohl ich nicht der geduldigste Museumsbesucher bin.

Ziemlich skandalös mutet es an, dass die Postsparkasse 2013 für gemunkelte 150 Millionen Euro an einen Privatinvestor verkauft wurde. Während ich diese Zeilen schreibe, übt sich der Investor, die Signa-Holding, in Gedankenspielen, wie sich mit dem Baudenkmal Geld verdienen lässt. Hotel, Büros, Location für irgendwelche Events. Ich befürchte Schlimmstes, aber die Hoffnung stirbt zuletzt.

Wieder draußen auf dem Stubenring, nähere ich mich dem nächsten Segment der Ringstraße, dem Parkring. Es geht auf den Stadtpark zu, und keine fünf Minuten später lockt das nächste Museum auf der gegenüberliegenden Straßenseite. Ich überquere den Radweg, dann die Straßenbahnschienen, dann die dreispurige Autostraße, wieder ein Straßenbahngleis, einen Radweg, einen Fußweg unter Linden und eine weitere Autospur, dann bin ich endlich drüben beim MAK.

Das Museum für angewandte Kunst ist eines der bedeutendsten seiner Art. Das hier im ersten Wiener Gemeindebezirk beheimatete Haus wurde bereits 1863 als »k. k. Österreichisches Museum für Kunst und Industrie« gegründet und verfügt heute – positioniert zwischen Tradition und Experiment – über eine weltweit einzigartige Sammlung. Es ist buchstäblich für jeden etwas dabei, der sich für angewandte Kunst von 1890 an bis heute interessiert.

Ich überlege gerade, ob ich einen weiteren Museumsbesuch verkrafte, als mein Mobiltelefon klingelt. »Wo bleibst du denn? Das Bier ist schon bestellt!«, bellt es mir ins Ohr.

Meine Frau ist dran, sie stammt von einem Bauernhof, auf dem man sich über Feld und Flur hinweg brüllend unterhalten hat. Die distanzüberwindende Telefonie hat an ihrem Organ offenbar nichts geändert.

Der Anruf erinnert mich daran, dass sich die Familie zum Mittagessen treffen wollte, und jetzt spüre ich es auch deutlich, mir ist schon ganz flau, der Gürtel könnte glatt etwas enger geschnallt werden. Es geht also wieder den langen Weg zurück auf die andere Straßenseite, ich fürchte weiteren Kalorienverlust ob der gewaltigen Distanzen.

Vorbei geht es am berühmten Café Prückel, das schon sein hundertjähriges Bestehen gefeiert hat, hinein in die Wollzeile, die nordwestlich in Richtung Stephansdom führt. Es ist keine Luxusstraße, sondern hier reihen sich Geschäfte aneinander, welche die Utensilien und Handreichungen des Alltags bereithalten. Angefangen von der Apotheke über die Papeterie bis hin zum Spar-Laden. Außerdem befindet sich hier eine Institution, die eine Wiederauffüllung meiner arg strapazierten körperlichen Ressourcen verspricht: Im Restaurant Plachutta in der Wollzeile 38 blubbern von 11.30 bis Mitternacht die Fleischbrühentöpfe.

Um dorthin zu gelangen, muss ich am Doktor-Karl-Lueger-Denkmal vorbei. Er regierte Wien als Bürgermeister während der Wende vom 19. ins 20. Jahrhundert. Dazu später mehr, jetzt will ich mir aber den Appetit nicht verderben. Derartige Aufregung lässt sich nur verkraften, wenn man gut gegessen hat.

Das Plachutta findet der Hungrige nicht nur hier am Ende der Wollzeile, es gibt auch einen Ableger bei der Oper, einen in Nußdorf und, besonders angenehm, in Hietzing. Die Familie Plachutta betreibt außerdem noch einen wunderschönen Biergarten in der Ottakringer Straße. Damit nicht ge-

Hintergrund Stephansdom

1
F.I.
3

nug, rundet ein gutes italienisches Restaurant in Hietzing das Imperium ab.

In der Wollzeile befindet sich das Hauptgeschäft, und wenn jemand unkt, es sei ein Massenladen, dann kann ich zwar abwiegeln, aber ein bisschen was ist schon dran. Doch gerade die Masse ist es, die das hier servierte Siedfleisch so unverwechselbar gut, wenn nicht gar unerreicht macht. Ich biete in meinem Restaurant keinen Tafelspitz mehr an, denn gekochtes Fleisch muss frisch aus dem Kessel kommend geschnitten und serviert werden. In Deutschland, wo man nur immer wieder mal eine Portion verkauft und den Mittagstafelspitz eventuell abends wieder aufwärmt, lässt sich solche Meisterschaft nicht erreichen, da hilft auch die beste Brühe nicht. Masse heißt bei Plachutta also durchaus Klasse!

Nebenbei bemerkt: Das Kochbuch von Ewald Plachutta wird nicht umsonst als Jahrhundertkochbuch gelobt, der schlichte Titel: *Die Gute Küche*. Wer sich tiefer in die österreichische Küche hineinkochen möchte, dem sei diese Rezeptsammlung nebst all den pädagogischen Hinweisen dringend anempfohlen.

Frau Elisabeth erwartet mich bereits an einem Tisch im hinteren Gastraum. Nach dem Bierchen bestelle ich wie üblich mein Lieblingsgericht aus den riesigen Töpfen des Lokals: Beinfleisch mit Markknochen, Rösti-Spänen, Apfelkren, Cremespinat und einer Art Schnittlauchmayo (na ja). Das Fleisch wird im Kupfertopf mitten auf den Tisch gestellt. Tochter Eva, die sich für ein paar Tage zu uns gesellt hat, hält sich an die geröstete Kalbsleber, die in Schalotten-Majoransaft ebenfalls in einem Töpfchen daherkommt. Getrunken wird dazu ein Fläschchen Hauswein, ein erfrischend leichter Veltliner.

Wir sind schon fast fertig, als es mit der schmauswohligen Ruhe vorbei ist. Eine Horde sportlich gekleideter und muskelbepackter Glatzköpfe bringt den Laden zum Wackeln.

Ich liebe Italiener, aber sehr wahrscheinlich enthemmen weltweit alle Zusammenrottungen selbst die nettesten Menschen. Den Stationskellner, ebenfalls ziemlich entgeistert, bitten wir eilig an unseren Tisch, um ihm den Wunsch nach der Rechnung ins Ohr zu brüllen. Doch wir hätten uns gar nicht so sputen müssen, wenig später verlässt die ganze Truppe das Lokal wieder, ich vernehme Wortfetzen wie »Pizza« und »Spaghetti«. Nach dem Blick in die Speisekarte haben sich die Herren offenbar entschieden, doch lieber einen pizzabackenden Landsmann heimzusuchen. Sie wissen ja nicht, was ihnen entgeht!

Der Kellner räumt die Kupfertöpfe auf unserem Tisch ab, und ich erspähe zufällig ein Detail, das mir wegen des ganzen Italiener-Tohuwabohus beinahe entgangen wäre. Die Töpfe haben am Griff ein Schild: Unter dem herausgefrästen Signet »Plachutta« sehe ich, und ich kann's kaum glauben: Der gravierte Schriftzug »Lueger Topf« grüßt (verabschiedet) den nun nicht mehr Hungrigen.

Der Doktor-Karl-Lueger-Platz liegt genau zwischen dem Museum für angewandte Kunst (MAK) und Plachutta. Inmitten des Platzes ist der Bürgermeister mit einem Denkmal verewigt. Eine Bronzestatue, flankiert von Steinstatuen, die auf die Verdienste Luegers verweisen. Er war zweifelsohne ein enorm tüchtiger Mann und ist doch bis heute ein Problemfall. Lueger baute die zweite Hochquellen-Wasserleitung, sorgte für Gas, Elektrizität und Straßenbahnen, baute Sozialeinrichtungen in Lainz und das Psychiatrische Krankenhaus Steinhof, kümmerte sich um Witwen- und Waisenfürsorge und einiges mehr.

Wie er später behauptete, habe er sich nur deshalb eines ekelhaften Antisemitismus bedient, um das Wahlvolk für sich zu gewinnen. Wie man in dem Buch *Psychologie der Massen* des französischen Psychologen und Soziologen Gustave Le Bon nachlesen kann, ist ein Volk nur zu gewinnen, wenn

man es mit einem klaren Feindbild versorgt. Die Historikerin Brigitte Hamann schreibt über Lueger: »Er hat mit seinen Hetzreden ein Klima der Verrohung erzeugt«, und er prägte maßgeblich auch Hitlers Weltsicht. Lueger sprach von den Juden als »Gottesmördervolk« und diffamierte Wien als »Groß-Jerusalem«.

Einen guten Charakter mag ich ihm nicht zuschreiben. Lueger zählte wenigstens zu den Karriere-Opportunisten, die auch heutzutage in der Politik immer wieder zu finden sind. Eine hohe Intelligenz kann man Lueger wohl schon bestätigen, denn Leute mit Hirnschmalz wissen es: Jüdische Intelligenz ist selten langweilig. So zählten trotz grauenhaftem Antisemitismus einige Juden zu seinen Freunden. Als Deutscher werde ich mich vor irgendeiner Beurteilung hüten und lasse lieber den jüdischen Dramatiker Arthur Schnitzler sprechen, der mit Lueger befreundet war: »So unbedenklich er die niedrigsten Instinkte der Menge und die allgemeine politische Atmosphäre für seine Zwecke zu nutzen wusste, im Herzen war er, auch auf der Höhe seiner Popularität, so wenig Antisemit als zu der Zeit, da er im Hause des Dr. Ferdinand Mandl mit dessen Bruder Ignaz und anderen Juden Tarock spielte. Es gab und gibt Leute, die es ihm als Vorzug anrechnen, dass er auch in seiner stärksten Antisemitenzeit persönlich für viele Juden eine gewisse Vorliebe beibehalten und daraus gar kein Hehl gemacht hat: Mir galt gerade das immer als der stärkste Beweis seiner moralischen Fragwürdigkeit«, schreibt Schnitzler 1920 in seiner Autobiografie.

Lueger hätte wissen müssen, was er mit seiner Demagogie anrichtete, daran ändern auch einige jüdische Freunde nichts. Dem Kaiser, der sich selten durch klare Entschlüsse auszeichnete, ist hoch anzurechnen, dass er erstmals am 29. Oktober 1895 den vom Wiener Gemeinderat zum Bürgermeister gewählten Lueger ablehnte, weil er eine zu stark antisemitisch orientierte Politik vertrat. Gleiches geschah im November und im April des Folgejahres. Erst bei der erneuten Wahl und nach päpstlicher Intervention gab der Kaiser seinen Wiederstand auf, im April 1897 wurde Lueger Bürgermeister.

Es gibt Bestrebungen, das Denkmal des Bürgermeisters abzubauen. Ich denke, man sollte Denkmäler wie etwa auch die von Lenin, Stalin und so weiter stehen lassen und Schurken und Tyrannen nicht sang- und klanglos aus dem Sichtfeld und damit langfristig aus dem Gedächtnis verbannen. Aber ihre Taten müssen eingeordnet werden. Eine wirklich gute Idee dafür sind die »Wienkl«. Es handelt dabei um kniehohe, stabile, dreischenklige Konsolen, die mich ein wenig an Propeller erinnern. Sie sind fest im Boden verankert und mit einordnenden Hinweisen in zwei Sprachen beschriftet. Auch für Häuser wurden solche »Wienkl« entworfen. So hat der Interessierte den tollen Kerl Lueger in Bronze auf einem Sockel, und unten am »Wienkel« stehen seine Untaten geschrieben.

Der Regisseur Billy Wilder, 1906 in Sucha, Österreich-Ungarn, geboren und 1916 mit den Eltern nach Wien übergesiedelt, floh 1933 vor den Nazis erst nach Paris, dann in die USA. Mit 81 Jahren erhielt er die »Ehrenmedaille in Gold der Bundeshauptstadt Wien«. Als der österreichische Generalkonsul ihm die Medaille in Los Angeles umlegte, erkundigte sich Wilder nach dem aktuellen Wiener Bürgermeister. Beim Namen »Helmut Zilk« meinte er erleichtert: »Na, Hauptsach, der Lueger ist es nicht mehr.«

Ich suche jedenfalls schnell das Weite, als ich auf meinem Weg zurück zur Ringstraße den Platz des Ex-Bürgermeisters quere. Dahin geht es im Schatten der Bäume auf einem großzügigen Fußgängerweg weiter in Richtung Oper. Der Stadt-

STEIRE

park kommt in Sicht, und der hat es in sich. Er ist nicht nur eine grüne Lunge, bietet Platz für spielende Kinder, aber auch Ecken für Ruhesuchende und Sonnenanbeter. Der Park wird begrenzt von einem Rinnsal, das der Stadt den Namen gab. An diesen Gestaden serviert die Familie Reitbauer im Restaurant Steirereck eine Küche, die für mich zu den besten Europas zählt. Im Souterrain des schönen, alten Gebäudes aß ich einmal ein perfektes Wiener Schnitzel, begleitet von den üblichen Beilagen. Während meine Frau sich mit Grünem Veltliner den Kopf kühlte, richtete sich meine Neugierde auf ein äußerst ungewöhnliches Getränk – jedenfalls als Begleitung zum Wiener Schnitzel. Ich bestellte mir ein kleines Fläschchen Heumilch. Man wird's kaum glauben, es schmeckte mir besser als der Wein. Nicht umsonst nennt sich das Etablissement auch »Meierei im Stadtpark« und bietet im Sommer eine Terrasse mit Blick auf den Wienfluss. Das Angebot auf der Speisekarte umfasst, um es mit einer griffigen Formulierung zu sagen, »vom Einfachen das Beste«. Das Essen ist preiswert, aber von gleicher Qualität wie das Sternelokal darüber. Das kommt nicht von ungefähr, Heinz Reitbauer lernte im elterlichen Steirereck, das damals noch an anderem Ort zu finden war. Dann heuerte er bei den berühmten Gebrüdern Obauer in Werfen an und vervollkommnete sein Können bei einem meiner Idole: dem fantastischen Alain Chapel in Mionnay. Leider starb mein Held viel zu früh; Reitbauer lernte auch bei Anton Mosimann in London, schließlich in Paris bei Joël Robuchon und im Restaurant Laurent, beides Adressen von Weltniveau. Von nix kommt nix, könnte man sagen, und wäre ich nicht schon so plachuttagesättigt, wäre ich glatt eingekehrt.

Im Stadtpark lockt noch ein weiteres Gebäude von barocker Pracht. Es ist der Kursalon Wien, welcher der Familie Hübner gehört und ein Veranstaltungsort der besonderen Art ist. Hier finden viele Konzertveranstaltungen mit Menübegleitung statt, und wem es nach Tanzen ist, der kann im Veranstaltungskalender nachschauen, wann Bälle stattfinden. Für mich wäre das nichts, ich drehe mich ohnehin schon zu schnell um mich selbst. Tanzen ist schließlich ein richtiger Sport, und da sperrt sich meine Hüftsteife ein wenig dagegen.

Ja, mit der Kondition ist es so eine Sache, und als ich auf den Schwarzenbergplatz zulaufe, fällt mein Blick auf einige elektrische Tretroller. Die könnten mir das »Ablaufen« des Rings womöglich etwas erleichtern. Vorher überquere ich aber noch den Zebrastreifen hinüber zum Café Schwarzenberg, auch eine Institution unter den Kaffeesiedern Wiens. Das Café erlangt zur Ballsaison enorme Wichtigkeit. Es bietet ab vier Uhr in der Früh, sozusagen als orale Ambulanz, ein Katerfrühstück an. In edlem und altem Interieur und unter der hohen Decke eines Saloncafés kann man sich mit einem kleinen Gulasch und einem Stützbier den Walzerdrehwurm aus dem Kopf schaffen.

Auf der riesigen Kreuzung des Schwarzenbergplatzes ist der namensgebende Fürst nicht zu übersehen, in Form eines Reiterstandbilds mit den üblichen Ausmaßen. Karl Philipp Fürst Schwarzenberg gilt als Held der Völkerschlacht bei Leipzig und gab Napoleon, dem von den Franzosen so irrtümlich verehrten Menschenvernichter, entscheidend eins auf die Nuss, sodass dessen Egotrip ein Ende fand und er sich endlich aus deutschen Landen zurückziehen musste.

Ebenfalls auf dem Schwarzenbergplatz ragt das feudale Hotel Imperial auf. Spontan entscheide ich mich für einen Besuch. Im Café ist schwer was los, also suche ich die Lobby auf, um mich mit einem Campari-Soda zu erfrischen.

In der Bar oder Lobby eines Feudalhotels kann man für das »Eintrittsgeld« – in meinem Fall der Campari – immer recht viel erleben, das ist besser als Promis oder Royals im Fernsehen zu beglotzen. Alles an diesem Hotel wirkt erhaben, das war bereits zu Hitlers Jugend so. Als armer Teufel und Postkartenzeichner träumte er davon, es Napoleon gleichzutun und einmal in diesem Palais schlafen zu dürfen. Für den Insassen eines Männerwohnheims ein wahrlich kühner Gedanke.

Erbaut wurde dieses Stadtschloss 1862 von Herzog Philipp Alexander von Württemberg, verheiratet mit der Erzherzogin Marie Theresia Anna von Habsburg. Viel Carrara-Marmor hielt das »Häuschen« des Paares, das unter Palais Württemberg firmierte, zusammen. Ob die beiden wussten, dass zu jener Zeit manche dem Kaiser untertänigen Bürger auf der Schwäbischen Alb den winterlichen Feldmäusespuren folgten, um an »Maukennester« zu kommen? So nennen sich die unterirdischen, faustgroßen, mit Körnern gefüllten Vorratskammern der Feldmäuse. Sie wurden von den Hungrigen ausgegraben, um wenigstens an etwas Nahrung zu gelangen.

Mir bleibt mein Campari deswegen nicht im Hals stecken, es wäre auch niemandem geholfen, tränke ich ihn nicht. Ein schlechtes Gewissen oder gar Betroffenheit, die ja meist geheuchelt ist, weil andernorts auf der Welt just in diesem Moment jemand verdurstet, rührt sich gerade, aber nur unterschwellig. Solche Geschichten helfen, dass der Schwabe sein »Wolke-sieben-Lamentieren« wenigstens reduziert und dankbar ist.

Wie auch immer, jedenfalls verkaufte das herzogliche Paar das Gebäude bereits nach fünf Jahren. Möglicherweise, weil auf dem Nachbargrundstück schwer gebuddelt wurde, der Wiener Musikverein sollte hier eine Bleibe finden. So war die freie Sicht auf die Karlskirche versperrt, was den adeligen Herrschaften nachvollziehbar missfallen haben dürfte. Banausen, trotzdem! Denn im Musiksaal dieses Vereins geben

Karlskirche

sich die weltbesten Musiker bis heute ein Stelldichein. Ich habe mich aus Verehrung als Mitglied in diesem Verein eintragen lassen, fand allerdings bisher nicht die Zeit, an einer Veranstaltung teilzunehmen. Aber aufgeschoben ist nicht aufgehoben, und beim Durchblättern der Broschüren dieser Institution gelobe ich jedes Mal Aktivismus.

Das Palais wurde verkauft, umgebaut und anlässlich der Wiener Weltausstellung 1873 zum Hotel Imperial. Durch die schlossartigen Hallen wandelten schon viele gekrönte Häupter, nun sitzt da ein Koch, und das nennt man Demokratie. Die Queen war auch schon da und »not amused«, da sie – sozusagen wie Krethi und Plethi – in einem Hotel nächtigen musste, wo sie doch sonst und üblicherweise nur in offiziellen Staatspalästen abzusteigen pflegt. Da Österreich über einen solchen nicht verfügt, blieb »Her Majesty« nichts anderes übrig als während ihres Staatsbesuchs mit dem Imperial vorliebzunehmen. Die damals 43-jährige Monarchin lobte bei der Abreise, dies sei das »schönste Hotel, in dem sie je gewohnt habe«. So viele werden es nicht gewesen sein, aber immerhin.

Solche und viele andere Geschichten hat der neue Eigentümer Khalaf Ahmed Al Habtoor gleich mitgekauft, wohnten doch neben Königen, Scheichs, Maharadschas und Präsidenten auch Weltstars wie Maurice Chevalier, Sophia Loren oder Michael Jackson, in früherer Zeit Eleonora Duse oder Sarah Bernhard hier. Und als Richard Wagner 1875 für eine »Tannhäuser«-Aufführung an die Hofoper kam, bewohnte er eine Sieben-Zimmer-Flucht mit eigens angeschafftem Konzertflügel.

Nach einigen wenigen Stufen bin ich wieder draußen in den Niederungen des Alltags. Ich aktiviere einen Tretroller, düse los, und es macht mir riesigen Spaß. Vielleicht hängt es damit zusammen, dass ich Motorradfahrer bin und schon immer ein recht gutes Gleichgewichtsgefühl hatte, während sich meine Frau mit derlei Dingen eher schwertut. In null

Komma nichts erreiche ich das Palais Königswarter am Kärntnerring Nr. 4, schräg gegenüber der Oper.

Von 1890 bis 1940 lebte hier im dritten Stock die Burgschauspielerin Katharina Schratt, die bereits erwähnte Freundin von Kaiser Franz Joseph I. Ihr verstorbener Gatte Miklos Baron Kiss de Ittebe, von dem sie damals längst getrennt lebte, vermachte ihr das Palais nach seinem Tod. Die Beziehung zum Kaiser war Anlass genug für Spekulationen und Tratsch, aber endgültig für einen handfesten Skandal sorgte die Schratt, als sie in einem Lustspiel namens »Maria Theresia« die Kaiserin spielte. Der begnadet-bissige Wortkünstler Karl Kraus prangerte dies in seiner Zeitschrift *Die Fackel* als Gipfel der Geschmacklosigkeit an. Er sprach von »Schäbigkeit der Gesinnung, Schwindel und widerlichster Anzüglichkeit«. Der Skandal trug sich 1903 zu, und die Burgschauspielerin betrat daraufhin nie wieder die Bretter, die die Welt bedeuten.

Hebt man den Blick, kann man die minimalistisch-klare Schönheit des Baus erkennen, die heutigen Schaufenster im Parterre allerdings sind nicht gerade animierend. Erbauen ließ das Palais der Bankier Jonas von Königswarter. Er war Direktor der österreichischen Nationalbank und Präsident der Israelitischen Kultusgemeinde Wien. Wie viele Juden der Ringstraßenzeit suchte auch Königswarter gesellschaftliche Anerkennung, es drängte ihn nach einer Nobilitierung, einer Erhebung in den niederen Adelsstand. Die erfolgte 1860: Der Bankier wurde zum Ritter, zehn Jahre später zum Freiherren. Im gleichen Jahr erhielt er vom Kaiser für »verdienstliches Wirken« den Orden der Eisernen Krone. Ob dieses verdienstliche Wirken auch mit der Ringstraße zu tun hat? Jedenfalls stand Königswarter als Finanzier noch hinter einer Reihe anderer Häuser am Kärntner- und am Opernring.

Wer beim Namen Königswarter ins Stutzen kommt, dem geht es wie mir. Seit meinem 16. Lebensjahr bin ich Modern-

Jazz-Fan, und wer sich damit ein bisschen auskennt, dem ist der Name Pannonica »Nica« de Koenigswarter ein Begriff. Sie gehörte zum englischen Zweig der Barone Rothschild und war mit Baron Jules de Koenigswarter verheiratet, mit dem sie fünf Kinder hatte. Ihr Mann schloss sich während des Krieges den FFL an, den Streitkräften des Freien Frankreichs unter Charles de Gaulles. Pannonica de Koenigswarter, ausgebildete Pilotin, engagierte sich ebenfalls im Widerstand, flog Kampfeinsätze, arbeitete als Chiffriererin beim Nachrichtendienst und hatte Einsätze als Lastwagenfahrerin, die sie von Frankreich über Ägypten bis zur ghanaischen Goldküste führten. Ihr Mann brachte es bis zum General und ging nach dem Krieg in den diplomatischen Dienst. Dieser führte ihn erst nach Norwegen und später nach Mexiko. Der Status einer Diplomatengattin war der Baroness jedoch auf Dauer entschieden zu langweilig. Das Ehepaar vertrug sich gut, aber alsbald ging man getrennte Wege, Pannonica zog es nach New York, wo sie eine Suite im Stanhope Hotel an der 5th Avenue bezog und sich mit Verve in die Jazzszene stürzte. 1954 lernte sie in Paris Thelonius Monk kennen, der in der Salle Pleyel (Pleyel ist übrigens ein Klavierbauer aus der Nähe von Wien) ein Konzert gab. Monks Komposition »Round Midnight« verzauberte sie so sehr, dass die beiden Freunde fürs Leben wurden.

Nica de Koenigswarter war alles andere als ein Groupie, sondern wurde eine der wichtigsten Förderinnen des modernen Jazz überhaupt. Sie half den Musikern mit Geld, leistete juristischen Beistand und begleitete sie in den Süden, um ihnen dort menschenwürdige Unterkünfte und Verpflegung zu organisieren. Es gab rassistische Rednecks, die die Straßenseite wechselten oder vor ihr auf den Boden ausspuckten, um zu zeigen, dass ihnen der Umgang der Baroness mit den »Niggern« nicht passte.

In ihrem Kometenschweif folgten die berühmtesten und größten Genies des Jazz. Es ist müßig, sie alle aufzuzählen.

Nica trat der Musikergewerkschaft bei, ihrer Zähigkeit ist es zu verdanken, dass die Künstler sich für Engagements nicht länger die Fingerabdrücke abnehmen lassen mussten. Damals brauchte man auch eine spezielle Arbeitserlaubnis, ein weiteres Vehikel des Schikanierens, namens »Cabaret Card«. Koenigswarter organisierte eine Petition, damit solcherlei Erniedrigung abgeschafft wurde. Sie kaufte ein Haus in New Jersey, in dem sie auch kranke Musiker pflegte, Thelonius Monk etwa lebte mit seiner Familie einige Jahr dort, bis zu seinem Tod 1982.

Der Name der Baroness wurde häufig in Skandalblättern durch den Schmutz gezogen. Weil sie sich für Afroamerikaner einsetzte zu einer Zeit, als man sich als weiße Frau noch nicht einmal mit einem Schwarzen auf der Straße sehen lassen konnte, ohne einen Skandal zu provozieren. Weil sie mit Monk verhaftet worden war und der Drogen in der Tasche hatte. Weil sie Jamsessions in ihrer Hotelsuite veranstaltete, was ihr regelmäßig Mieterhöhungen einbrachte, und weil Charlie Parker auf dem Sofa ihrer Suite starb. Ich könnte jetzt noch endlos weitererzählen, vielleicht auch davon, dass sie eine militante Tierschützerin war und in ihrem Haus bis zu 120 Katzen Asyl bot. Das rundet das Bild doch recht gut ab und macht mich beim Schreiben ganz wehmütig. Durch meinen Kopf zieht eines meiner Lieblings-Jazzstücke. Es heißt »Nicas Dream«.

Aber lassen wir nun vom Palais Königswarter ab und ziehen weiter. Ich aktiviere meinen Scooter und fahre an der Oper vorbei, an der Neuen Hofburg, gegenüber macht sich das Parlament breit, und man wähnt sich beinahe unterhalb der Akropolis. Dann kommt das Burgtheater in Sicht, gegenüber das Rathaus und danach die Universität. Im Palais Todesco, das sich auf der Seite des Burgtheaters befindet, erfreut das Café Landtmann die Mäuler.

Ich habe die vielen Palais auf dem Weg, die größtenteils

vom jüdischen Großbürgertum gebaut wurden, nicht gezählt. Die Adresse Dr. Karl Renner Ring 1 ist aber eine ganz besondere und lohnt ein kurzes Verweilen. Hier befindet sich das Palais Epstein. Gustav Ritter von Epstein war ein Mann mit wirklich aufrichtiger Gesinnung. Im Krieg gegen die Preußen unterstützte er die Donaumonarchie mit hohen Summen, erwarb sich aber auch als Mäzen der Künste einen honorablen Ruf. Bis der »Schwarze Freitag des 19. Jahrhunderts«, der 9. Mai 1873, das Fundament seines Reichtums zum Einsturz brachte. Die Aktien an der Wiener Börse brachen um über 30 Prozent ein. Ritter von Epstein, gerade auf Italienreise, sah sich genötigt, auf schnellstem Wege sein Bankhaus an der Ringstraße aufzusuchen. Am nächsten Tag stand sinngemäß in der Zeitung: »Als Millionär abgereist und als Bettler wieder zurückgekommen!«

Zum Börsenkrach, der auch die Monarchie ins Wanken brachte, gesellte für Epstein sich noch der Umstand, dass sein Kassierer und bisher untadeliger Mitarbeiter, der 34-jährige Adolf Taussig, seine enormen privaten Spekulationsverluste über das Konto des Bankhauses beglich. Als die Sache aufflog, wurde das neu gebaute Palais zum Schauplatz einer aufsehenerregenden Selbsttötung. Der arme Tropf, der seinem Chef einen rührenden Abschiedsbrief hinterließ, warf sich aus dem vierten Stock des Gebäudes.

Gustav von Epstein hätte seine Firma durch einen Schuldenschnitt durchaus noch retten können. Der polyglotte, sehr gebildete Mann mit großem Kunstverstand schöpfte laut der Historikerin Brigitte Hamann sein Selbstbewusstsein nicht aus seinem Geld, sondern aus der öffentlichen Hochachtung, die ihm durch seine Ämter und zahlreiche Ehrenfunktionen zuteilwurde. Er beglich alle Schulden aus seiner Privatschatulle. Ihm selbst blieb nichts mehr übrig. Ein königlicher Kaufmann, möchte ich sagen. Heutzutage wird ein solches Verhalten gerne als dumm bezeichnet, und gerade im Finanzwesen ist Raubtierverhalten häufig anzutreffen. Gustav Ritter von Epstein starb am 23. September 1879 verarmt, aber guten Gewissens, im Alter von nur 51 Jahren an Kehlkopfkrebs.

Da sein Palais heute als Regierungsgebäude dient, werden kostenlose Führungen in deutscher und englischer Sprache angeboten. Es ist zwar keine Anmeldung erforderlich, aufgrund von parlamentarischen Notwendigkeiten behält sich die Direktion aber kurzfristige Absagen vor.

Weiter geht es auf der Ringstraße dahin, die sich nun zum Schottentor sehr groß und hell öffnet. Um diese Prachtstraße nicht nur mit notorischem Bejubeln zu erhöhen, seien hier, an dieser Stelle, noch einige kritische Zeilen eingefügt. Viele der Moderne zugeneigte Architekten verachteten das Konglomerat an Baustilen, welche die Ringstraße überfrachteten. Sie sprachen von Prunkhaftigkeit, Äußerlichkeit, Unaufrichtigkeit. Der Dichter Hermann Bahr, eine wichtige Stimme in der Kunst dieser Zeit, prägte die Begriffe »Carneval der Stile« und »Fassadenorgien«. Zweifelsohne befand sich das Kaiserreich in einer Phase des Verfalls. Das Industriezeitalter dämmerte längst herauf, die meisten Menschen fürchteten den Wandel, das kommende Lebenstempo des 20. Jahrhunderts. Man könnte von ähnlichen Symptomen sprechen, wie wir sie heute erleben, wo wir an der Schwelle zur Cyber-Welt stehen, die auch viele das Fürchten lehrt.

»Wenn ich den Ring entlangschlendere«, schrieb der 27-jährige Adolf Loos 1898, »so ist es mir immer, als hätte ein moderner Potemkin die Aufgabe erfüllen wollen, jemandem den Glauben beizubringen, er sei in eine Stadt von lauter Nobili versetzt.« Aus seiner Abneigung gegen den Historismus indes ging nicht etwa ein Form-Reduktionismus und Material-Minimalismus à la Bauhaus hervor, sondern – wie beim Looshaus hinter der Hofburg zu sehen – ein raffiniertes Spiel von Verzierung und Fläche, Luxus und Askese.

Das Palais Ephrussi am Schottentor ist eines dieser Prachtgebäude, links und rechts mit Türmen eingefasst und um die Fenster herum mit allerlei Gesimsen und Statuetten verziert. Bei aller Kritik (und allem Neid) zog damals kaum einer in Betracht, dass die umtriebige Bauerei entlang der Ringstraße unzählige Arbeiter ins Brot setzte. Die fertigen Paläste schließlich boten Köchen, Dienstpersonal, Kindermädchen, Gärtnern und sonstigen dienstbaren Geistern Arbeit, denn ohne sie hätte man so einen Laden nicht am Laufen halten können.

Vor einigen Jahren war mir das Buch *Der Hase mit den Bernsteinaugen* in die Hände gefallen. Seitdem bin ich vom Schicksal der Familie Ephrussi nicht mehr losgekommen. Geschrieben hat das Buch Edmund de Waal, seine Großmutter war eine geborene Ephrussi, sie entstammte einem Geschlecht sephardischer, griechischer Juden. De Waal beschreibt die letzten Tage vor dem Anschluss Österreichs. Die Wiener Juden hatten nicht die geringste Vorbereitungszeit, um für das buchstäblich über Nacht hereinbrechende Grauen gewappnet zu sein. Die Tageszeitung *Standard* schreibt am 25. März 2003 über das Schicksal der Familie: »Man konnte sich selbst bei extremem Pessimismus kaum vorstellen, dass das gemächliche Österreich zu solch ruckartig hereinbrechenden Verbrechen imstande wäre. Am 11. 3. 1938, in der ersten Nacht nach dem Anschluss, geschieht es, dass die Geräusche von der Straße in den Hof des Palais Ephrussi dringen, der Lärm hallt wider von den Wänden und vom Dach. Dann trampeln Füße die Treppe herauf, die dreiunddreißig flachen Stufen zu den Wohnräumen im zweiten Stock. Fäuste donnern an die Tür, jemand drückt lange auf die Klingel, und dann sind da acht, zehn Männer, ein ganzer Haufen von ihnen in Uniform, einige mit Hakenkreuzarmschleifen, einige kennen sie. Manche sind halbe Knaben. Es ist ein Uhr früh, keiner schläft, alle sind angezogen. Viktor, Emmy und Rudolf werden in die Bibliothek gestoßen. In dieser ersten Nacht schwärmen die Männer durch die Wohnung. … Dieses krampfhafte Unordnungschaffen, Durcheinanderschmeißen, Zubodenfegen kann man kaum Plünderung nennen; es ist ein Muskelspiel, ein Knacken mit den Fingerknöcheln, eine Lockerungsübung. (…) sie stoßen Emmy, Viktor und Rudolf an die Wand, drei von ihnen heben den Schreibtisch hoch und hieven ihn über das Geländer, bis er, Holz, Vergoldung, Intarsien splittern krachend, auf den Pflastersteinen im Hof unten zerschellt.«

Zwei Tage später, am 13. März 1938, beschloss die österreichische Bundesregierung auch formal die »Wiedervereinigung Österreichs mit dem Deutschen Reich«. Während die einen jubelten, begann für die anderen die Phase des Terrors, mit Entrechtung, Enteignung, Tod. Das Palais Ephrussi wurde »arisiert«, die Familie musste fliehen. Die Räumlichkeiten wurden vom NS-Regime genutzt, Mitarbeiter des Chefideologen Alfred Rosenberg, zuständig für die »geistige und weltanschauliche Schulung der NSDAP«, bezogen die mondänste Etage.

Als Deutscher, der einen Vater hatte, der einmal behauptete, der »Führer« sei gar nicht so schlecht gewesen, er sei nur falsch beraten worden und hätte halt keinen Krach mit Knoblauch und Weihrauch anfangen dürfen, geziemt sich einige Zurückhaltung, was die Einordnung der damaligen Ereignisse angeht. Über die Vätergeneration will ich aber schon deshalb nicht richten, da ich mir nicht sicher bin, ob ich als Koch nicht auch Nazis bedient hätte. Wahrscheinlich hätte ich das getan, denn eine andere Spezies von Restaurantbesuchern war ja kaum vorhanden. Übel nehme ich der Vätergeneration jedoch Folgendes: Ich habe nie einen getroffen, der in irgendeiner Weise zugegeben hätte, dass er als Jugendlicher von geistesgestörten Machthabern auf gemeinste Weise hintergangen worden wäre und dass es sich bei diesen Machthabern um die monströsesten Verbrecher aller Zeiten handelte. Stattdessen wird relativiert und das vermeintlich Gute hervorgehoben, die Autobahnen, die vielen Arbeitsplätze, was weiß ich. Nur: In einem Haufen Mist findet sich selten etwas anderes als Mist.

Zum Thema »Arisierung« von Wohnraum noch ein wenig Zahlenwerk aus obigem Artikel der Zeitung *Der Standard* bzw. darin zitierten NS-Unterlagen: »Beim Inkrafttreten des Reichsgesetzes über die Mietverhältnisse mit Juden vom 30. April 1939 lebten in Stuttgart 2096 Juden in 721 Wohnungen. Durch die aufgrund dieses Gesetzes und späterer Anordnungen durchgeführten Maßnahmen konnten bisher rund 600 Wohnungen dem Wohnungsmarkt zur Unterbringung arischer Familien zugeführt werden. Die im Gang befindliche Freimachung jüdischer Altersheime und deren Umwandlung in städtische Altersheime wird eine weitere Entlastung des Wohnungsmarktes bringen.« Und jetzt kommt's: »In Wien dagegen wurden insgesamt mehr als 70 000 Wohnungen arisiert.«

Das Palais Ephrussi am Universitätsring Nummer 14 musste, wie bereits erwähnt, nach dem »Anschluss« unverzüglich geräumt werden. Das Vermögen der schwerreichen Familie wurde eingezogen. Die Ephrussis hatten in Odessa einen großen Getreidehandel und Filialen in ganz Europa gegründet, darunter in Paris und London. Neben den Rothschilds zählten sie zu den reichsten Bürgern Europas. Sie wurden enteignet, und nach dem Krieg setzte sich eine ebenso grauenhafte Schurkerei fort. Man nennt sie beschönigend Wiedergutmachung.

Über den Umgang mit den Ephrussis schreibt die österreichische Tageszeitung *Die Presse* im September 2012: »Am 12. August 1938 wird das Bankhaus Ephrussi & Co. amtlich gelöscht, es heißt jetzt ›C. A. Steinhäusser‹. Und der 79-jährige enteignete Bankinhaber Viktor kann nach entwürdigenden Bittgängen nach England ausreisen. An der Uhrkette trägt er noch den Schlüssel zum Bücherschrank seiner Bibliothek. Am 12. März 1945 stirbt er in England bei seiner Tochter Elisabeth. Wenige Wochen später ist der Krieg in Europa zu Ende. Die Tochter, Elisabeth de Waal, betritt im Dezember 1945 erstmals wieder ihr Vaterhaus. Jetzt dient es der US-Besatzungsbehörde. Aktenschränke, wo früher zahllose Globen standen, chinesisches Porzellan und silbernes Tischgerät. Nur Anna ist noch da, das alt gewordene Dienstmädchen. Man hat sie in einem kleinen Zimmer des Palais überleben lassen.

Nach dem Krieg wurde das Haus zurückgegeben, musste von den verarmten Nachfahren aber trotzdem ›verkauft‹ werden. In Wahrheit war es die zweite Enteignung, jetzt durch die Republik Österreich: Einige Bücher und Bilder, die in den Besitz des Staates übergegangen waren, wurden retourniert. Für die Zwangsenteignung der Bank erhielt die Familie lediglich 5000 Dollar und musste versichern, ›keine weiteren Forderungen‹ zu stellen. Kein Ruhmesblatt. 1969 wurde das Palais – inzwischen das Tausendfache wert – Firmensitz der ›Casinos Austria‹. Diese verkauften den Palast schließlich 2009 an eine Privatstiftung. Man spricht von 31 Millionen Euro.«

Ehrlich gesagt, mich berührt das sehr. Man nennt das auch Fremdschämen.

Heldenplatz und der Staatsfeind Nr. 1

»An der schönen braunen Donau« – diesen Satz habe ich von André Heller geklaut, ohne zu wissen, ob der sich auch schon irgendwo anders bedient hat. Verbrieft ist aber die Sentenz von Elfriede Jelinek, die auch ein bisschen auf mich abzielt: »Wer gern im Dreck wühlt, hat am Ende, beziehungsweise von Anfang an, auch etwas am Stecken, und das Dreckwühlen hat den Stecken ganz braun gemacht.«

Ich will nicht wühlen, das steht mir nicht zu, aber ein bisschen jüngere Geschichte zu beäugen hilft, dem Wesen des Wieners, auch dem des Österreichers, näherzukommen. Loben kann man diese Ethnie sowieso rundweg. Ja, ich muss sagen, wäre ich unabhängig, wirklich frei, ohne Betrieb und Immobilienverankerung, die mich selbst fast schon zur Immobilie hat werden lassen, ich würde alles einpacken und nach Wien ziehen. Vielleicht nicht gerade in die doch etwas turbulente Innenstadt, aber möglicherweise in den Wienerwald. Die Mieten sind fair, die Luft ist gut, und die psychotherapeutische Versorgung der Stadt hat höchsten Rang. Den Einbau einer Küche kann man sich sparen, denn wer nicht alle 500 Meter ein Gasthaus findet, dem ist nicht zu helfen.

Eine Zuwanderung nach Wien würde mir politisch keine

großen Sorgen bereiten. Manche halten ja den populistischen Komödienstadl für nicht hinnehmbar. Ganz klar, das Land ist rechtslastig, und als die Kurz-Strache-Equipe antrat, ging ein Aufschrei durch Europa. Doch der im Windkanal trainierende Rechtspopulist und inzwischen Ex-Vizekanzler Strache dünkt mir als nicht gefährlich. Ein Gast von mir, ein gestandener Österreicher, der den Eindruck machte, dass er nicht mehr feucht hinter den Ohren ist, den fragte ich damals: »Wie ist das jetzt in Wien mit der braunen Donau, muss ich mich fürchten?« Der weise Mann vom Donaustrand antwortete mit der tiefen Stimme eines Wunderheilers: »Ach was, das war schon immer so, aber jetzt redet man halt darüber.«

Man darf einen Essensgast ja nicht mit unbequemem Parlando verärgern, deshalb gab ich noch ein bisschen verbalen Schlagobers über meinen Schlusssatz: »Also ich kann es ja schon irgendwie verstehen, dass man im Zillertal nicht alles mit Minaretten vollstellen sollte.«

Ein bisschen jüngere Geschichte, von Deutschland nach Österreich, muss schon sein. Gleich vorweg: Sie ist nicht rühmlich, aber sie verbindet den Deutschen mit dem Österreicher aufs Heftigste. Diejenigen Österreicher, die Beethoven für einen Landsmann halten und Hitler für einen Deutschen, von denen gibt es immer noch einige. Und manche bestehen nach wie vor auf dem, was die Moskauer Deklaration von 1943 verkündete: dass nämlich »Österreich das erste freie Land [sei], das der typischen Angriffspolitik Hitlers zum Opfer fallen sollte [und] von deutscher Herrschaft befreit werden soll« und dass der »Anschluss« von 1938 »null und nichtig« sei.

In der Folge galt der Staat Österreich als Opfer der NS-Politik. Das lief den Österreichern natürlich rein wie Öl. Sie sind sowieso mit Abstand die Weltmeister der Auslöschung von Unbequemem, was ich eigentlich auch schätze, denn sie sind dadurch auch nicht nachtragend. Allerdings schleppte sich bei diesem laschen Gewissen die Aufarbeitung und damit auch die Wiedergutmachung für Verfolgte letztlich bis heute dahin. In Deutschland ist man damit viel weiter. Doch wenn man überlegt, wie zäh auch deutsche Museen ihre Raubkunst verteidigen, da könnte man schon einen roten Kopf bekommen. Der österreichische Bundeskanzler Franz Vranitzky war im Jahr 1991 der erste Politiker, der die von Österreichern begangenen Verbrechen offiziell zugab und dafür um Entschuldigung bat. Danach stand der neuen österreichischen Idylle nichts mehr im Weg. Bis es einen Granatenschlag tat.

Am 4. November 1988 kam das Drama »Heldenplatz« von Thomas Bernhard auf die Bretter des Burgtheaters. Der damalige Direktor, Claus Peymann, hatte es anlässlich des hundertjährigen Bestehens des ehrwürdigen Hauses in Auftrag gegeben. Die Uraufführung 1988 fiel in jenes Jahr, in dem auch zum fünfzigsten Mal des Anschlusses Österreichs ans »Hitlerreich« gedacht wurde. Damit zündeten Bernhard und Peymann den größten Theaterskandal in der österreichischen Geschichte. Als Skandalstück ist es bei stramm Konservativen heute noch verhasst. Ein empörter Mob versuchte, die Uraufführung mit Geschrei zu stören, von den Logen brüllten Rechtsausleger ihre Parolen herunter, darunter auch ein gewisser Herr Strache. Vor den Portalen des Musentempels wurde Kuhmist abgeladen, Bundespräsident Waldheim, dessen Wahl einen Anstoß zu dem Stück gegeben hatte, witterte eine »grobe Beleidigung des österreichischen Volkes«. Das Volk war jedoch keineswegs geschlossen empört. Viele Österreicher hielten diesen Schlag ins Kontor des Vergessens für eine der wichtigsten Wegmarken der neueren österreichischen Geschichte.

Ein bisschen Originalton aus dem Theaterstück:

»Der Judenhass ist die reinste, die absolut/unverfälschte Natur des Österreichers.«

»Es gibt jetzt mehr Nazis in Wien/als achtunddreißig/jetzt kommen sie wieder/aus allen Löchern heraus/die über vierzig Jahre zugestopft gewesen sind.«

»Der Bundespräsident ist ein Lügner/der Kanzler ein pfiffiger Börsenspekulant.« Der eine hieß bekanntlich Kurt Waldheim, der andere Franz Vranitzky.

In einer Hauptrolle spricht Professor Robert:

»(...) am liebsten möchte man gar nicht mehr aufwachen, in den letzten fünfzig Jahren haben die Regierenden alles zerstört, und es ist nicht mehr gutzumachen, die Architekten haben alles zerstört mit ihrem Stumpfsinn, die Intellektuellen haben alles zerstört mit ihrem Stumpfsinn, das Volk hat alles zerstört mit seinem Stumpfsinn, die Parteien und die Kirche haben alles mit ihrem Stumpfsinn zerstört, der immer ein niederträchtiger Stumpfsinn gewesen ist, und der österreichische Stumpfsinn ist ein durch und durch abstoßender (...), und in Österreich ist alles immer am schlimmsten gewesen.«

Bernhard bezeichnet sich gerne als Übertreiber. Aber muss nicht immer übertreiben, wer wirklich gehört werden will? Es ist ja auch überhaupt nicht so, dass alle Österreicher in Bernhards Mistkübel passen. Die Rede Hitlers am 15. März 1938 vom Balkon der Neuen Burg hinab auf den Heldenplatz, auf dem sich über (zweihundertfünfzigtausend) 250 000 vom »Führer« Hypnotisierte in Ekstase brüllten, das ist eine Tatsache. Zugegeben, die deutschen Nazis hatten auch jede Menge Claqueure antransportiert. Schlimm auch, dass die katholische Kirche eine fatale Rolle spielte. Kardinal Innitzer rührte fleißig die Werbetrommel für die Nazis. Die Außenstelle des Vatikans war und ist in gewissem

Grab von Thomas Bernhard und Hedwig Stavianicek

Maße heute noch eine Art Großmacht in Österreich. Das sagt der Historiker Manfred Flügge in seinem Buch *Stadt ohne Seele*, das mit Wien hart ins Gericht geht und in dem er Österreichs eigenen Weg in die Barbarei skizziert, ausgehend vom Ersten Weltkrieg, der das Riesenreich, bildlich gesprochen, auf die Größe einer Briefmarke zusammenschrumpfen ließ.

Nach dem »Anschluss 1938« ging alles sehr schnell. Bereits zwei Tage vor Hitlers umjubelter Rede mussten honorige jüdische Bürger die Gehsteige und Schaufenster von den Werbeparolen der vorherigen Schuschnigg-Regierung freischrubben. Es waren Werbesprüche für den Schuschnigg'schen Austrofaschismus, den Hitler als Konkurrenz empfand.

Unter den Erniedrigten befand sich auch der Vater von André Heller, ein wohlhabender Süßwarenfabrikant. Wie in allen Städten des »Deutschen Reichs« wurde nun auch in Wien nicht nur fleißig enteignet und geraubt, nein, Nachbarn, ehemals brave Mieter, bedienten sich schamlos in jüdischen Wohnungen, vom wertvollen Kunstwerk bis hin zu Kochtopf und Suppenschöpfer. Der Historiker Flügge schreibt: »Die frei werdenden jüdischen Wohnungen stellten eine unermessliche Bonanza an Gebrauchsgütern, Kleidung und sonstigen Werten dar.«

In dem sehr lesenswerten Buch *Tagesordnung* des Franzosen Eric Vuillard kann man nachlesen, dass es in Wien nur eine Woche nach dem »Anschluss« mehr als 1700 Selbstmorde gab: »Den Zeitungen war verboten, darüber zu berichten, damit Wien dem Ruf einer Nekropole entgehen sollte. Die Wiener Gasanstalt weigerte sich, Juden zu beliefern, weil diese das Gas vorzugsweise zum Zweck des Selbstmords nutzten und ihre Rechnungen offenließen.«

Als ich mit meinem Vater in den Sechzigerjahren durch Wien spazierte, sah ich an vielen Hauswänden Hakenkreuze und Diffamierungen gegen Juden. Die Wut gegen die Juden war vielleicht auch deshalb so groß, weil misslicherweise die Nazis nicht alle Juden umbringen konnten. Mancher Wiener bilanzierte deren Überleben womöglich als fatal. Sie empfanden es wohl als Unverschämtheit, dass da irgendwelche KZler ihre Wohnung wieder zurückhaben wollten.

All das war wunderbar unter den Teppich gekehrt worden. Und dann kam so ein Schreiberling, dieser Thomas Bernhard, daher und zeigte den Wienern obszönerweise, welch schlechtes Gedächtnis sie haben. Ich gebe es zu, ich bin seit Jahren Fan von Thomas Bernhard und vielleicht nicht ganz unparteiisch.

Der große Kenner des Wiener Wesens und der Literatur, Michael Horowitz, schreibt über ihn: »Der öffentliche Affront gelingt. Der Weg zum meistgehassten Literaten des Landes ist vorgezeichnet. Thomas Bernhard, ein Virtuose brillant formulierter Beschimpfungen, lebt für die Provokation, liebt Kontroversen, sein Zynismus ist manisch. Hasstiraden werden zu seinem Lebenselixier. Natürlich ist Bernhard Österreichs ärgster und berühmtester Nestbeschmutzer. Er ist aber auch ein seelisch leidender Mensch, der in jüngeren Jahren oft der Selbsttötung nahe ist. Die Verzweiflung und Depressivität verwandelt er mithilfe seines Schreibens in eine andere Ausdrucksform: in Hass und Wut, in Provokation und Zynismus. In seinen Werken dominieren Ekel vor dem Leben und Suizide – vielleicht schützt ihn das vor der eigenen Tat: eine lebenserhaltende Lösung, eine Art Sublimierung. Wenn es stimmt, dass – wie es Freud formuliert – jener Mensch gesund ist, der arbeiten und lieben kann, dann ist Bernhard über große Strecken seines Lebens nicht nur physisch, sondern auch psychisch krank, denn Liebe und Sexualität spielen eine äußerst untergeordnete Rolle, die Arbeit des besessenen Schriftstellers dafür eine umso größere. Er hat sich ein gewaltiges Werk abgerungen. Seine Dramen werden weltweit aufgeführt, an die neunzig Bände von und über ihn sind lieferbar – mit einer Gesamtauflage von rund vier Millionen Büchern. Mit dem Stück *Heldenplatz* löste Bernhard drei Monate vor seinem Tod den größten Theaterskandal der Zweiten Republik aus. Sehr positiv ins Gewicht fällt übrigens, dass unzählige Österreicher den Dichter und sein Theaterstück umjubelten.« Meine Meinung dazu wäre, dass der Dichter mit diesen Sätzen ein bisschen zu sehr pathologisiert wird. Aber ganz richtig ist der folgende Satz.

Noch einmal Horowitz: »Ein Patient, der bei Sigmund Freud auf der Couch lag: Es ist ein Land, über das man sich zu Tode ärgert und wo man trotzdem sterben will.«

Mit diesen Gedanken machte ich mich auf den Weg nach Grinzing, um das Grab des Literaten zu besuchen. Ich studierte den Friedhofsplan und fand die Ruhestätte dennoch nicht. Vier gelangweilte Totengräber lehnten an der Mauer der Aussegnungshalle, diese nicht größer als eine Garage. Fragen kostet nichts. Die Mannen gaben sich wortkarg und sagten, man mache damit keine Werbung, weil ständig irgendwelche Nazis das Grab verwüsten würden.

Ein halbes Jahr später versuchte ich es erneut, die Gräber von Gustav Mahler, Alma Mahler, Heimito von Doderer oder Peter Alexander waren gleich gefunden. Mit Frau Elisabeth suchte ich das Gelände nach Thomas Bernhard ab, wie ein Trüffelhund. Nach einer Stunde gaben wir auf. Wir orderten ein Taxi und ließen uns ins nahe gelegene Wirtshaus Pfarrhof chauffieren. Im Auto zog ich noch einmal den Belegungsplan des Friedhofs aus der Tasche: Bernhard liegt dort vereint mit seinem »Lebensmenschen« Hedwig Stavianicek und deren Bruder Franz.

Gasthaus Wolf

Österreich ist für deutsche Tugendmenschen eine Art surreale Vorhölle. Das meint zumindest David Schalko, der Filmregisseur, der so herzhafte Streifen wie »Braunschlag« oder den phänomenalen TV-Dreiteiler »Altes Geld« drehte. Er kommt auch auf den österreichischen Faschismus zu sprechen. Ich bin ganz seiner Ansicht, dass der Begriff Faschismus überdacht werden sollte: »Keiner schwingt mehr die Peitsche, diese wurde durch das Smartphone ersetzt.« Schalko nennt das »Erkaltung und Ablöschen. Wir leben in einer Zeit des Sauberkeitswahns, alle sollen immer makelloser und effizienter werden. Entmenschlichung, Gefrierbrand der Gefühle, und daraus entsteht Hass auf das Gute und auch das Schlechte.«

Viele trainieren Gefühle im Windkanal, vom Hirn spricht keiner, aber der Body muss perfekt sein, und möglichst nichts darf mehr an Natur erinnern, da die moderne Welt sich gerne in Plastik einwickelt. Seit Neuestem hat die Epidemie des perfekt gemanagten Darms als Geschäftsfeld unsere Krankenakte infiziert. Darüber wird geschrieben, als handle es sich in unserem Inneren um rostanfällige Eisenrohre, die ständig mit sehr teurem Body-Domestos desinfiziert werden müssen. Alle Jahre wieder wird die »kleine Hafenrundfahrt« empfohlen. Internisten mit winzigen Kameras erkunden uns vom Anus bis hoch zur tauben Nuss, dringen dort aber nicht ein, denn man findet da oft nur wenig.

Wenn ich über Gedärme schwafle, kommt mir natürlich das Gasthaus Wolf in der Großen Neugasse 20 im 4. Bezirk in den Sinn. Dieses Lokal ist der reine Styx für Vegetarier: Kutteln, Kalbshirn gebacken, geröstete Kalbsleber, Nieren mit Zwiebeln und Kartoffelpüree oder Hahnenkammragout! Alles, was der deutsche Gourmetkritiker Wolfram Siebeck einmal in seinem Buch über die »verpönte Küche« beschrieben hat, das gibt es hier. Und die Küche im Wolf kocht all das Zeugs nicht, weil es gerade wieder in Mode ist. Diese Art kulinarischer Ursuppe zierte schon immer die Speisekarte des Gasthauses und tut es noch, weil man über weithin verloren gegangenes Wissen verfügt.

Das Gasthaus wirkt erst einmal völlig schmucklos, wobei ich auch sagen könnte: Gott sei Dank, endlich mal keine Deko! Der Wirt zeigt sich nicht etwa als ein gebügelter Herr,

sondern ist eher so gekleidet wie ich. Er mag mich ad hoc, weil ich sage, er solle mir bringen, worauf er selbst Lust habe. Es gibt ja Patrons, die werden schlagartig bockig, wenn jemand die Speisekarte verlangt, anstatt sich auf Empfehlungen zu verlassen – so geschehen in einem italienischen Lokal, das ich vor drei Dekaden einmal besuchte. Hier ist beides möglich, das ausgiebige Studium der Speisekarte und das Lauschen der Empfehlungen.

Dass der Abend so richtig schön wird, liegt auch an unserem Tischgenossen, einem Professor für Iranistik. Der Mann weiß mutmaßlich über Persien mehr als die Perser selber. Seine hirnflinke Frau hat er auch mitgebracht. Meiner Angetrauten geht es genauso wie mir, wir lieben es, wenn Tischgenossen schlauer sind als wir selbst, denn das Schönste ist doch zwangloses Lernen im Gasthaus. Das Gasthaus als Universität ist sowieso völlig unterschätzt. An jenem Abend gerieten wir in ein Gequirl lustiger und wissenssatter Ausführungen, ein Hin und Her an gewählten Sätzen und lustigen Bonmots, garniert von der allseitigen Hingabe an die Küche des Gasthauses Wolf: Hahnenkämme nach toskanischem Rezept mit Polenta wurden aufgetragen. Es folgten Kalbsrahmbeuscherl mit Serviettenknödel und rosa gebratener Herzzapfen vom Rind mit Speckfisolengröstl. Den Herzzapfen nennt man in Frankreich Onglet und bei uns Flanksteak oder Kronfleisch. Speckfisolen sind grüne Bohnen mit Speck.

Essen macht bekanntlich träge, aber hier im Wolf ist es anders. Soll noch einer behaupten, dass all die Blutgerichte nicht die Unterhaltung fördern würden. Freilich, einige Flaschen »Gemischter Satz« waren ebenfalls hilfreich. Zum Abschluss wurden Marillenknödel aufgefahren. Nach deren Verzehr dachte ich einen Moment, dass der Wein mich vielleicht stabilisiert habe, er war ein wenig sauer und sozusagen als extra zugegebener Verdauungssaft hilfreicher als alles Apothekenzeugs. Jedenfalls zuckte ich nicht zusammen, als der Wirt nach den Marillenknödeln vorschlug, noch etwas hinterherzuschieben. Der Professor, in seiner Freizeit ein sehr guter Koch und notabene auch Esser, und ich, wir nickten heftig. Was dann kam, präsentierte sich als Küchenwunder auf schlichtem, weißem Teller: jeweils eine Scheibe Schweinsbraten mit etwas braunem Fleischsaft. Die Frauen machten da nicht mehr mit, aber wir beide, der Prof und ich, wurden nicht gemaßregelt oder mit Gesundheitswarnungen belästigt, sondern bewundert. Solche Frauen gibt es auch.

Der einmalige Restaurantbesuch verrät vieles, doch beim zweiten Mal, ohne Überraschungseffekt, beurteilt man gelassener und differenzierter. Aber hier war es auch beim zweiten Mal mit Kalbsbeuscherl, geröstetem Bauchspeck, Risotto mit Eierschwammerln, Schweineschnitzelchen paniert und Marillenknödeln mit Butterbrösel genauso gut wie in der ersten Euphorie.

Kleines Nachkarteln, im Schwäbischen auch Nachgaigeln genannt

Was mir in vielen Wiener Restaurants, Beisln und Cafés (z. B. im Café Sperl) ein süffisantes Grinsen ins Gesicht zeichnet, sind die Internetbeurteilungen. Über den Wolf las ich: »Wir haben uns schon lange nicht mehr so unwohl in einem Gasthaus gefühlt wie im Gasthaus Wolf.«

Für mich haben die Bewertungen bei Tripadvisor einen ziemlichen Unterhaltungswert. Im Grunde ist es immer dieselbe Leier, dass Leute einfach im falschen Lokal hocken oder dermaßen fremdeln, dass das Servicepersonal gleich richtig narrisch wird. Zugegeben, der Wiener Kellner ist oft überarbeitet, und er behandelt nicht alle Gäste gleich. Und dann gibt es auch hin und wieder den schuldenfreien Wirt, der seinen Stall sauber halten will und nicht jedem Neurotiker einen traumhaften Abend nachwirft. Wirte, die ihre Gäste nicht mit dem Lasso fangen und vor ihnen nicht kuschen müssen, weil jeden zweiten Tag die Bank anruft und sich nach den Umsätzen erkundigt. Wie sagte mir mal der wunderbare Gerhard Polt, als wir über schuldenfreie Wirte sprachen: »Der natürliche Feind des Wirts ist der Gast, und erst recht der Tourist.« Ganz klar, nicht nur der Gast, auch Wirte und Kellner haben ihre Launen, denn sie sind schließlich keine Roboter.

Beim Betreten eines Lokals machen sich viele Leute Gedanken um ihr Äußeres. Es ist überhaupt erstaunlich, wie sich alle ums Äußere kümmern. Besser wäre, man würde sich ums Innere seines Kopfes kümmern. Genau, es kommt auf den Kopf an, der zwischen den Schulten sitzt. Wenn er umherglotzt wie ein weich gekochter Kalbskopf, wird das »Eingrooven« schwierig. Und zumal in Wien wird sich der Kellner bestimmt nicht vor Ehrfurcht aufs polierte Parkett werfen.

Wenn ich ein Lokal betrete, dann zuerst einmal mit einer gewissen Zurückhaltung. Bloß, weil ich in dem Etablissement Geld ausgeben will, ist der Kellner noch lange nicht gekauft. Diese Tatsache ist nicht ganz einfach zu verdauen, wenn man aus Deutschland anreist und an die amerikanisierte Schleimerei unbeholfener, oft sehr lieber Serviermädchen gewöhnt ist. Der Wiener Kellner ist von seiner mentalen Haltung her knallhart, geübt und routiniert und gegen jedwedes Gezicke allergisch oder gleich ganz immun. Er ist der Chef, und wenn das geklärt ist, kommt die Annäherung. Also, zum ersten Mal irgendwo aufkreuzen und dann den Larry raushängen lassen, das wird nicht funktionieren. Die »Anfettung des eigenen Egos« (David Schalko) wird in Wien immer in Unstimmigkeiten enden. Was auch daran liegt, dass in Österreich – im Gegensatz zu Deutschland – Leute mittleren und gesetzteren Alters als Kellner oder Serviererin arbeiten und Service ein geachteter Beruf ist und nicht ein Terrain, auf dem der Gast seinen Frust ablassen kann.

Aber nicht, dass jetzt einer denkt, er müsse sich, um ein Wiener Gasthaus aufsuchen zu können, vorher in Indien stabilisierend therapieren. So schlimm ist es dann auch wieder nicht. Das Schöne an Wien ist, dass ich heute mit meiner Suada recht haben kann und am nächsten Tag wieder nicht.

Gutes Essen ist nie demokratisch, aber es gibt Orte der Sozialdemokratie, die man gesehen haben sollte. In Wien gibt es unzählige, den berühmtesten finden wir im 19. Bezirk.

Das rote Wien

Machen wir einen kleinen Ausflug zu einem bestimmten Gemeindebau, der sich Karl-Marx-Hof nennt. So ein Gemeindebau ist eine kleine Stadt für sich, eine Wohnanlage riesigen Ausmaßes und trotzdem keine Wohnkaserne.

Wir fahren mit der Linie U4 oder mit der Straßenbahn D nach Heiligenstadt. An der Haltestelle Gunoldstraße oder am 12.–Februar-Platz steigen wir aus. Der Name des Platzes bezieht sich auf die Bürgerkriegskämpfe in österreichischen Industrieorten vom 12. bis zum 15. Februar 1934. Der Ständestaat, von gewissen Ideen Benito Mussolinis – auch Austrofaschismus genannt – unterfüttert, stand dem Republikanischen Schutzbund, den sogenannten Linken oder Roten, gegenüber. Die hatten sich unter anderem im Karl-Marx-Hof verschanzt, der auch heftig beschossen wurde. Insgesamt waren bei diesem Bürgerkrieg mehrere Hundert Tote zu beklagen.

Vier Jahre später, mit dem »Anschluss« an das Deutsche Reich, war es gänzlich vorbei mit den Roten. Die sogenannte breite Masse zeigte sich nicht besonders demokratiefähig, sondern liebte es, jemandem hinterherzulaufen. Der Lauteste hatte fürs Erste gewonnen.

Ja, das Jahr 1938 hatte für die Österreicher so einiges zu bieten. Dem österreichischen Ständestaat, einer Art alpenlän-

Straßenbahn D

discher Anfütterungsphase für das spätere Nazi-Verbrechertum, konnte man immerhin zugutehalten, dass keine diskriminierenden Gesetze gegen Juden erlassen wurden. Das heißt nicht, dass man Juden gut leiden konnte.

Aber der Reihe nach. Alles Ungemach begann nach dem Zerbröseln der Habsburger Monarchie. Mit dem Ende des Ersten Weltkriegs strömten Tausende aus der verloren gegangenen Landmasse des ehedem riesigen Reiches in die Hauptstadt. Die Not im Allgemeinen, insbesondere die Wohnungsnot, wuchs in fast unvorstellbare Dimensionen. Darauffolgend versuchte eine Koalition des bürgerlichen Lagers mit der Arbeiterschaft und den Sozialisten weitreichende Reformen durchzusetzen – mit Erfolg. Es wurden der Achtstundentag und der bezahlte Urlaub eingeführt. In

fühlen uns in der soliden Atmosphäre, die auf jede überflüssige Deko oder sonstige stilistische Schnitzer verzichtet, ausgesprochen wohl. Gutes Essen ist uns wichtig, aber auch das Drumherum beeinflusst schließlich die Stimmung. Und wenn einem ein unpassend überladenes Ambiente schon auf den Magen schlägt, muss das Essen mehr ausgleichen, als es möglicherweise vermag. Hier trübt nichts Auge und Stimmung, sodass ich mich ganz auf die vorzügliche Erdäpfelrahmsuppe mit Schwammerln und Majoran konzentrieren kann. Es folgt eine Bio-Bauernente mit Birnen-Rotkraut und Serviettenknödeln, auch die ein Genuss.

Beim Pfarrwirt fühlen sich Madame und ich pudelwohl, vielleicht sogar wohler als die meisten echten Pudel, die hier mit Herrchen oder Frauchen an der Leine einkehren. Mein Blick schweift an wunderschönen Fenstergriffen vorbei in den blauen Himmel. Schade, dass es heute so kühl ist, das Dessert und den Kaffee, das hätten wir gerne im zauberhaften Garten zu uns genommen. Das will ein andermal erlebt werden. Jedenfalls ist das ganze Ensemble hier – Haus und das, was auf den Teller kommt – eine Reise wert, alles präsentiert sich geschmackvoll und harmonisch abgerundet.

Nun mögen Sie vielleicht sagen: Der Klink, der hat ja nie was zu kritisieren! Tatsächlich will ich nicht als notizenschreibender Kontrolleur auftreten, und tatsächlich kritisiere ich nie einen Kollegen. Es geht nicht darum, dass die eine Krähe der anderen kein Auge aushackt, es ist eine Frage des Anstands. Ich bin dankbar, dass es Leute gibt, die mich bekochen und bedienen. Manch ein Koch und manch ein Kellner kriegen das tatsächlich nicht gut gebacken. Solche Erlebnisse streiche ich aus meinem Hirn, das ich für schöne Dinge frei halten will.

Es gibt auch Restaurants, die ich trotz weitreichender Empfehlung nicht betrete. Oft sind es gerade die Kleinigkeiten, die mich abstoßen. Gastronomie ist niemals fehlerfrei,

der Teufel sitzt im Detail. Als Beispiel dient eine Dependance eines der besten vegetarischen Restaurants überhaupt, des bereits erwähnten Tian in der Himmelpfortgasse. Ein Spaziergang hinter dem modernen Museumsviertel durch die sehenswerten Gassen des Spittelbergs führte uns zufällig am Tian-Bistro vorbei. Die Blumenkästen waren nicht erst seit Wochen, sondern seit Monaten vertrocknet. Meine Ahnungen haben mich selten getrogen: Wenn schon vor dem Haus ein G'schlamp herrscht, dann wird's drinnen meist auch nicht besser. Ausnahmen mag es durchaus geben, Gründe dafür auch. Oft fehlt im Betrieb jemand mit einem Blick für das Schöne. Da kann die Küche exquisit sein, doch wenn der Gast schon abgeschreckt wird durch welkes Grünzeug im Foyer oder schlampig eingedeckte Tische, bekommt die Küche erst gar keine Chance zu punkten. Es kommt immer auf das Gesamtpaket an. Köchen, die sich nach einer Station in meinem Betrieb selbstständig machen, stelle ich daher immer die gleiche Frage: »Hast du noch eine Oma, die mitwerkelt und nach den Details guckt?«

So manch eine liegt schon auf dem Friedhof, ihre Seele ist längst aufgestiegen, und da guckt sie runter, was so alles läuft, und prüft, ob man ihrer noch gedenkt. Liegt die Oma auf einem Wiener Friedhof, ist allerdings ein Vergessen nahezu unmöglich, heißt es. Um das zu überprüfen, steuern wir den Wiener Zentralfriedhof an.

Sterben ist nirgends schöner

Das Wesen Wiens hat etwas Traumhaftes: Einerseits dünkt mir die Stadt ein wenig aus der Zeit gefallen, andererseits wartet sie mit eigenständiger Modernität auf. Da wird nicht der »Way of Life« Manhattans kopiert, sondern mit Hingabe Wiener Originalität kreiert. Was es damit auf sich hat, ist schwer zu fassen. Das typisch Wienerische, könnte man sagen, schwingt zwischen zwei extremen Polen. Da ist dieser besondere Niedergangsschmerz auf der einen und zugleich die pulsierende Lebensfreude, dieses südlich-balkaneske Laissez-faire, auf der anderen Seite. Ausgelebt werden beide Seiten formvollendet und mit Hingabe. Die Wiener sind nahezu alle Genussmenschen, und in dem Wissen, dass das Genießen nicht unendlich ist, wird jeder Tag als Geschenk genommen, denn es könnte der letzte sein, und es ist doch sehr ungewiss, was die ewigen Jagdgründe an Freuden bereithalten. Lieber das Leben so weit wie möglich feiern. Sich hienieden zu quälen oder der Selbstgeißelung hinzugeben, wie das in protestantischen Landstrichen gerne erlitten wird, das ist dem Wiener völlig unbekannt. Ganz anders jene Stuttgarterin, die einmal auf mich zuhumpelte und klagte: »Heut morgen bin i d' Trepp nunter gehagelt. S' hot wehtan. Aber s' isch

71

guet, ich hab leiden dürfen.« Vorhöllen-Aficionados gibt es genügend, aber nicht in Wien. Gewisser Größenwahn sorgt dafür, dass man sich schon diesseits im Paradies fühlt. Dass es eine Hölle geben könnte, wird in den Konjunktiv verdrängt.

Und so lebt es sich in Wien nicht nur formidabel, es stirbt sich in Wien auch ganz ausgezeichnet. Letzteres will ich genauer erforschen und wähle dafür die klassische Annäherung zum Zentralfriedhof mit der Straßenbahn Linie 71. Vom Schwarzenbergplatz knirscht diese Tram, auch »Witwenexpress« genannt, nach Simmering. Beim Tor 2 des Friedhofs steigen wir aus.

Der Friedhof zeigt sich nicht so, wie ich mir Friedhöfe wünsche. Ich liebe alte, von Moos bepelzte und von viel Efeu bedeckte Orte der letzten Ruhe. Dieser Friedhof hier ist ein Sinnbild Wiens, nämlich ganz großes Theater. Der grandiose Pomp spiegelt die Sehnsucht der Wiener nach Unsterblichkeit wider. Wobei man derartige Präsentationen aber in allen katholischen Ländern findet. Man denke nur an den »Cimitero Monumentale di Staglieno« in Genua oder den hochromantischen Friedhof in Köln, der bis ins Mittelalter zurückreicht und sich »Melaten« nennt (mein absoluter Lieblingsfriedhof), ein Ort von mystischer Kraft. Romantisch kann man den Zentralfriedhof nun nicht gerade nennen. Die Mausoleen erinnern an kleine Schlösser von gewissem traurig-trotzigem Luxus. Vielleicht ähnlich dem Opernball, bei dem es vornehmlich darum geht, möglichst glanzvoll bemerkt zu werden, auch wenn man schon halb tot ist. Im Zentralfriedhof recken ganz Tote starr den Finger, indem sie üppige Grabsteine hochragen lassen, als wollten sie dem Betrachter zurufen: »Die Feier geht weiter, wir sind zwar tot, aber immer noch da!«

Das Tor 2 wird links und rechts von zwei Jugendstilstelen flankiert, die an Zuckerhüte erinnern. Ein kleiner Lobesspruch an den Bürgermeister Lueger darf nicht fehlen. Er ließ diesen Friedhof bauen, der bei den Wienern anfangs gar nicht beliebt war. Und das lag nicht nur daran, dass dieser Zentralfriedhof in keiner Weise zentral gelegen war, sondern dereinst weit vor den Toren der Stadt. Eine Zeitung empörte sich: »Eine Stunde Fahrzeit, zwischen Schlachthäusern und Heide und Bauern, und wofür?« Nicht nur für die Trauernden war der Weg beschwerlich, auch für die Verblichenen selbst, die mit Pferdefuhrwerken angekarrt werden mussten, was zu Unmut bei den Anrainern des langen Weges führte. Wer wollte schon ständig mit dem Tod konfrontiert werden, zumal die Fuhrwerke im Winter regelmäßig verunfallten und im Schnee stecken blieben. Erst von 1918 an verschaffte die Straßenbahn Erleichterung.

Ein weiteres Ärgernis an diesem Friedhof war dessen Konfessionslosigkeit. Vor allem die Katholen konnten sich kaum einkriegen, es kam zu Protesten, die man auf wienerische Art beruhigte. Indem klammheimlich in aller Früh am Tag der Eröffnung das Areal doch noch schnell katholisch geweiht wurde.

Hinter Tor 2 öffnet sich der Blick auf eine schnurgerade Straße, an deren Ende die Karl-Borromäus-Kirche auszumachen ist. Sie erinnert aus der Ferne ein bisschen an den vatikanischen Petersdom. Allein die von hohen Bäumen gesäumte Allee, die auf die Kirche zuführt, zwingt mich zu einer gewissen Andacht. Der Namensgeber Karl Borromäus regierte im Mailand der Renaissancezeit als Kardinal. Er war zweifelsohne ein verdienter Mann, blieb jedoch in erster Linie als vehementer Protestantenverfolger, Folterknecht und Hexenverbrenner in Erinnerung. Die Fingerzeige des Herrn sind unergründlich. Historisch ist der Kardinal also eine etwas ambivalente Gestalt und trotzdem ein Heiliger, da sich der Vatikan nie irrt.

Die Kirche inmitten des Zentralfriedhofs wurde 1911

nach Entwürfen des Architekten Max Hegele fertiggestellt, der Bürgermeister Karl Lueger legte den Grundstein. Nach dessen Tod firmierte die Kirche eine Zeit lang als Karl-Lueger-Gedächtniskirche, wovon man heute immerhin ein klein wenig Abstand nimmt. Galt der Bürgermeister, wie bereits erwähnt, doch als einer jener Wegbereiter, von denen sich der junge Hitler das politische Handwerk abgeschaut hat. Der braune Braunauer sah in dem Wiener Bürgermeister einen der »gewaltigsten deutschen Bürgermeister aller Zeiten«, kein Wunder, hatte der doch verkündet: »Ja, wissen S', der Antisemitismus is a sehr gutes Agitationsmittel, um in der Politik hinaufzukommen.«

Heute, orakelte der österreichische Dramatiker Peter Turrini, »hängt der Erfolg, nicht nur der österreichischen Politiker, fast ausschließlich von ihrem Schauspieltalent ab. Da jeder Wiener mehr oder weniger ein begabter Schauspieler ist, werden sich nur die standfestesten Mimen nach oben arbeiten können.« Irgendwann werde »die Theatralisierung Österreichs vollendet sein«. Da kommt mir Thomas Bernhard in den Sinn, der konstatierte: »Die Mentalität der Österreicher ist wie ein Punschkrapfen, außen rot, innen braun und immer ein bisschen betrunken.«

Es fängt zu regnen an, was mich eigentlich nicht wundert. Das Wetter passt zur Totenstadt mit ihren 330 000 Gräbern. Meine Güte, wenn die mal alle auferstehen sollten … So gesehen ist es tröstlich, wenn ich für mich bekenne, dass es gar nicht erfreulich wäre, wiederaufzuerstehen, um dann wiederum von den gleichen Langweilern umgeben zu sein. Zum Glück habe ich vom Hotel einen Schirm mitgenommen. Niemals laufe ich mit einem Schirm spazieren. Es gibt aber Ausnahmen, denn ein Friedhofsbesuch ohne Schirm wäre wie ein Opernbesuch in Hausschuhen. Einen sonnigen Friedhofsbesuch habe ich noch nie erlebt. Solcherlei Lokalitäten zwingen gerne unter ein Dach, und sei es nur eine Regenfolie. Ob so ein Schirm auch Schutz vor den Blitzen der Dreifaltigkeit bietet? Nicht, dass ich abergläubisch wäre, aber man kann ja nie wissen …

Sicher bedacht schlendern wir durch das riesige Areal. In der Hauptsache finden wir katholische Gräber, doch das vergangene Habsburger Reich erfreute sich in umfangreichem Maße der Globalisierung. Eine protestantische Abteilung wird bereitgehalten, und darüber hinaus ist für viele andere Religionen gesorgt. Ein alter und ein neuer jüdischer Friedhof sind zu besichtigen, orthodoxe Grabstätten finden sich in verschiedenen Segmenten: Russisch-orthodox, bulgarisch-orthodox, rumänisch-orthodox, griechisch-orthodox, serbisch-orthodox, und auch koptische Gräber sind zu finden. Ein alter und ein neuer islamischer Friedhof gehören ebenfalls dazu, da kann man schnell die Übersicht verlieren, denn sogar eine mormonische Abteilung wartet auf Besucher.

Bevor es ins Friedhofsmuseum geht, suche ich noch die Gräber von Beethoven und Schubert auf. Die Liste der verstorbenen Berühmtheiten, denen ein Ehrengrab zuteilwurde, ist so lang, dass ich an dieser Stelle erst gar nicht mit einer Aufzählung beginne. Dass sich hier so viel Prominenz tummelt, hat auch mit dem einst schlechten Ruf des Ortes zu tun. Um das Image aufzupolieren, beschloss der Gemeinderat 1881 die Errichtung einer Ehrengräberanlage. Andernorts wurde fleißig ausgescharrt, die Gebeine etwa der beiden oben Genannten hierhergebracht und erneut im Boden versenkt. Auch Brahms, diverse Straußens und Gluck liegen hier, um nur einige weitere Vertreter der klassischen Musik zu nennen.

Aber lassen wir das und begeben uns ins Bestattungsmuseum. Vom Tor 2 kommend geht es rechts ums Eck, und dann sieht man es schon, das schmucke Bauwerk aus der Zeit des Fin de Siècle. Es ist nicht groß, gerade mal 300 Meter im Quadrat. Ungefähr dreißig Stationen, nach Themen sortiert, zeigen beispielsweise Sargverzierungen, beschäftigen sich mit Trauermusik und so weiter.

Über das besondere Verhältnis der Wienerinnen und Wiener zum Tod ist schon vieles gesagt worden. »Die schöne Leich‹« ist nicht nur ein aufwendiges Spektakel, sie ist auch Ausdruck einer Lebenshaltung. Das lese ich in einer Schrift des Bestattungsmuseums. Der Tod ist unvermeidlich – also feiern wir ihn. Im Museum erfahre ich alles, was zu einer »schönen Leich‹« gehört, und das ist nicht wenig, bis hin zum alles entscheidenden Leichenschmaus. Mir sticht eine kleine Lego-Landschaft ins Auge. Zu sehen gibt es nicht nur eine Trauergesellschaft, sondern auch einen Lego-Fourgon, einen Sargtransportwagen, hier noch von Pferden gezogen. Der Ausdruck Fourgon ist in Wien auch heute im Bestatterjargon für Leichenautos gebräuchlich. Welch ein zukunftsweisendes Kinderspielzeug. Hut ab! So etwas kann sich nur der Zentralfriedhof in Wien leisten.

Kinder haben ja bekanntlich keine Berührungsängste. Die kleine Installation erinnert mich an meine Kindheit, als wir noch »Verreckerles« spielten und uns beim kollektiven Sterben vor Lachen die noch nicht vorhandenen Bäuche hielten. Eine Friedhofsangestellte erklärt mir, dass Kinder bei Sterbefällen meist nicht aufgeklärt würden und allenfalls irgendwelches Gestammel der Erwachsenen zu hören bekämen. Die Kinder wüssten aber genau, dass etwas nicht stimmt. Selbst anerkannte Psychologen würden diesen besonderen Lego-Spielzeugsatz, zu dem auch ein Krematorium gehört, für sehr förderlich halten, um den Kindern den Tod begreiflicher zu machen und sie nicht unwissend und verunsichert zurückzulassen.

Mit diesen Erkenntnissen ausgestattet, verlassen wir das Museum und begeben uns Richtung Ausgang. Als wir wieder durch Tor 2 schreiten, um zur Tram zu gehen, ruft mir ein Devotionalientandler zu: »Lieber mit dem Kopf aufrecht

Zentralfriedhof

hinaus als mit den Füßen voraus hinein. Ma muaß net überall dabei g'wesen sein!«

Recht hat er, der Mann, der hier feinsten Wiener Schmäh zum Besten gibt. Der Wiener Schmäh ist für Zugezogene oder sonstige Besucher der Stadt hin und wieder etwas gewöhnungsbedürftig. Der Wiener Humor, der darin zum Ausdruck kommt, ist manchmal auf eine Art witzig, dass einem das Lachen im Halse stecken bleibt. Schmäh kann dunkel grollen, ist meist augenzwinkernd-selbstironisch, teils makaber, dann wieder fein und im nächsten Moment hammergrob. Mit dem Schmäh werden ernste Angelegenheiten wie der Tod mit mehr oder minder subtilem Witz entschärft. Schelmische Morbidität gehört zum Alltag.

Ein sehr witziges Buch nennt sich übrigens *Der Tod muss ein Wiener sein*. Die Wiener geben auch gerne zu, dass der Unterschied zwischen Nationaltracht und Niedertracht gering sei. Sie bezichtigen sich oft selbst, aber man darf um Gottes willen so gut wie nichts allzu ernst nehmen. Fast alles ist Schmäh, auch dieser »Mörderwitz«: Der Dichter Peter Altenberg frühstückte nahezu den ganzen Tag im Café Central, weil dort fast alle Zeitungen der Welt auslagen. Für das Lesen von Todesanzeigen war ihm jedoch sein Hirn zu schad, weshalb er seinen Lieblingskellner fragte: »Sagen S', wer is denn gestern g'storben?« Der Kellner, ganz Diplomat, konterte mit einem guten Schmäh: »Mir ist jeder recht!«

Zu den Weltmeistern des Schmähs dürften die Pferdetreiber, die Fiaker, gehören. Nirgends in der Stadt kann man originalere Typen kennenlernen. Die Annäherung an die Urgesteine im Esterhazyanzug ist allerdings wie der Ritt auf einer Säge. Wer nur labern will, trifft auf mürrisches Gebrumme, wer sich nach dem Tierschutz erkundigt, nimmt besser gleich Reißaus. Ist man aber mit ihnen handelseinig, sind's wahre Charmeure.

Fiaker und Spanische Hofreitschule

Toll trieben es die alten Habsburger, sogar der selige Kaiser Franz Joseph. Vor der Schratt, über die Dame hatten wir ja bereits besprochen, pflegte er jahrelang ein Verhältnis mit Anna Nahowski. Mindestens eines ihrer fünf Kinder soll aus dieser kaiserlichen Beziehung stammen. Das Mädel bekam den Namen Helene und heiratete mit 26 Jahren den Komponisten Alban Berg. Ob das Kind bei einer »Porzellanfuhr« oder in einem Separee gezeugt wurde – nichts Genaues weiß man nicht.

Wohl aber weiß man: Raunte ein Kavalier dem Fiaker das Zauberwort »Porzellanfuhr« zu, dann wusste der, dass er besonders vorsichtig zu fahren hatte, grad so, als würde er Porzellan transportieren, damit es die Herrschaften innendrin recht bequem hatten.

Kommt die Rede auf die Fiaker, sind Tierschützer ständig am Lamentieren. Wer an heißen Sommertagen die gramgebeugten Pferdeviecher herumstehen sieht, den kann wirklich das Mitleid packen, da bin ich, der pragmatische Tierarztsohn, keine Ausnahme. Es geht aber nicht nur um Tiere, sondern auch um immerhin über 400 Arbeitsplätze. Elisabeth ist der Ansicht, dass die Kutschiererei völlig abgeschafft

Fiaker

werden sollte. Madame steht damit keineswegs alleine da. Doch was den Venezianern die Gondel, das ist den Wienern der Fiaker, was ich rundweg gut verstehen kann. Wollte man die Kutschen abschaffen, wäre das gewiss konsequent, noch weiterführender wäre es dann aber, auch die Touristen abzuschaffen, die sind aber eine der wichtigsten Einnahmequellen der Stadt.

Deshalb haben sich die Fiaker bisher ziemlich resistent gegeben, auch wenn der Druck der Tierschützer in den letzten Jahren sehr zugenommen hat. Was immerhin zur Folge hatte, dass sich beim Kutschenwesen manches zum Besseren gewendet hat. Ab einer Außentemperatur von 35 Grad bekommen die Tiere hitzefrei, sie tragen jetzt stoßdämpfende Luwex-Hufeinlagen, und die Initiative »Pro-Fiaker-Kultur«

will ein Gütesiegel einführen für jene Fiaker, die ihre Mähren besonders gut halten.

Als mir die Füße einmal besonders wehtaten, redete ich auf Elisabeth ein, dass die Fiaker den Pferden ja nur dann Gutes tun könnten, wenn man sie auch Geld verdienen ließe. Man sah ihr das Grübeln schon von Weitem an: »Soll man diese Tierquäler wirklich unterstützen? Und dann auch noch mit 80 Euro für vierzig Minuten?« Die Eheleute einigten sich schließlich auf 40 Euro für zwanzig Minuten.

Wir saßen noch nicht richtig auf dem Samtbezug der offenen Kutsche, als der Wirbel losging. Zwei Pferde waren eingespannt, und eines davon wieherte wütend, stieg alsdann hoch, als wähnte es sich beim Rodeo. Die Kutsche wackelte beträchtlich, der Kutscher sprang vom Bock und griff dem randalierenden Gaul in die Trense, zerrte und zwang den Kopf des Pferdes nach unten. Irgendwie ist mein Lebensdrama, dass meine Frau bei Disputen am Ende doch immer recht hat. Das Pferd beruhigte sich, der Kutscher stieg wieder auf seinen Bock, drehte sich zu uns um und erklärte, dass dieses junge Pferd heute zum ersten Mal unter Stadtverkehrsbedingungen eingesetzt werde. Ich meinte, dass es vielleicht auch einen Hitzschlag haben könnte, denn das Gestein der alten Gemäuer rund um den Stephansdom glühe regelrecht. Überhaupt, warum gebe es denn hier keine Sonnenschutzplanen über den Standplätzen, wo doch selbst viele Autos vom »besorgten Herrle« einen Carport spendiert bekämen. Der Kutscher antwortete: »Da ham S' irgendwie recht, aber Zelte oder Planen, dös hat die Stadt verboten, dös tät blöd aussehen hier am Stephansdom. Jetzt tun wir sie halt die ganze Zeit mit dem Wasserschlauch abspritzen, dös ham s' gern, die Rösser!«

Keine fünf Meter entfernt, an die Mauer des Dom angelehnt, findet sich eine Art Favela-Verschlag, mit Werbetafeln bepflastert. Daran hat man sich offensichtlich gewöhnt. Und so ging's hin und her, bis Frau Elisabeth dem Fiaker zurief, nun sei es genug. Sie gab ihm das volle Honorar und bat ihn, sich doch den Wiener Rathausgrünen anzuschließen und bereits bei 30 Grad die Pferde auszuspannen. Man sah dem Kutscher an, dass er die Schnauze voll hatte von deutschen Gutmenschen und sich am Riemen reißen musste, um nicht loszupoltern.

So kritisch Frau Elisabeth der Freiluftschinderei gegenübersteht, ein anderes Spektakel, das aus gutem Grund zu Österreichs nationalen Heiligtümern zählt, wollte sie sich dann doch nicht entgehen lassen. Und so war eines Tages die berühmte Hofreitschule dran. Vormittags werden keine Dressurshows geboten, man kann nur dem Morgentraining beiwohnen. Deshalb hatten wir eine Führung um 16 Uhr gebucht und die Tickets schon am Vortag besorgt.

Wir durchschritten den Hof und gelangten auf der linken Seite zunächst in den Raum mit dem polierten Zaumzeug. Der Cicerone in Uniform kam aus dem Schwärmen gar nicht heraus, erklärte alles zu den Sätteln, dem geschmiedeten Messingzeug, wie es poliert wird und welche Bedeutung gewisse Wappen haben. Und die waren zahlreich, denn in dieser Institution wird seit 1565 die klassische Reitkunst gelehrt. Wir erfuhren alles über die ehrwürdigen Gebäude und über das menschliche und animalische Personal. Die Lipizzaner, als junge Pferde recht dunkel, fast schwarz, werden erst mit den Jahren so strahlend hell. Die Rasse stammt von der Iberischen Halbinsel. Vielleicht erinnert man sich an Tizians Gemälde von 1548, das den Kaisers Karl V. von Spanien zeigt. Ungefähr fünfzig Jahre zuvor hatte die Habsburgerin Margarethe den Fürsten Juan von Asturien geheiratet. So war Spanien für 200 Jahre unter die Habsburgische Fuchtel geraten, und so kam man in Wien an die wertvolle Pferderasse.

Eingang Hofburg

Ursprünglich diente sie als effizientes Kriegsgerät. Nur die wenigsten Rassen haben beispielsweise die Kraft zu einer Kapriole. Das Pferd springt dabei hoch und schlägt mit allen vier Hufen aus. Das diente in der Schlacht dazu, um sich im Gewühl Platz zu verschaffen und die Feinde beiseitezuschleudern. Heute ist diese »Figur« die Krönung allen Dressurkönnens. Natürlich strengt das die Pferde sehr an, aber ich glaube, die Tiere spüren den Beifall, genießen das Lob des Reiters, wenn sie ihr Erlerntes unter dem Jubel des Publikums zeigen können.

1580 gründete Erzherzog Karl das Gestüt Lipizza, das nicht weit von Triest, im heutigen Slowenien, liegt. Das Ende des Ersten Weltkriegs beendete so manches, vornehmlich auch die Regierungszeit der Habsburger. Die Gestüte fielen quasi als Konkursmasse an den Staat, und den Pferden drohte die Schlachtung. Bis man sich schließlich entschloss, die Tiere nicht zu verwursten, sondern für öffentliche Vorführungen in der Hofburg weiterzuschulen.

Unumstritten ist das bis heute nicht. Die Zeitschrift *Falter* titelte einmal: »Weiße Pferde, dunkle Zeiten« und wollte damit die galoppierende Kommerzialisierung dieses Vatikans der Reitkunst in den Senkel stellen. Man rede ja immer vom »besten Freund« des Menschen, könne aber auch von Versklavung sprechen. Der »Trouble« um die Hofreitschule begann 2001, als man die Institution privatisierte. Doch die wenigsten Gestüte arbeiten mit Gewinn, und seitdem wurden einige Millionen Schulden angehäuft. Die Tiere müssen immer mehr Einnahmen erwirtschaften, und nun steht wieder zur Diskussion, ob der Staat dieses geradezu staatstragende Spektakel nicht wieder zu subventionieren habe.

Beim Thema Mehrarbeit der Rösser wurde Frau Elisabeth hellhörig. Um sie zu beschwichtigen, erklärte uns der Führer beim Rundgang, dass die Pferde immer wieder zum Urlaub ins Bundesgestüt Piber in der Steiermark verfrachtet würden. Der Cicerone bekam langsam einen roten Kopf, weil Elisabeth nicht lockerließ. Ob man denn die Pferde den Rest des Tages in die engen Boxen sperren müsse? Warum man im Stadtpark nicht ein Freizeitareal für die Tiere abstecken könnte, und so weiter. Da witterte der Führer wieder etwas Morgenluft. Wir erfuhren, dass die Rösser im Burggarten vormittags bis 10 Uhr spazieren geritten würden. Ich konnte das bisher nicht selbst beobachten, aber es wird schon so sein. Man könnte natürlich auch ein größeres Geviert einzäunen und mit Sand befüllen, sodass die Pferde ohne den Reiter herumhüpfen könnten. Na ja, unser Führer, der arme Tropf, wirkte beim Abschied sehr erleichtert, was nicht nur am Trinkgeld gelegen haben dürfte.

Ich wackle meiner Frau hinterher, mich zwiespältigen Gedanken hingebend. Den Pferden geht es offensichtlich gut, sonst könnten sie auch nicht diese Höchstleistung erbringen. Wenn ich mir vor Augen halte, wie ich als Koch schon habe schuften müssen, dann ist es eigentlich wenig verfehlt, wenn ein Pferd auch arbeitet. Meine Frau würde jetzt gleich dazwischengrätschen und rufen: »Das Pferd hat keine andre Wahl!« Ehrlich gesagt, ich habe eigentlich auch keine andere Wahl. Ganz klar, artgerecht muss es zugehen, wenigstens die meiste Zeit, das gilt auch für meinereiner, der ich auch nicht immer artgerecht gehalten werde. Oder sind wir Deutsche hysterisch? Das möchte ich pauschal nicht verneinen. Ich kann mir auch gut vorstellen, dass ein Pferd, ein sogenanntes Fluchttier, gerne durch die Gegend saust. In der Wiener Innenstadt ist das nicht möglich, aber das tägliche Training ist den Tieren auf alle Fälle förderlich und hält sie gesund. Letzteres sieht man den Tieren schon von Weitem an. Doch nach wie vor bin ich im Zwiespalt, das Paradies ist nicht auf Erden, auch für Pferde nicht.

Nach dem Essen liebe ich es, im Sessel zu sitzen, einen Marillenschnaps über die Zunge laufen zu lassen und im Fernsehen die weißen Pferde zu bewundern. Eine ganze Abendveranstaltung konnte ich leibhaftig noch nie genießen, denn die Abende sind ausschließlich dem Dinieren reserviert. Irgendwie blöd eingefahren, aber ein geordnetes Leben hat auch etwas für sich.

In den Bewegungen der Pferde kann ich schwelgen. Die Pferde tanzen weitaus eleganter als jedes Ballett. Das ist natürlich meine ganz subjektive Illusion, die vielleicht ohne Marillenschnaps nicht funktionieren würde. Spielt dann aber noch Wiener Musik dazu, bleibt es sicherlich nicht bei einem einzigen Marillenbrand. Wien ist erfüllt von Musik, daran erfreuen sich nicht nur die Lipizzaner.

Wien, die Welthauptstadt der Musik

Das ist keine Behauptung von mir, sondern darin sind sich alle Musikfreunde einig. Und man kann sich auch davon überzeugen. Ich kenne Wiener, die mindestens einmal in der Woche ins Konzert, in die Oper oder auch ins Theater gehen. Über den Stellenwert von Musik in dieser Stadt wurde auch schon viel geschrieben – das Zeitalter der Wiener Klassik, der Moderne und Arnold Schönberg sind legendär –, daher verbiete ich es mir, zu den Bergen an musikalischem Schriftgut noch etwas hinzuzufügen. Zwei Zutaten der Wiener Musik möchte ich aber doch anführen, oder besser, ins rechte Licht setzen:

Schrammelmusik

Es könnte sein, dass der Nichtwiener Schrammelmusik mit »Geschrammel«, mit Schunkelmusik oder gar mit Schrumm-Schrumm-Gitarrenklängen verwechselt. Alles nicht so schlimm, solange man seine Unkenntnis für sich behält und nicht, womöglich in einem Beisl, laut darüber nachdenkt und der Nebentisch die falsche Einschätzung mitkriegt. Wenn doch, wäre es besser, man nähme Reißaus, denn man hat sich soeben um Kopf und Kragen geredet, Ungemach droht. Denn das Wienerlied, das mit der Schrammelmusik einhergeht, ist zumindest für die Wiener Weltkulturerbe.

Begründet wurde diese ganz besondere Wiener Volksmusik von einem gewissen Kaspar Schrammel, der 1811 in Litschau, der nördlichsten Stadt Österreichs, an der Grenze zu Tschechien, geboren wurde. In der Mitte seines Lebens zog der gelernte Weber mit seinen Söhnen nach Wien. Man musizierte gemeinsam in Gasthäusern, auf Hochzeiten, immer in fröhlicher Atmosphäre, also nicht auf Beerdigungen. Die exzellenten Musiker aus Litschau schufen sich einen sehr guten Ruf, und was die Stadt angeht, hat sich der bis heute gehalten. Litschau gilt als die Schrammelstadt, und jedes Jahr gibt es dort, am schönen Herrensee, der durchaus einen Besuch wert wäre, ein Festival, das auch das »Woodstock des Wienerlieds« genannt wird.

Zwei Geigen, eine Kontra-Gitarre und eine Klarinette in »G-Stimmung«, auch »picksüßes Hölzl« genannt, gehörten ursprünglich zur Grundausstattung. Später tauschten die Gebrüder Schrammel, beides Violinisten, die Klarinette gegen eine Altwiener Knopfharmonika aus. Insgesamt schufen sie über 200 Lieder. Die Kapelle der Schrammelbrüder erreichte so hohe Virtuosität, dass sich sogar Johannes Brahms dafür begeisterte. Trotzdem verstanden sich diese Artisten als Volksmusiker im Wortsinn. Der Name Schrammel wurde für diese Instrumentalbesetzung zum Signet für das Wienerlied bis heute. Ende des 19. Jahrhunderts gesellten sich auch Sänger dazu, was die Beliebtheit nur steigerte. Schließlich war dieser Musikstil in erster Linie einer zum Zuhören, nicht zum Tanzen.

Doch nach dem Zweiten Weltkrieg ebbte das Interesse daran ab, erst in den Siebzigerjahren erlebte die Schrammelmusik eine Wiedergeburt, als sich nachdenkliche Musiker daranmachten, das teilweise stumpfsinnige Liedgut wieder zu reanimieren. In den Achtzigerjahren ging es dann richtig los. Das Wienerlied, zur Heurigen- und Kneipen-Musi verkommen, stieß bei ernsthaften Instrumentalisten, Sängerinnen und Sängern auf großes Interesse. Bis heute hat sich das Niveau kontinuierlich gesteigert, und man kann bei Heurigen-Konzerten durchaus in Begeisterung geraten. Das hat nichts mehr gemein mit jenen Zeiten, da das Wienerlied eine Art Hans-Moser-Gaudi war, die – zumindest für mich – nicht unter einer Flasche Veltliner auszuhalten war. Eine pure Rebensaft-Gaudi eben.

Meine Einstellung dazu änderte sich, als ich einen Mann erlebte, der dieser Musik nebst dem mittlerweile dazugehörigen Gesang auf ganz neue Sprünge verhalf. Es war ein Konzert bei den Ludwigsburger Festspielen, einem Festival musikalischer Besonderheiten auf höchstem künstlerischem Niveau. Nach dem Konzert von »Roland Neuwirth und seinen Extremschrammeln« war ich mit meiner Frau zur Nachfeier mit dem Künstler eingeladen. Er überreichte uns sein Buch *Das Wienerlied*, in dem nicht nur dessen Geschichte und Wesen genau erklärt werden, sondern das auch reichlich Noten zum Nachspielen enthält. Roland Neuwirth, ein wenig kauzig, immer mit scharfer Aufmerksamkeit und geistiger Geradlinigkeit, fand auf Anhieb meine Bewunderung. Er hat eine Frisur, eine graue Haarpracht, die an Kaiser Franz Joseph erinnern könnte, wäre der Kaiser für zwei Jahre seines Barbiers verlustig gegangen. Der Abend mit exquisiten Weinen im Gasthaus Sonne in Ludwigsburg geriet für mich zu einem Freudenfest, und von diesen Stunden an darf ich mich Neuwirth-Fan nennen.

Meine Bewunderung macht aber auch vor seinen Mitmusikern nicht halt: Doris Windhager bewegt sich mit ihrer Stimme im Sopran, während der Chef die tiefe Lage singt. Die

Violinen sind mit Manfred Kammerhofer und Bernie Mallinger besetzt, und auf der Wiener Knöpflharmonika brilliert der phänomenale Marko Zivadinovic. Neben dem Wienerischen beziehen die »Extremschrammeln« moderne Harmonien ein, auch Elemente des Blues und des Jazz sind in ihre Musizierweise eingeflochten. Roland Neuwirth hat in seinen Kompositionen auch textliche Inhalte frisch belüftet und so dem Wienerlied zu neuer, zeitgerechter Qualität verholfen.

Mit 66 Jahren beendete er 2016 seine Bühnenauftritte. Man raunte von Krankheit, aber dem ist nicht so. Er will sein Leben nachdenklicher gestalten, nicht von Gig zu Gig eilen, mehr komponieren und sich stärker wissenschaftlich mit der Wiener Volksmusik beschäftigen: »Mich ganz aus der Musik zurückzuziehen ist unvorstellbar, aber mit den ›Extremschrammeln‹ höre ich auf. Ich werde weiterhin komponieren. Eine Schrammeloperette hab ich schon einmal verbrochen, die in Litschau sehr erfolgreich aufgeführt wurde. Mir läge daran, die Operette zu revolutionieren. Zeitkritisch soll sie sein, im Sinne von Jacques Offenbach«, sagte er.

Die Abstinenz hielt aber nicht sehr lange, 19 Monate und vier Tage später bestieg der »Frührentner« erneut die Bühne. Jetzt ist er immer mal wieder unterwegs, und zwar mit dem berühmten und außergewöhnlichen »Radio String Quartet Vienna«. Roland Neuwirth: »Wenn sich ein so großartiges Ensemble wie das ›Radio String Quartet‹ plötzlich mit meinen Liedern beschäftigt, entsteht eine neue Dimension. Die Geiger Bernie Mallinger und Igmar Jenner spielten lange Zeit bei den ›Extremschrammeln‹. Sie bilden mit den meisterhaften, noch dazu bildhübschen Damen Cynthia Liao (Viola) und Sophie Abraham (Cello) ein überaus virtuos groovendes Streichquartett. Wen reißt solch eine Präsenz nicht aus der Lethargie? Also werden Sie mich sicher verstehen: Ich bin süchtig, ich singe wieder.« So weit der Ausnahmemusiker Neuwirth.

Ich könnte die nächsten hundert Seiten damit füllen, noch weitere Schrammelweltmeiser aufzuzählen. Denn nach wie vor gibt es nicht nur in den Weinbergen hervorragende Musik und Interpreten, gleichwohl ist das Genre längst in honorige Konzertsäle vorgedrungen. Es existieren in Wien ungefähr dreißig Schrammelquartette, die alle sehr gut sind, außerdem wären da noch noble Formationen wie »Philharmonia Schrammeln«, »Symphonia Schrammeln«, »Neue Wiener Concert Schrammeln«, »Wiener Art Schrammeln«, »Malat Schrammeln«, »Thalia-Quartett« und viele mehr zu nennen.

Was das Wienerlied betrifft, so muss ich meinen Lesern noch einen Namen ins Hirn brennen: Agnes Palmisano. Die Dame singt den Dudler, so nennen die Wiener das Jodeln, also den Wechsel von Kopf- und Bruststimme. Der Name Palmisano klingt nicht nach einer Wiener Melange, kein Wunder, ihre Vorfahren kamen von Apulien ins habsburgische Reich. Der Urgroßvater fand 1906 Arbeit beim Bau der Karawankenbahn. Nachfahrin Agnes hat sich von der kunstvollen Dudlerin zu einer Virtuosin des Kunstlieds entwickelt und bekleidet auch einen Lehrstuhl am Wiener Konservatorium. Die studierte Sängerin und Mutter von zwei Kindern ist mit dem bekannten Weingut Hengl-Haselbrunner in Döbling verbandelt, genauer gesagt, sie ist mit dem verantwortlichen Winzer verheiratet. Sie singt ab und an im Weingut zum Heurigen, dabei aber nie weinselig, sondern auf konzertantem Niveau. Auf der Homepage des Weinguts kann man erfahren, wann sie die Heurigengäste beglückt.

Palmisano ist auch mit dem ausgezeichneten Pianisten Paul Gulda unterwegs, der es nicht verdient hat, dass man seinen Papa Friedrich erwähnt, um ihn aufzuwerten. Mit ihrem eigenen Trio, mit Knöpflharmonika und Kontra-Gitarre, gibt Agnes Palmisano feine Kammermusik zum Besten. Darüber hinaus tritt sie mit den »Österreichischen Salonisten«, einer größeren Formation, auf. Dann wird gejidelt und gejodelt, und auch die Klenzmermusik wird tangiert. Ach ja, Jodel-Workshops gibt sie auch noch und unterrichtet musizierende Kinder.

Zawinul, mehr sog i ned

Wien, die Stadt der Musik, hat aber nicht nur ganz eigene Klänge hervorgebracht, irgendwann kam auch der Jazz in die Stadt, man konnte ihn beispielsweise in der Wiener Weihburg-Bar hören. Nach dem Zweiten Weltkrieg ging es dann richtig los. Aber Wien wäre nicht Wien, wenn es nicht auch aus dem Jazz etwas Eigenes gemacht hätte. Und da muss man sich einen Namen wirklich merken: Josef Erich Zawinul.

Zur Einstimmung nun sein »Erdäpfelblues«, den man sich auf YouTube anhören kann. Dem musikalischen Kosmos dieses Künstlers kann ich mit den folgenden Zeilen natürlich überhaupt nicht gerecht werden. Nennen wir es einen Versuch.

I brauch Erdäpfeen, jo de brauch i
i steh auf Erdäpfeen, jo de moog i
Broodane Erdäpfen, größte Erdäpfeen
Erdäpfeen mit Butta oder an Liptauer

I bin mit Erdäpfeen aufgwochsen
Groos und schtoak wun
Mia haum fü Erdäpfeen gessn
wia da Fata und de Mama no do woan

Owa jetzts sans gsturm und leida
miaß ma ohne eana weidaduan
weida – Erdäpfeen essn.

I brauch Erdäpfeen, jo de brauch i
i steh auf Erdäpfeen, jo de moog i
Julipeerle, Kipflaa san olle guat
Eibreende Erdäpfeen, oan Erdäpfee-Schmoan
A Erdäpfee-Suppn, had ma no nie an Magn faduam
Eräpfeen, Erdäpfeen
I schau aus wira Erdäpfee
von Kopf zu fuaß
des is o. k.
solang i ma need de Erdäpfeen
von unt anschaun muaß.

Hört man sich dieses Stück an, so spürt man nach der ersten Note, worum es Joe Zawinul in erster Linie geht: «Wend kaan guaten Sound host, kannst scheiss'n gehn.« Das hat er gesagt, der Josef Erich Zawinul, und so soll es sein.

In Wien leben möglicherweise weniger als ein Promille Personen, die sich für Jazz interessieren. Deshalb dürfte der Name Zawinul den meisten nicht bekannt sein. Zumal viele Klassikfans glauben, dass im Jazz ein melodisches Durcheinander herrsche, nur weil sie andere Hörgewohnheiten haben. Das ist ganz und gar nicht der Fall. Beide, die Klassik und der moderne Jazz, sind sehr schwierige Künste, die sich gegenseitig in nichts nachstehen. Es ist niemals objektiv, wenn man behauptet, dieser Musiker oder jene Geigerin sei die Beste der Welt. Das ist genauso, als behaupte man, Alain Ducasse sei der beste Koch der Welt oder Stuttgart vielleicht sogar der Nabel derselben. Manchmal gilt aber doch der Imperativ: Der Zawinul ist der bedeutendste europäische Jazzmusiker überhaupt!

Es ging aber in der Stadt, wie bereits erwähnt, schon vor Zawinul stramm auf den Off-Beat zu, also auf eine Taktbetonung, die sich nicht, wie in der Klassik, an der Eins orientiert, sondern an der Zwei. Das Feeling verschieb sich dadurch etwas in Richtung Afrika. Einen ersten Eindruck davon bekam das Publikum 1921, als das Wiener Konzerthaus erste Jazzauftritte mit »Teddy Sinclair & The Savoy Orpheans« im Programm hatte. Und im Johann-Strauss-Theater tanzte später Josephine Baker. Den nationalistisch-konservativen Kreisen ging buchstäblich der Hut hoch. Die *Deutsch-Österreichische Tageszeitung* vom 3. Februar 1928 verstieg sich in rassistischem Hass: »Die Staatsoper züchtet entartete Negertänze. Das Negerweib verhöhnt das deutsche Wien.« Zwangsläufig geriet der Jazzliebhaber bei solchen Zeilen zum Gegner des Nationalismus. Zu diesen gehörte beispielsweise der später international anerkannte Saxofonist Hans Koller, Jahrgang 1921, der es immerhin zum Sideman von Dizzy Gillespie brachte. Die Jazzszene in Wien erblühte dank Musikern wie Fatty George, Hans Salomon, Carl Drewo, und auch Friedrich Gulda half mit, dass die Stadt sich etwas aus dem Walzer-Drehschwindel herauswinden konnte. Und natürlich Joe Zawinul.

Josef Zawinul wuchs in Erdberg im 3. Gemeindebezirk als Sohn eines Arbeiters auf. Der Vater, Schlosser im örtlichen Gaswerk, stieg in seiner Freizeit gerne in den Boxring, eine Leidenschaft, die sich später auch auf den Sohn übertrug. Vaters andere Freizeitbeschäftigung, das Mundharmonikaspiel, führte dazu, dass der Sohn bereits mit sechs Jahren ein Akkordeon bediente. Die musikalische Begabung geht aber sicher auf die Mutter zurück, die sich in der Freizeit als Sängerin auf die Bühne stellte, gut Klavier spielte und obendrein über das absolute Gehör verfügte. Die Familie väterlicherseits stammte aus Südmähren, einem Zipfel Tschechiens, der heute an die Slowakei grenzt. Die Mutter war eine ungarische Sintiza, was den späteren Joe dazu veranlasste, sich als »Mischwesen« zu bekennen.

Der Bub durfte aufs nahe gelegene Gymnasium in der Hagenmüllerstraße. Der erste Schultag ließ bereits Besonderes erahnen. Auf dem Weg dorthin fragte Klein Josef einen anderen Knirps, wo man die Schule denn finden könne. Als Antwort bekam er: »Da gehe ich auch gerade hin.« Diese Auskunft eines gewissen Thomas Klestil begründete eine lebenslange Freundschaft. Klestil spielte in der ersten Band von Klein Josef Schlagzeug und auch Klarinette. Als Becken dienten die Kochtopfdeckel von Mutter Zawinul. Der erklärte einmal, dass ihn das Akkordeon immer mehr fasziniert habe als das Klavier. Ihm ging es schon in den Anfängen immer um den Sound, der Klang bestimmte für ihn die Musik. Der variable, ganz eigene Sound zog ihn später zu den elektronischen Instrumenten, zu Keyboard und Synthesizer. Deren Klang konnte man verändern, diese Instrumente entsprachen auch seinem Faible fürs Experimentieren, ähnlich wie das Akkordeon, bei dem verschiedene Register gezogen werden können. Die Quetsche war für ihn sozusagen der Synthesizer der kleinen Leute. Zum Experimentieren gesellte sich eine zweite Leidenschaft: das Basteln. Und auch dafür eignete sich das Akkordeon famos. Josef klaute sich aus irgendeinem Café etwas grünen Filz von einem Billardtisch, klebte und schnitt und veränderte so die Stimmzungen.

Der Weg des Berufsmusikers begann schon früh. Sein Talent verschaffte ihm kostenlosen Unterricht am Wiener Konservatorium. Wie der Name »Konservatorium« verrät, wurden in derlei Institutionen die Werte der klassischen Musik konserviert. Das war für den damals noch Josef genannten Jungmusikus um einiges zu langweilig. Nach 14 Tagen trat Zawinul die Flucht an und wählte die freie Wildbahn. Als »Freelancer« spielte er mit den Größen der Stadt, mit dem hervorragenden Saxophonisten Hans Koller, der Vibrafonistin Vera Auer und mit Attila Zoller, einem ungarischen Gitarristen von Weltrang, den ich in meinen Lehrjahren in Lörrach einmal kennenlernen durfte. Die »Johannes Fehring Bigband« unterfütterte Zawinul mit raffinierten Harmonien und seinem traumwandlerischen Rhythmusgefühl. Es war eine All-Star-Bigband, in der etwa der phänomenale Erich Kleinschuster die Posaune spielte. Die Band begleitete Jazzgrößen wie Ella Fitzgerald, auch den verkannten Könner Peter Alexander, außerdem Udo Jürgens und Caterina Valente, und mit Gilbert Bécaud gingen die Mannen ebenfalls auf Tournee.

Im Januar 1959 stapfte Zawinul in Le Havre die Gangway der »Liberté« hinauf, um den Atlantik zu überqueren. Mit 300 Dollar Barschaft in der Tasche ging es nach Boston, wo er ein Stipendium des berühmten Berklee College of Music ergattert hatte. Ein solches Stipendium kann man getrost als Ritterschlag einordnen. Nebenher spielte er mit den örtlichen Virtuosen, und nach kurzer Zeit konnten ihm die Professoren in Boston nichts mehr beibringen, er wechselte nach New York und schmiss sich dort ins swingende Gebrodel. Er musizierte mit Joe Williams, Yuseef Lateef, Ben Webster, J. J. Johnson, Slide Hampton und jeder Menge anderer Jazzstars.

Wenige Tage nach dem Umzug rief der Impresario George Wein an, der einen Begleitpianisten für Ella Fitzgerald suchte. Nach diesem Engagement spielte Joe für acht Wochen in der berühmten »Maynard Ferguson Band«. Der Startrompeter Ferguson beschaffte ihm auch eine Green Card. Wie schon erwähnt, war Zawinul jede Form von Nationalismus fremd, er fühlte sich in gewisser Hinsicht als Schwarzer, machte stets Front gegen Rassentrennung und musizierte mit Vorliebe mit Afroamerikanern. Wenn es um Hotelübernachtungen ging, bezog er Quartier in »schwarzen« Hotels und zeigte sich stets solidarisch mit den Diskriminierten.

In New York begleitete Zawinul Dinah Washington, die ihn auf der Bühne immer als »Joe Vienna« vorstellte. Auch Miles Davis wollte ihn schon nach kurzer Zeit engagieren, das aber verschob Zawinul auf später, er fühlte sich für diesen Olymp noch nicht reif genug. Erst einmal wurde geheiratet. Maxine, eine schwarze Schönheit, die sogar in der Zeitschrift *Playboy* gefeiert wurde, wurde 1962 zur lebenslangen Weggefährtin. Cannonball Adderley gab nicht nur den Trauzeugen, bis 1970 war Joe mit der Band Adderleys unterwegs.

Der Altsaxofonist Cannonball gehört auch zu meinen Idolen: Die Band erfand den Souljazz, und Zawinul, gleichsam der Motor der Truppe, trieb die Musiker in neue Richtungen. Das war die Zeit, in der er sich ganz der elektronischen Musik zuwandte. Mit Zawinuls Fender Rhodes Electric Piano etablierte die Adderley-Band einen unverwechselbaren Groove, den auch Ray Charles schätzte. Und mit der Zawinul'schen Komposition »Mercy, Mercy, Mercy« landeten sie einen Welthit. Wenig später gesellten sich die vertrackte Komposition »Birdland« und jede Menge anderer Jazzhits dazu.

1970 schließlich kam es zum Urknall des Rockjazz. Zawinul gründete »Weather Report« mit dem Altsaxofonisten Wayne Shorter, die von vielen als beste Band aller Zeiten gefeiert wird. Besser ging es kaum. Die Band genießt heute noch eine Verehrung, die ans Religiöse grenzt.

Ums Jahr 2000 kehrte Zawinul wieder in seine Heimatstadt Wien zurück. Sein Sohn Ivan blieb in den Staaten, er hatte sich als Toningenieur einen Namen gemacht, mit Weltstars wie Santana, Miles Davis, John McLaughlin zusammengearbeitet und ist heute Professor für Aufnahmetheorie, ein Spezialist für Live Sound und Audio.

Noch in den USA, im Jahr 1988, hatte Zawinul seine Band »The Zawinul Syndicate« gegründet, nun führte er das Projekt in Wien weiter. Er entwickelte einen unverkennbaren Sound, der die vorangegangenen Stilrichtungen durchbrach und sich auch anderen Einflüssen widmete, etwa Klängen aus der Karibik, Südamerika und dem Nahen Osten. Die

Grenzen zwischen Jazz, Welt- und Tanzmusik lösten sich auf, Zawinul schuf eine universelle Musiksprache.

Dass er trotzdem ein gewisses Wiener Grundrauschen beibehielt, davon erzählte mir sein langjähriger Produzent und Toningenieur Joachim Becker am Telefon. Von ihm hörte ich Herzerfrischendes: Zeit seines Lebens habe Joe gerne gegessen, und egal, wo er auftauchte, habe er sich immer in Begleitung seines selbst gebrannten Sliwowitzes befunden. In seinem Haus in Malibu, in dem er von seinem Musizierzimmer auf den nahen Ozean schauen konnte, habe er mit Vorliebe entweder Paprikahendl oder Backhendl gekocht. Einmal sei es zu einer Begegnung mit Alfred Biolek gekommen. Naheliegend beschäftigten sich die beiden Super-Smutjes mit einem Backhendl. Die Wiener Küche sei sein Ein und Alles gewesen. Bei Besuchen in Heimat habe der erste Weg immer zum Tafelspitz des Restaurants Plachutta geführt, wo man einen ganz bestimmten Platz für ihn bereithielt. Ein weiteres Lieblingsrestaurant sei der Gmoakeller am Heumarkt 25 gewesen, der immer noch sehr empfehlenswert ist.

Ehefrau Maxine, so Becker, habe ein Faible für gehobene Lebensart gehabt. Und so brachte er die beiden während einer Deutschlandtournee in Schloss Lerbach unter. Dort ist auch das Dreisternerestaurant Vendôme am Zelebrieren, dessen Küche von dem Könner Dieter Müller befeuert wurde. Zawinul fühlte sich aber gar nicht wohl, es war ihm zu vornehm. Und dann war da noch dieser peinliche Vorfall: Bei Tisch hatte er seine Lesebrille vergessen, und um Licht ins Dunkel zu bringen, versuchte er, sich das Lesen mithilfe eines Feuerzeugs zu erleichtern. Die Speisekarte fing Feuer, konnte aber nach einigem Tumult gelöscht werden.

Erst später wurde Zawinul zur Freude seiner Frau ein echter Feinspitz. Mit gutem Essen konnte man ihn immer ködern: Becker erzählte mir, dass Zawinul bei Schallplattenaufnahmen die Stücke immer und immer wieder verbessern wollte. Aufnahme um Aufnahme folgte, die Stunden gingen dahin. Diesem Treiben konnte Becker nur Einhalt gebieten, indem er rief: »In einer Stunde schließt die Küche des Restaurants.« Nach diesem Kommando dauerte es keine fünf Minuten, und Joe saß im Auto.

2004 eröffnete der Ruhelose seinen eigenen Jazzclub im Wiener Hilton-Hotel. Das Birdland war modern eingerichtet, keine Räucherhöhle. Ganz dem Weltklassejazz verschrieben, war es der adäquate Raum für Klänge der besonderen Qualität. Leider fließen in der Klassik die Subventionen, aber nicht oder kaum im Jazz. Der Club schloss 2008. Ein Jahr zuvor, am 11. September, starb mein Held. Wenn ich vor seinem Grab auf dem Zentralfriedhof stehe, denke ich an ihn und weiß, Joe lebt weiter!

Dass der Jazz in Wien auch ohne Zawinul prächtig weitergedieh, dafür sorgten und sorgen fantastische Instrumentalisten wie der leider früh verstorbene Pianist Fritz Pauer, der Saxofonist Wolfgang Puschnig, die Brüder Muthspiel und so weiter. Ein besonderer Exot dürfte der Gipsy-Rockjazz-Gitarrist Harri Stojka sein. Ich kenne nur noch Paco de Lucia, der mit einem solchen Affenzahn über das Griffbrett schreddert, manchmal ist's mir fast zu viel.

Wer in Wien weilt, sollte unbedingt die Kirche Sankt Ruprecht aufsuchen. Sie ist das älteste Gotteshaus der Stadt, fast tausend Jahre alt und liegt nicht weit vom Schwedenplatz entfernt etwas den Berg hinauf. Der romanische Stil sorgt dafür, dass diese Kirche ein wirklicher Ort der Meditation ist, und es ist kaum zu glauben, dass sich darunter ein Jazzclub eingenistet hat. Passend zum darüber liegenden Gemäuer ist es der älteste Jazzclub Wiens, und er bietet, geradezu unzerstörbar, seit 1972 sechsmal in der Woche Livemusik. Alle Stilrichtungen sind zu hören, und unzählige Helden des Jazz gaben hier schon etwas zum Besten. Ich zitiere die Macher des Clubs: »Blueslegenden wie Roosevelt Sykes, Memphis

St. Ruprecht

Slim, Big Joe Williams und Little Brother Montgomery, klassische Jazzmusiker wie Wild Bill Davison, Bud Freeman, Max Kaminsky und Jimmy McPartland, Swinger wie Teddy Wilson, Clark Terry, Harry ›Sweets‹ Edison und Benny Carter, Modern-Jazzer wie Art Farmer, Eddie ›Lockjaw‹ Davis, Ray Brown und Herb Ellis und moderne Musiker wie Dave Liebman, Lee Konitz, Paul Motian und Bob Brookmeyer.« Die Liste könnte man ins Unendliche erweitern.

Und natürlich könnte ich auch noch eine Ewigkeit über die Wiener Musikszene sprechen. Aber das wollte ich ja eigentlich nicht. Nur eine sei noch erwähnt, der meine ganze besondere Verehrung gilt: Marianne Mendt. Manche mögen sie in die Rubrik Austropop einsortieren, aber von Popmusik oder Schlager habe ich herzlich wenig Ahnung. Sie landete einen Riesenhit mit »Wie a Glock'n«, und daran wird sie bis heute gerne festgemacht. Darüber hinaus ist sie aber auch ein versierte Jazzsängerin, kann den Blues und ist eine packende Schauspielerin, die mich immer auf Touren brachte. In vorderster Reihe spielte sie in der Fernsehserie »Kaisermühlenblues«. Die Serie zählt 66 Folgen, die meine Frau und ich mindestens dreimal angeschaut haben. Es wurde nie langweilig. Nach und nach gewöhnten sich unsere Ohren an das g'scherte Wienerisch der Darsteller. Tja, und wer den genialen Kabarettisten Roland Düringer, der in der Serie einen aufschneiderischen Deppen gibt, wer diesen Roland Düringer versteht, der hat es geschafft.

Wichtige Wiener

Unzählige berühmte Leute wurden in Wien geboren, beispielsweise auch Freddy Quinn. Ich führe an dieser Stelle aber nur total subjektiv die Leute an, die mir besonders am Herzen liegen, wobei ich anführen möchte, dass ich alle anderen auch gut leiden kann. 5000 Freunde wie bei Facebook krieg ich eh nicht zusammen. Bescheiden wir uns also mit dieser Aufzählung und gehen meine kleine Galerie der Persönlichkeiten an, und zwar nach dem Jahr ihrer Geburt:

1644–1709: Abraham a Sancta Clara, ein Schwabe in Wien

Mit seinen Predigten und seiner Wortgewalt brachte er fast Häuser zum Einstürzen. Der Geburtsname des katholischen Geistlichen und Schriftstellers war Johann Ulrich Megerle, Wirtssohn aus Kreeheinstetten bei Meßkirch im Württembergischen. Drastisch, saftig und volkstümlich widmete sich der Augustinermönch mehr der Aufklärung des Volkes als der Glaubensverkündung. Er wetterte gegen bestechliche Beamte, rücksichtslose Geiz-ist-geil-Typen, satt-faulen Adel und sonstige höhergestellte Schmarotzer im Pelz des Volkes. Mit seiner erfindungsreichen Sprachgewalt erinnert er sehr an Martin Luther.

Der wackere Mann von der Schwäbischen Alb gelangte in

Wien zu hohem Einfluss und Ansehen. Während der zweiten Belagerung der Stadt durch die Türken 1683 stärkte er die Moral der Bevölkerung. Tausende Zuhörer strömten zu den Plätzen, auf denen er predigte.

In Wien, wo er auch als Hofprediger tätig war, erinnern die Abraham-a-Sancta-Clara Gasse im 1. Bezirk und eine Straße im 14. Bezirk an den Wortgewaltigen. Steht man auf dem Albertinaplatz mit Blick auf das Mahnmal von Alfred Hrdlicka, wendet sich dann nach rechts und geht am Albrechtsbrunnen vorbei, der zur Augustiner-Bastei gehört, sieht man das Tor zum Burggarten: Gleich rechts grüßt der Abraham a Sancta Clara in Form einer Statue, geschaffen von Hans Schwathe und 1928 feierlich enthüllt.

Ich schätze die Texte des Augustinermönchs sehr, obwohl ich mich als atheistischen Katholiken bezeichnen möchte. Sehr zu empfehlen wäre die Textsammlung *Hui und Pfui der Welt*. Das Buch ist beim Manesse-Verlag erschienen und verspricht »Allerlei seltsame und verwunderliche Geschichten, mit vielen Konzepten und sittlichen Lehren unterspickt«, wie es gleich eingangs heißt. Ausgangs ziert es sich mit einem Nachwort des Wiener Schriftstellers und glänzenden Essayisten Franz Schuh.

1770–1827: Ludwig van Beethoven, musikalisches Universalgenie und eigentlich kein Österreicher

Adolf Hitler ist Deutscher und Beethoven selbstredend ein Österreicher, das ist ja hinlänglich bekannt … Immerhin ist Beethoven, der Eingemeindete, in Wien gestorben und auch beerdigt.

Ein erinnerungswürdiger Tag in Sachen Beethoven war der 12. Februar 1938. Der Kanzler des austrofaschistischen Ständestaats, Kurt Schuschnigg, wurde zu Hitler auf den Obersalzberg befohlen. SS-Panzerwagen holten den Mann am Bahnhof ab und karrten ihn auf den Berg. Schuschnigg, zwar Faschist, aber auch gediegener Politiker mit Anstand, hatte schon jetzt buchstäblich die Hosen voll. Zur Begrüßung wurde er vom Gröfaz auch gleich zurechtgestutzt: »Übrigens hat Österreich nie etwas getan, was dem Deutschen Reich genützt hat. Seine ganze Geschichte ist ein ununterbrochener Volksverrat!« Der Hasenfuß Schuschnigg stammelte nur noch und spielte dann die kulturelle Karte, murmelnd, dass doch Beethoven immerhin Wahlösterreicher sei. Den Wahldeutschen soll dieser Beitrag nicht überzeugt haben.

Das Genie Beethoven verdankte der Stadt Wien und ihren Bürgern, in hohem Maße aber auch dem Adel, sehr viel. Musikalisch lief alles wie am Schnürchen, wenngleich der Maestro sich immer wieder gegen mickrige Honorare und unspendable Verleger wehren musste. Etwas plagte ihn aber zeitlebens in besonderem Maße: dass er bei den Damen so schlecht landen konnte. Je mehr er diese anbaggerte, umso eiliger nahmen die Begehrenswerten Reißaus – musikalisch ein Genie, als Lover offenbar eine Niete. Mag sein, dass das auch daran lag, dass dieser luzide Geist recht unbequem werden konnte.

Er selbst sah sich übrigens nicht als das größte Musikgenie, diese Ehre gebührte laut Beethoven dem in Halle an der Saale geborenen Georg Friedrich Händel: »Ich würde mein Haupt entblößen und an seinem Grabe niederknien!«, soll er gesagt haben. Wie viele Zitate, so ist auch dieses ungesichert, aber es hört sich gut an.

1732–1809: Joseph Haydn, Komponist der klassischen Periode

1797 wurde die Vertonung des Gedichts *Gott! erhalte Franz, den Kaiser, Unsern guten Kaiser Franz!* uraufgeführt. Den Text steuerte der heute völlig unbekannte Lorenz-Leopold

Haschka bei. Haydns Melodie der sogenannten Kaiserhymne erlangte schnell einen Stellenwert wie die Marseillaise der Revolutionsfranzosen. Der Kaiser war zugegen, als sie zum ersten Mal anlässlich seines Geburtstags im Burgtheater geschmettert wurde. In der freiheitlichen Textvariante von Hoffmann von Fallersleben geriet die Hymne 1922 zur offiziellen Angelegenheit der Weimarer Republik, die dritte Strophe ist bis heute die deutsche Nationalhymne.

Haydn war fast dreißig Jahre Kapellmeister des Fürstenhauses Esterházy, begleitete die Fürsten auf den Familiensitz in Eisenstadt, in den Winterpalast in Wien und auf Schloss Eszterháza in Ungarn. Überall unterhielt er die sogenannte feine Gesellschaft vortrefflich. Nach dem Tod des Fürsten Nikolaus schmiss dessen unmusikalischer Nachfolger sämtliche Musikusse raus, Haydn wurde kurzerhand in Pension geschickt. Da kam ein Angebot, nach England zu gehen, gerade recht. Auf seinen zwei Reisen nach London wurde er stürmisch gefeiert, schuf dort die »Sinfonie mit dem Paukenschlag«, die »Militärsinfonie«, die »Londoner Sinfonie«, das »Reiterquartett« und vieles mehr. Die finanziellen Erfolge waren dergestalt, dass Hayden sich schwer überlegte, englischer Staatsangehöriger zu werden. Am Ende zog es ihn doch wieder in die Heimat, wo er sich im Wiener Stadtteil Gumpendorf ein schönes Haus mit Garten einrichtete. In der Unteren Steingasse Nr. 73 entstanden zwei seiner berühmten Oratorien und eben die Kaiserhymne. Haydn starb nicht an einer Krankheit, sondern an dem damals seltenen Umstand der Altersschwäche.

1804–1849: Johann Baptist Strauss (Vater), Komponist und Kapellmeister

Das höre ich gerne: Johann ward als Sohn eines Wirts in der Leopoldstadt geboren. Er lernte Buchbinder und legte auch die Gesellenprüfung ab. Weil er sich recht früh schon für

Musik interessierte, drückte man ihm eine Violine in die Hand, die er – nach ordentlicher Unterweisung – in verschiedenen Orchestern, Trios und Quartetten spielte. Lauschen konnte man ihm, auch das höre ich gern, in so manchem Wirtshaus, darunter dem Sperl und dem Goldenen Hirschen in der Wiener Leopoldstadt.

Zu musikalischer Berühmtheit gelangte er aber durch seine Kompositionen, der »Radetzky-Marsch« ist bis heute der Dauerbrenner. Weniger ruhmreich war wohl seine Rolle als Vater, obwohl man ihn gerne »Strauss-Vater« nennt. Dem Sohn mit gleichem Vornamen verbot er den Beruf des Musikers. Der kleinliche Vater muss die Konkurrenz erahnt haben. Dass es anders kam, lag an der Liebe. Strauss-Vater verließ seine Frau Anna, übrigens eine Wirtstochter, für die Modistin Emilie Trampusch. Die Verlassene unternahm daraufhin alles, um den drei Söhnen Johann, Josef und Eduard eine gute musikalische Ausbildung zu verpassen.

**1824–1896: Anton Bruckner,
Komponist, Organist und Musikpädagoge**

Sein Orgelspiel riss die Leute aus den Sitzen: Niemand spielte sie virtuoser als Anton Bruckner, der Lehrersohn aus Ansfelden südlich von Linz. Bruckner lebte ganz so, wie ich mir das als Koch und Gastwirt nur wünschen kann. Er speiste in Gastwirtschaften, bevorzugt im Restaurant Roter Igel am Wildbretmarkt. Der Name des Gasthauses gefällt mir überaus gut, aber leider fiel das Etablissement den Neubauten der Belle Époque zum Opfer.

Bruckner war 1868 nach Wien gezogen, da er sich dort mehr Publikum versprach als in Linz. Der große Durchbruch gelang ihm dort aber erst 1884, mit der Uraufführung der Sinfonie Nr. 7. Und das, obwohl sich der gefürchtete Musikkritiker Eduard Hanslick, der auch Rossini in die Mangel nahm, früh in höchstem Maße lobend zu den Werken Bruckners äußerte. Die lange fehlende Anerkennung half kaum, Bruckners Minderwertigkeitsgefühle zu reduzieren. Er empfand sich stets als ungenügendes Landei, litt unter Einsamkeit und hatte so manche Zwangsneurose. Er sei halb Genie, halb Trottel, diese Einschätzung stammt nicht, wie häufig berichtet, von Gustav Mahler, sondern vom Dirigenten Hans von Bülow. Hätte er seine bäuerliche Kleidung und ein gewisses Hinterwäldlergehabe abgelegt, hätten vielleicht auch die Zeitgenossen erkannt, dass er ein ganzes Genie war, nicht nur ein halbes. Dem nun nachfolgenden Hanslick jedenfalls, rundum ein geschliffener Mann von Welt und Wortgewalt, wich er trotz guter Kritiken aus, so gut es ging.

1825–1904: Eduard Hanslick, Musikästhet und Kritiker von höchstem Rang

Seine Kritiken konnten Karrieren fördern, aber auch vernichten. Er galt, etwas pauschal formuliert, als früher Reich-Ranicki der Musik. Keineswegs agierte er auf dünnem Eis, sein Urteil fußte auf fundiertem Wissen.

Hanslick sah sich ganz der Wiener Klassik verpflichtet, moderne Strömungen wie sie Liszt, Chopin oder gar Wagner verkörperten, gingen ihm nur ungern ins Ohr. Er hatte einen Lehrstuhl für Musikgeschichte am Wiener Konservatorium inne und veröffentlichte zahlreiche Bücher und Essays, die ich alle in meinem Regal stehen habe und die es sich zu lesen lohnt – mehr als so manches heutige Kritikergeschwafel.

Bei Musikern hingegen erfreute er sich keinerlei Achtung. Als der berüchtigte Rezensent von einer Kur wieder nach Wien zurückkehrte, meinte der philharmonische Konzertmeister Joseph Hellmesberger: »Der Hanslick ist leberleidend nach Karlsbad gefahren. Und leider lebend wieder zurückgekommen.«

1825–1899, Johann Strauss (Sohn), Kapellmeister, Komponist und Walzerkönig

Der Vater förderte dieses begabte Kind nicht. Das oblag Ehefrau Anna, nachdem der Gatte sich anderweitig verlustierte und mit besagter Emilie Trambusch acht Kinder zeugte. Für seine alte Familie interessierte er sich nicht mehr, weshalb der Älteste, Johann, schon bald Mutter und Brüder ernähren musste. Das tat er mit Erfolg, schon der erste konzertante Auftritt im Casino Dommayer, einem Vergnügungslokal in Hietzing, machte ihn bekannt. Er ging auf Tourneen ins Ausland und leitete später als »k.-u.-k.-Hofball-Musikdirektor« die Hofbälle. Ob es ihm wohl eine Genugtuung war, dass die Kapelle des Vaters nach dessen Tod zu seiner wurde?

In Liebesdingen war er nicht ganz so erfolgreich: Nach zwei kinderlosen Ehen beschloss Johann Strauss Sohn 1886, Deutscher zu werden und zum Protestantismus zu konvertieren. Nicht Glaubensfragen trieben ihn zu diesem Wechsel, sondern die Tatsache, dass im erzkatholischen Österreich eine Ehe unauflösbar war. Er wurde Angehöriger des Deutschen Reichs, Protestant und Bürger des Herzogtums Sachsen-Coburg und bekam so die Zustimmung zu einer zivilrechtlichen Scheidung von seiner zweiten Frau. Kaum war die vollzogen, heiratete er ein drittes Mal.

Zu den Kompositionen, die man sich unbedingt merken sollte, zählen folgende: die Operette »Die Fledermaus«, der »Kaiserwalzer«, »An der schönen blauen Donau« und »Wiener Blut«. Johannes Brahms sagte über den »Walzerkönig«: »Er ist der Einzige, den ich beneide – er trieft von Musik, ihm fällt immer etwas ein.« Giuseppe Verdi nannte ihn »meinen genialsten Kollegen«, und Richard Wagner skandierte: »Johann Strauss ist der musikalischste Schädel der Gegenwart.«

1833–1897, Johannes Brahms, hochromantischer Hamburger

Dieser Komponist konnte nur auf dem Kompost des Wiener Geists so gedeihen, dass er heute immer noch zu den Giganten der klassischen Musik zählt. Nach seinem ersten Auftritt in Wien 1862 bei einer privaten Soiree rief der bereits erwähnte Josef Hellmesberger aus: »Das ist der Erbe Beethovens!« Gegeben worden war das 1. Klavierquartett in g-Moll.

Zehn Jahre später ließ sich Brahms endgültig in Wien nieder, in der Karlsgasse 4. Er komponierte, gab Klavierkonzerte, übernahm die Leitung des Wiener Singvereins und war Gründungsmitglied des Ersten Wiener Hornistenclubs, aus dem später der Wiener Waldhornverein hervorging. Brahms war selbst Hornist und blieb zeitlebens in dem Verein aktiv. Das Waldhorn, obwohl aus Blech, ist Bestandteil eines Holzbläserquartetts oder -quintetts. Brahms ist der Held aller Waldhornbläser.

Nebenbei gab Brahms auch Unterricht. Ein Sangeseleve sollte einmal ein Liebeslied von Schubert überzeugend darbieten. Es gelang nicht richtig, woraufhin der berühmte Komponist sinngemäß dazwischenrief: »Aufhören, der Liebesdrang richtet sich an eine Geliebte und nicht an meine Schwiegermutter!«

Brahms, der Hamburger, wurde als echter Wiener begraben. Tausende Trauernde folgten seinem Sarg zum Ehrengrab auf dem Wiener Zentralfriedhof.

1841–1918: Otto Koloman Wagner, Architekt und Stadtplaner

Er war einer der ganz großen Architekten der Belle Époque, der sich aber konsequent von den Ornamenten des damaligen Schwulstgeschmacks entfernte und eine neue Richtung einschlug. Denkwürdige Bauten seiner kreativen Hochphase waren die Villa Wagner oder die Ein- und Ausgänge der

Stadtbahn, die es heute noch zu bewundern gilt. Die Kirche auf dem Steinhof oder das psychiatrische Krankenhaus südlich von Hernals ist auf alle Fälle einen Besuch wert. Darüber hinaus könnte man noch mindestens ein Dutzend sensationeller Gebäude besichtigen, die gegen Ende seines Lebens immer strenger, schlichter und moderner wurden. Insgesamt kann man an seinem Werk sehr gut die Entwicklung der modernen Architektur studieren.

1843–1914: Bertha von Suttner, Schriftstellerin und Pazifistin

Der allererste Friedensnobelpreis der Geschichte ging am 18. April 1906 an diese bemerkenswerte Frau. Die Spielleidenschaft der Mutter sorgte dafür, dass die Tochter aus einer böhmischen Adelsfamilie als Gouvernante arbeiten musste. Bei der Familie von Suttner lernte sie ihren späteren Mann kennen und lieben, den jüngsten Sohn. Man war nicht begeistert von der Liaison und wies der Gouvernante die Tür. Sie kam als Sekretärin bei Alfred Nobel unter, heiratete dann aber doch gegen alle Widerstände den Sohn vermögender Eltern. Arthur von Suttner wurde daraufhin enterbt.

Das Paar bevorzugte die Freiheit und nahm dafür ein ärmliches Auskommen in Kauf. Die beiden hielten sich einige Jahre im Kaukasus auf, Bertha verdiente etwas Geld mit Sprachunterricht und dem Schreiben von seichten Romanen. Dann kam der Russisch-Türkische Krieg, und Bertha begann, unter Pseudonym Artikel für Zeitungen zu schreiben. Zurück in Wien, blieb sie beim Journalismus und widmete sich insbesondere dem Pazifismus. 1891 rief sie zur Gründung der »Österreichischen Gesellschaft der Friedensfreunde« auf. Originalton Suttner: »Darum ist es notwendig, dass überall dort, wo Friedensanhänger existieren, dieselben auch öffentlich als solche sich bekennen und nach Maßstab ihrer Kräfte an dem Werke mitwirken.«

Sie machte sich auch unbeliebt, als sie sich vehement gegen Tierversuche stemmte. »Die Religion rechtfertigt nicht den Scheiterhaufen, der Vaterlandsbegriff rechtfertigt nicht den Massenmord, und die Wissenschaft entsündigt nicht die Tierfolter«, schrieb sie in ihrem Buch *Schach der Qual*. Und weiter: »Ich aber glaube dies und sage es offen: Über dem angenommenen Nutzen einer unbestimmten Allgemeinheit steht das unverbrüchliche Recht jedes einzelnen, fühlenden Geschöpfes, nicht gequält zu werden.«

Die »Friedensbertha« wurde von der deutschnationalen Nomenklatura ständig verhöhnt. Ihr wichtigstes Werk, *Die Waffen nieder!*, erschien kurz vor dem Ersten Weltkrieg. Hätten Ignoranten wie Kaiser Franz Joseph oder der persönlichkeitsgestörte Wilhelm II. dieses Buch gelesen, hätten Millionen von Toten vermieden werden können. Doch als die Welt auf den Ersten Weltkrieg zutaumelte, als selbst Thomas Mann Jubelgedichte auf den »reinigenden Krieg« schrieb, geriet die Friedensnobelpreisträgerin vollends zur Persona non grata.

1853–1940: Katharina Schratt,
berühmte Schauspielerin und diskrete Seelenfreundin des Kaisers

Die Dame war finanziell recht ordentlich eingesäumt, hatte einen guten Fang gemacht. Die Liaison mit dem Kaiser hatte also nichts mit Geldmangel zu tun, sondern mit tiefer gegenseitiger Zuneigung. Der Kaiser war ja eigentlich eine arme Sau, viel Macht, aber totale Isolation, Häme, Betrug, Korruption und übler Tratsch waren allgegenwärtig. Ohne diese loyale Frau, über die wir ja schon ausführlich gesprochen haben, wäre er sicherlich viel früher gestorben. Franz Joseph stellte ihr eine Villa in der Nähe des Schlosses Schönbrunn zur Verfügung. So konnte der geschundene Mann ohne Konditionsprobleme vom Schloss in die Gloriettegasse hinüberschnüren.

1856–1939: Sigmund Freud,
Neurologe und Tiefenpsychologe

Der Mediziner ist berühmt für seine Traumdeutungen, in denen er unterdrückte Triebe und verborgene Wünsche erkannte. Ein gescheiter Professor erklärte mir, dem begriffsstutzigen Koch, einmal, es sei ganz einfach mit dem Freud: »Wenn Sie jemand nach Freud fragt, weil er glaubt, Sie würden ihn verstehen, antworten Sie ihm: ›Innen oder Außen, um uns oder im tiefsten Unterbewusstsein, egal, alles dreht sich um Sex!‹« Das gebe ich jetzt mal so weiter.

Als ich mich dann aber etwas intensiver mit Freud beschäftigte, musste ich erkennen, dass seine Theorien und Methoden doch nicht so locker einzutüten sind. Freud ließ sich von seinem Kollegen Josef Breuer inspirieren. Gemeinsam suchten die beiden nach Möglichkeiten, die damals grassierende Hysterie zu behandeln. Berühmt wurde die Fallgeschichte ihrer Patientin »Anna O«. Hinter dem Pseudonym verbirgt sich die Wienerin Bertha Pappenheim. Sie litt in jungen Jahren an Panikattacken, Sprachstörungen, Depressionen, Lähmungen und vielem mehr. Nach jahrelanger Therapie – zunächst durch hypnotische Behandlung, dann durch eine Sprechtherapie, die Geburtsstunde der Psychoanalyse – konnte sie als geheilt entlassen werden. Später litt sie wohl immer mal wieder an psychischen Störungen, wurde aber eine durchsetzungsfähige Frauenrechtlerin und arbeitete als Übersetzerin und Schriftstellerin.

Der eigentliche Begründer der Psychoanalyse ist Josef Breuer. Sigmund Freuds Verdienst ist jedoch, dass er sie entscheidend weiterentwickelt hat. Im Zuge seiner Forschungen ließ sich Freud noch zum Nervenarzt ausbilden und eröffnete 1891 eine eigene Praxis. Diese wenigen Sätze über so eine wichtige und einflussreiche Persönlichkeit des 20. Jahrhunderts machen vielleicht dennoch so neugierig, dass man bei einem Wienbesuch die Berggasse 19 besucht. Zwei Treppen hoch, eine schmale Türe aufgestoßen – und es zeigen sich die Praxis und die Wohnräume dieses großen Mannes. Die berühmte Couch und viele Einrichtungsgegenstände können allerdings nur im Londoner Freud-Museum besichtigt werden.

1859–1919: Peter Altenberg, wichtigster Schriftsteller unter dem Signet »Kaffeehausdichter«

Damit man sich keine falschen Vorstellungen macht: Die zu Papier gebrachten Gedanken der Kaffeehausdichter waren alles andere als ein geistig wohlverdaulicher Apfelstrudel mit Schlagobers. Altenberg gehörte zum Freundeskreis von Karl Kraus, einem höchst unangenehmen Stachel im kaiserlichen Fleisch. Altenberg richtete sein kritisches »Brennglas« auf den Alltag, scheute sich auch nicht, die schlimmsten Zustände unter die Lupe zu nehmen. Als Meister der kurzen Form bot er verdichtete Gedanken und keineswegs Wohlfühlliteratur.

Seine bevorzugte Schreibstube war das Café Central. Ich denke, die Kultur der Kaffeehausschreiber entwickelte sich vornehmlich, weil Cafés die Schreibstimulanz Kaffee boten, das Dach dicht war und die Heizung sicherlich besser funktionierte als in der meist eher ärmlichen Behausung der Schreiberlinge.

Saß Altenberg im Café, passierte es oft, dass ihm das Kleingeld ausging. Als er im Central einmal einen Unsympathen anpumpen wollte, fragte ihn dieser, ob er als Schnorrer vor gar nichts haltmache. Der Kaffeehausliterat kam sprachlich nicht in Nöte und antwortete: »Die Zeiten sind heute schon so schlecht, dass man gezwungen ist, vor Leuten die Hand aufzuhalten, denen man sie im Normalfall nicht einmal reichen würde.«

Markenzeichen Altenbergs, der eigentlich Richard Engländer hieß (was die Liebe so alles ausrichtet, eine seiner Ersten kam aus dem Örtchen Altenberg und rief den Angebeteten »Peter«), war ein dicker Walrossschnauz und eben das Sitzen im Kaffeehaus. Im Central hat man ihn als lebensgroße Statue an einen Tisch platziert.

1860–1911: Gustav Mahler, Komponist und Dirigent

Im Böhmischen geboren und an einem Riesenkalkstein auf dem Grinzinger Friedhof begraben, so kann's gehen. Über seine Musik brauche ich wohl kein Wort zu verlieren, über Mahler und die Frauen schon. Im Dezember 1901 schrieb der Komponist seiner Zukünftigen, Alma Schindler, einen zwanzigseitigen Brief, wie er die geplante Ehe mit ihr zu gestalten gedachte. Die bildschöne Alma, eine hochbegabte Frau, spielte nicht nur sehr gut Klavier, sondern hatte auch bei Schönbergs Schwiegervater Alexander von Zemlinsky Kompositionsunterricht. Mahler verlangte, als seine Ehefrau müsse sie die Finger vom Komponieren lassen. Konkurrenz im Hause wollte der Herr Kapellmeister und Direktor des Wiener Opernhauses nicht haben. Obwohl sein Ruhm als Kompositeur bei Weitem nicht so glänzend war wie der als Dirigent: Den Taktstock schwang er an allen berühmten Häusern, die New Yorker Philharmoniker brachte er zu Weltruhm. Alma soll es trotz des Lebens als »Grande Dame« nicht verschmerzt haben, dass ihr Gustav sie von einer eigenen Künstlerkarriere abgehalten hat.

1862–1931: Arthur Schnitzler, promovierter Arzt, Dramatiker und Autor

In Wien wurde er als Sohn eines Medizinprofessors geboren. Zuerst arbeitete er bei seinem Vater, einem Spezialisten für Kehlkopfkrankheiten, und verfasste zahlreiche medizinische Fachartikel. Er bewegte sich innerhalb eines Kreises von Intellektuellen, den man als »Wiener Moderne« bezeichnet.

Hugo von Hofmannsthal, Hermann Bahr, Richard Beer-Hofmann und auch Sigmund Freud gehörten dazu.

Schnitzler kann man bis heute einen gefeierten Dramatiker nennen. Eine Novelle finde ich besonders wichtig, und sie ist natürlich wohlbekannt. Trotzdem sei mir an dieser Stelle ein kurzer Ritt durch den Text gestattet, in dem Schnitzler ein scharfes Bild der Wiener Borniertheit zeichnet. Er legt die Scheinmoral, die Selbstgerechtigkeit und die fast obszönen Ehrbegriffe des Militärs offen. Tiefe Einblicke in verwundete Seelen tun sich auf.

Leutnant Gustl, Namensgeber der Novelle, wird von einem Bäckermeister zutiefst in seiner Ehre verletzt, als dieser an der Garderobe eines Konzerthauses den Vortritt beansprucht. Ein Riesenaffront gegen den gesellschaftlich höhergestellten Offizier, der sofort zum Säbel greift. Aber der Bäckermeister Habetswallner, körperlich ein ziemlicher Brocken, lässt sich darauf nicht ein, bezeichnet den Leutnant gar als »dummen Buben«. Die Schmach ist perfekt, nur der Selbstmord scheint noch einen Ausweg zu bieten.

Gustl irrlichtert durch Wiens nächtliche Gassen, nimmt aber noch vor dem geplanten »Abflug« in einem Café ein Abschiedsfrühstück. Dort erfährt er, dass der Bäckermeister in gleicher Nacht einem Schlaganfall erlegen ist. Wie wunderbar, Leutnant Gustl ist wieder gerne unter den Lebenden, die Ehre ist gerettet. Dem noch anstehenden Duell mit einem standesgemäßen Kontrahenten, einem Rechtsanwalt, sieht er freudig entgegen. Die Novelle endet mit des Leutnants Schlachtruf: »Dich hau ich zu Krenfleisch!«

Schnitzler hatte mit dem Erscheinen der Novelle zunächst seine liebe Not. Das noble Bürgertum, vor allem aber das Militär, fühlte sich ertappt, ein Skandal war die Folge. Schnitzler galt als Nestbeschmutzer, sein jüdischer Glaube führte dazu, dass ihn die *Neue Freie Presse* gleich zum Staatsfeind ausrief.

1862–1918: Gustav Klimt,
Maler, auch »Blattgoldgustl« genannt
Mehr muss ich dazu nicht sagen. Die Gemälde sind hinlänglich bekannt, nicht nur wegen der Goldigkeit, auch durch absurde Versteigerungspreise. Mein Kunstgeschmack verfolgt weniger das Sensationelle, weshalb mir die Attersee-Landschaften Klimts so gut gefallen. Sie erfreuen mein Herz weitaus mehr als das Goldgehöhte.

1864–1945: Berta Zuckerkandl,
Schriftstellerin, Journalistin, Kritikerin und vor allem Salonnière
Sie war eine feste Größe der »Wiener Moderne«. Ihr kritischer Verstand kam nicht von ungefähr. Ihr Vater, Moritz Szeps, liberaler Zeitungsverleger, Journalist, Feindbild der Monarchie und sonstiger konservativer Basaltschädel, führte sie früh ins Wiener Intellektuellenleben ein. Bis 1938 pflegte sie einen literarischen Salon, und wer einigermaßen zum geistigen Leben der Stadt dazugehören wollte, für den waren die Soireen bei Berta Zuckerkandl eine Art Erhebung in den Adelstand. Man bewegte sich in besten Kreisen: Hier lernte Gustav Mahler seine Alma kennen. Und mit Johann Strauss, Arthur Schnitzler, Stefan Zweig, Otto Wagner, Josef Hoffmann, Max Reinhardt und anderen traf sich die gesamte wissenschaftliche und künstlerische Elite in ihrem Salon.

Die Schwester von Madame Zuckerkandl heiratete den Bruder des französischen Ministerpräsidenten Georges Clemenceau, Paul. Mitte der Zwanzigerjahre machte sich Berta Zuckerkandl ans Übersetzen französischer Dramen ins Deutsche, die Auftraggeber waren das Burgtheater oder der Impresario und Regisseur Max Reinhardt. Mit dem Anschluss Österreichs wurde ihr Leben aus der Bahn geworfen, sie entkam nach Frankreich und von dort nach Algier zu ihrem Sohn Fritz, den sie später nur noch Fréderic nennt. Sehr interessant zu lesen sind ihre Erinnerungen an diese Zeit, *Flucht! Von Bourges nach Algier, Sommer 1940*, und auch das Buch *Österreich, intime Erinnerungen 1892–1942*.

Kurz vor ihrem Tod nahm sie 1945 ein Flugzeug nach Paris, ihre Lieblingsstadt. Dort wollte sie begraben werden, auf dem Cimetière Père Lachaise, und da liegt sie nun auch.

1869–1945: Felix Salten, Schriftsteller

»Ich bin frühzeitig zur Hure geworden, ich habe alles erlebt, was ein Weib im Bett, auf Tischen, Stühlen, Bänken, an kahle Mauerecken gelehnt, [...] im Bordell und im Gefängnis überhaupt nur erleben kann.« Das unschuldige Rehkitz Bambi und die vom Leben gestählte Hure Mutzenbacher haben ein gemeinsames Geheimnis: Beide Geschichten brachte Felix Salten zu Papier. Die Bambigeschichte ging um die Welt, und Walt Disney verdiente damit ein Vermögen. Salten hatte sich nur ein kleines Salär, 1000 Dollar, auszahlen lassen.

Doch der hochgebildete Grandseigneur grämte sich deswegen nicht, er bewegte sich als Schriftsteller und sehr erfolgreicher Journalist inmitten der gescheitesten Salons, dem des »Jungen Wien« und dem der »Wiener Moderne« etwa, mit all den Künstlern und gescheiten Geistern. Er verfasste Reportagen über fast alles, was Rang und Namen hatte. Zum Deutschen Kaiser Wilhelm II. hatte er folgenden Gedanken: »Die Geschichte wird ihm Eines unbedingt zugestehen, und daran werden auch die Nörgler der Nachwelt nicht zu rütteln vermögen: dass nämlich unter seiner Regierung die Schnurrbärte einen fabelhaften Aufschwung genommen haben.«

1870–1933: Adolf Loos, Essayist und Architekt

Er gilt als Leitbild der modernen Architektur, das Looshaus am Michaelerplatz dürfte sein bekanntestes Bauwerk sein.

Heute noch viel zitiert ist sein Vortrag *Ornament und Verbrechen* aus dem Jahr 1910, mit dem er sich gegen überflüssigen Zierrat wandte. Also genau gegen das, was das Bauhaus später zum Glaubenssatz erhob und was bis heute gute Architektur und gutes Design ausmacht. Wenn ich dazu etwas beitragen darf: Nichts macht mich so verrückt wie das Wort Deko!

1873–1955: Alfred Polgar, Schriftsteller

Der Mann schrieb in höchst geschliffenem Stil, und das tat der Wiener während der Zwanzigerjahre in Berlin. Für ihn als linksliberalen Juden gab es allen Grund, 1933 aus Berlin zu fliehen. Am 10. Mai 1933 wurden seine Bücher verbrannt. Die Flucht führte Polgar erst nach Prag, dann nach Wien, Paris, Marseille und schließlich in die USA. Er verfasste Drehbücher für Metro-Goldwyn-Mayer und Artikel für Exilzeitungen und nahm die amerikanische Staatsbürgerschaft an. 1949 kehrte Polgar nach Europa zurück und ließ sich in Zürich nieder. Marcel Reich-Ranicki hat einige seiner Bücher herausgegeben, den »leisen Meister« mit verschiedenen Artikeln bedacht. Polgar bietet immer noch eine äußerst lesenswerte Literatur.

1874–1929: Hugo von Hofmannsthal, bedeutendster Dramatiker des Fin de Siècle

Einige seiner Bücher stehen in erlesenster Ausstattung in meinem Regal. Dass es von dem Großschriftsteller so viele hervorragende Sammlerausgaben gibt – aus seiner Zeit, auf Pergament, mit Goldschnitt und ausgefallener Typografie, ist eindeutiger Beweis für die Wertschätzung und den Rang, den er noch zu Lebzeiten genießen durfte.

Stefan Zweig schreibt in seinem Buch *Die Welt von Gestern* (das man übrigens unbedingt gelesen haben sollte): »Die Erscheinung des jungen Hofmannsthal ist und bleibt denkwürdig als eines der großen Wunder früher Vollendung; in der Weltliteratur kenne ich bei solcher Jugend außer bei Keats und Rimbaud kein Beispiel ähnlicher Unbefehlbarkeit in der Bemeisterung der Sprache, keine solche Weite der ideellen Beschwingtheit, kein solches Durchdrungensein mit poetischer Substanz bis in die zufälligste Zeile, wie in diesem großartigen Genius, der schon in seinem sechzehnten und siebzehnten Jahr sich mit unverlöschbaren Versen und einer noch heute nicht überbotenen Prosa in die ewigen Annalen der deutschen Sprache eingeschrieben hat. Sein persönliches Beginnen und zugleich schon Vollendetsein war ein Phänomen, wie es sich innerhalb einer Generation kaum ein zweites Mal ereignet.«

Dem ist nichts hinzuzufügen. Außer vielleicht, dass Hugo von Hofmannsthal, der auch die Salzburger Festspiele mitbegründet hat, allein schon deshalb unvergessen bleiben wird, da dort jedes Jahr sein Stück *Jedermann* aufgeführt wird.

1874–1936: Karl Kraus,
Publizist und messerscharfer Kritiker

Er förderte junge Talente, wandte sich gegen den Hetzjournalismus und gegen sprachliche Schlamperei. Sein Hauptwerk, die *Fackel*, wimmelt von Aphorismen der brillantesten Art. Er war der schreibende Giftzahn seiner Zeit und traf immer schmerzhaft ins Ziel. Ihn zum Feind zu haben, war kein Vergnügen: Denn er hatte keineswegs immer recht, ihn diesbezüglich aber zu kritisieren, hieß, es sich auf einer Handgranate bequem zu machen.

1872–1952: Emilie Flöge,
Muse und Modeschöpferin

Im Wien-Museum kann man die Dame besichtigen: Gustav Klimt verwendete für dieses Gemälde nur ganz wenig Gold.

Es wäre auch nicht angebracht gewesen, denn Flöge stand für schlichte Eleganz. 1904 eröffnete die gelernte Schneiderin mit ihren Schwestern den Modesalon »Schwestern Flöge«. Emilies Stil entsprach ungefähr der Designauffassung der Wiener Werkstätten. Ich habe es zwar noch nirgends gelesen, aber meiner Auffassung nach waren die Wiener Werkstätten Vorläufer des Bauhauses in Dessau. Die Schneiderin beschäftigte in ihrer besten Zeit bis zu achtzig Schneiderinnen. Ungefähr zeitgleich mit Coco Chanel befreite sie die Damenwelt von einschnürenden Miedern und sonstig modischer Folterei. Die langjährige Lebensgefährtin von Gustav Klimt griff auch auf modische Entwürfe des Künstlers zurück. Insgesamt pflegten beide einen höchst fruchtbaren Gedankenaustausch. 1938, als Österreich Nazideutschland mit offenen Armen empfing, verlor das Modehaus mit der jüdischen Klientel ihre wichtigste Kundschaft. Bis zu ihrem Tod schneiderte sie, sozusagen auf Sparflamme, in ihrer Privatwohnung in der Ungargasse 39 weiter.

1877–1954: Fritz von Herzmanovsky-Orlando, Schriftsteller und Zeichner

Der gelernte Architekt war ein ziemlich verrückter Kerl mit außergewöhnlichem Sprachwitz. Ein brillanter Satiriker, der ein Werk schuf, das zu seinen Lebzeiten kaum wahrgenommen wurde. Seine Themen kreisten um Esoterik, Gespenster und zahlreiche andere Unwahrscheinlichkeiten. Hinter skurrilem Humor brachte er tiefe Wahrheiten zu Papier. Seine hochfeinen literarischen Bocksprünge sind für Freunde des geschliffenen Wortes eine blühende Wiese. Friedrich Torberg kümmerte sich nach dem Tod des Schriftstellers um eine Gesamtausgabe, redigierte allerdings ein wenig heftig, aber sei's drum, so jedenfalls wurde das Œuvre des genialen Mannes der Nachwelt erhalten.

1878–1938: Egon Friedell,
Schriftsteller, Schauspieler, Kabarettist und Theaterkritiker

Vielleicht ist mir der Mann deshalb so sympathisch, weil er erst im vierten Anlauf das Abi schaffte. Er war der Schrecken der Lehrer, ein notorischer Unruhestifter und zeit seines Lebens quer zum allgemeinen Stumpfsinn.

Vor Jahren kaufte ich mir seine *Kulturgeschichte der Neuzeit*, eine Geschichtsbetrachtung aus jüdischer Perspektive. Sie ist nicht ganz objektiv, aber gerade deswegen und auch der ideologischen Reibung wegen, höchst interessant. 1935 schrieb Fridell in einer Polemik gegen das NS-Deutschland: »Das Reich des Antichristen. Jede Regung von Noblesse, Frömmigkeit, Bildung, Vernunft wird von einer Rotte verkommener Hausknechte auf die gehässigste und ordinärste Weise verfolgt.«

Der Humor und die generöse Art Friedells waren sprichwörtlich. Nach einem Kabarettauftritt in Berlin verstieg sich ein Kritiker zu einer vernichtenden Beurteilung. Er nannte Friedell einen »versoffenen Münchner Dilettanten«. Friedell reagierte in einem offenen Brief: »Es stört mich nicht, als Dilettant bezeichnet zu werden. Dilettantismus und ehrliche Kunstbemühung schließen einander nicht aus. Auch leugne ich keineswegs, dass ich dem Alkoholgenuss zugetan bin, und wenn man mir daraus einen Strick drehen will, muss ich's hinnehmen. Aber das Wort ›Münchner‹ wird ein gerichtliches Nachspiel haben.«

Am 16. März 1938 donnerten gegen 22 Uhr zwei SA-Schergen an Friedells Wohnungstür. Mal heißt es, sie hätten nach dem »Jud Friedell« gefragt. Dann heißt es, sie hätten sich in der Türe geirrt, eigentlich ein Fräulein verhaften wollen, das ein Stockwerk tiefer wohnte. Das Ende ist bei beiden Versionen gleich. Während die Haushälterin mit den beiden Braunhemden redete, öffnete Friedell im Hinterzimmer das Fenster und sprang aus dem dritten Stock in die

Tiefe. Der umsichtige wie kaltblütige Held rief noch im freien Fall: »Treten Sie zur Seite!«

1879–1964: Alma Mahler-Werfel, Künstlerin und Muse der Musik- und Literaturszene

Als »Femme fatale« geistert die Lady immer noch durch die Feuilletons. Mit genüsslichem Speichelfluss urteilen Spießer über ihr scheinbar männermordendes Dasein. Auf alle Fälle war Alma hochbegabt, ihr Klavierlehrer Alexander von Zemlinsky prophezeite ihr eine veritable künstlerische Vita. Sie müsse sich aber wohl entscheiden zwischen den Männern und der Kunst. Eine Entscheidung, die ihr Gustav Mahler abnahm. Eine Ehe mit ihm oder aber die Kunst. Wie das ausgegangen ist, wissen wir ja schon.

Nach Mahlers Tod ließ sie sich wieder einfangen, erst von Walter Gropius und schließlich von Franz Werfel. Drei geniale Männer, an die sich Alma aber nicht drangehängt hat, weil sie berühmt waren: Zum Zeitpunkt der Eheschließungen konnte man das von keinem der Herren sagen.

Wenn sich jemand in das Thema Alma Mahler hineingearbeitet, ja regelrecht hineingewühlt hat, dann ist das der Schauspieler, Theaterhasardeur und Regisseur Paulus Manker. Nahezu sechs Jahre lang führte er »by own risk« sein monumentales Alma-Mahler-Theaterstück auf. Selbstredend niemals in gleicher Fassung, sondern immer den äußeren Umständen angepasst und seiner eigenen Intuition entsprechend neu erfunden. 1996 kam »Alma« zum ersten Mal auf die Bühne, es folgten Aufführungen in Venedig, Lissabon, Los Angeles, Jerusalem und Prag, um nur einige Orte zu nennen. Letztmalig gegeben wurde es 2015 in Serbenhalle in Wiener Neustadt.

Lassen wir Manker selbst über die Muse sprechen: »Sie war eine Ikone, aber man hat sie zur Kulturnutte nieder stilisiert, und daran hat sie leider selber schuld gehabt durch ihre

Autobiographie, die sehr eitel, sehr hoffärtig und sehr unkontrolliert herausgegeben ist. Sie hat vieles entschärft, vieles weggelassen und hat versucht, im Alter ihr Leben zu schminken. Das wäre aber gar nicht notwendig gewesen, wie die Jugendtagebücher zum Beispiel zeigen, die ganz wild und weitsichtig und kühn sind. Man weiß mittlerweile durch umfassende Biographien mehr über Mahler, Kokoschka, Werfel, als die wahrscheinlich über sich selbst wussten. Und kann daher Revision einlegen bei Almas Darstellung. Was manchmal vonnöten ist. Trotzdem ist sie eine tolle Frau. Und das haben zu ihrer Lebenszeit auch die Gegner – und es gab natürlich auch große Gegner, bezeichnenderweise immer die, die gerade mit ihrer Tochter Anna liiert oder verheiratet waren. Ernst Krenek, Elias Canetti haben kein gutes Haar an ihr gelassen, auch ihre Tochter war sehr kritisch – alle haben ihr eine ungeheure Ausstrahlung konzediert, eine große Faszination.«

Alma Mahler wärmte nicht nur ihre Ehemänner, sondern noch mehr andere Genies. Bei einem Zusammentreffen mit Gerhart Hauptmann und dessen Frau legte der schon in die Jahre gekommene Dichter seine Hand auf den Oberschenkel der Schönheit: »Alma, wenigstens im Jenseits müssen wir ein Paar werden. Dafür melde ich mich jetzt schon an.« – »Aber Gerhart«, mischte sich schlagfertig Frau Hauptmann ein, »ich bin überzeugt, dass Frau Alma auch im Himmel schon gebucht ist.«

1881–1942: Stefan Zweig, Schriftsteller und Pazifist

Wer am Schottenring geboren wurde, hatte zwar nicht die Garantie für ein bequemes Leben, aber der Eintritt in die Welt erfolgte zumindest an allererster Adresse. Stefan Zweig wurde in eine reiche Familie hineingeboren – der Vater Textilunternehmer, die Mutter aus einer Bankiersfamilie stammend –, was ihm zeitlebens einen gehobenen Lebensstandard ermöglichte. In späteren Jahren brachte ihm seine sehr erfolgreiche Schreiberei weiteres Salär ein.

Die *Schachnovelle* sollte zur Grundausstattung eines jeden Lesefähigen gehören. Das andere Buch, das man gelesen haben sollte, ist *Die Welt von Gestern. Erinnerungen eines Europäers*, in dem der Autor auf sein Leben zurückblickt. Genauer, auf seine drei Leben, wie er in der Einleitung erwähnt: die Kindheit in Wien, die Zeit des Ersten Weltkriegs und schließlich das Exil.

Zweig trat in seinem Werk gegen Nationalismus und Revanchismus ein, wandte sich gegen verklemmte Sexualmoral und hielt sich schon im Elternhaus von allem Religiösen fern. Er selbst bezeichnete sich mit leichter Feder als einen »Juden durch Zufall«.

Von 1919 bis 1933 lebte er in Salzburg. Noch während des Ersten Weltkriegs hatte er das Paschinger Schlössl am Kapuzinerberg gekauft, das er nach gründlicher Renovierung bezog. Meine Frau schaffte letztes Jahr den Aufstieg zum Schlössl, das für dieses Diminutiv eigentlich viel zu groß ist. Ich schwächelte und bevorzugte den Rückzug im Café Bazar neben dem Salzburger Sacherhotel. Ich trank Bier, bis meine Bergsteigerin mich dort auslöste, weil ich meinen Geldbeutel vergessen hatte.

In seinem Domizil hoch oben auf dem Kapuzinerberg empfing Stefan Zweig die literarische Hautevolee seiner Zeit, beispielsweise Thomas Mann, Hugo von Hofmannsthal, James Joyce, Arthur Schnitzler, H. G. Wells, Carl Zuckmayer, Franz Werfel, Hans Carossa, Jakob Wassermann, Romain Rolland … Den Namen Rolland sollte man sich übrigens merken, nicht nur, weil der Mann Literaturnobelpreisträger ist. Ein Franzose, der zwei Kriege mit den Deutschen überstand und sie trotzdem liebte. Mein Opa drückte mir die Bücher dieses französischen Pazifisten in die Hand, und ich habe es nicht bereut. Romain Rolland pflegte mit Zweig eine intensive Freundschaft und beeinflusste den Sensiblen nachhaltig in Sachen Pazifismus.

Wie sollte man aber, kaum, dass der eine Krieg überstanden war, gegen die wieder zunehmende Gewalt angehen? Im Februar 1934, einige Jahre bevor auch in Österreich die teutonisch-organisierte Mörderei losging, durchsuchten einige Polizisten Zweigs Domizil auf dem Kapuzinerberg unter dem Vorwand, er würde Waffen für die Sozialisten horten. Die gewaltsame Durchsuchung fuhr dem Pazifisten dermaßen in die Knochen, dass er zwei Tage danach den Zug nach London nahm und nie mehr zurückkehrte. Doch es sollte schlimmer kommen, als er geahnt hatte – obwohl er, quasi in Sichtweite zum Obersalzberg, Hitlers frühes Agieren schon als ein »Vorspiel zu weitreichenden Eingriffen« bezeichnet hatte.

Mit Beginn des Zweiten Weltkriegs nahm er die britische Staatsbürgerschaft an, verließ die Wahlheimat aber nach ein paar Jahren, weil er glaubte, die Briten würden Deutsche und Österreicher in einen Topf werfen und ihn als feindlichen Ausländer einsacken. In der Folge konnte er sich des Lebens kaum mehr erfreuen und mäanderte durch die Welt: New York, Argentinien, Paraguay und Brasilien. In Petrópolis im Nordosten von Rio de Janeiro bezog er für fünf Monate die Casa Stefan Zweig. Dort nahm er sich gemeinsam mit seiner zweiten Frau Lotte in der Nacht zum 22. auf den 23. Februar 1942 das Leben.

1883–1945: Anton Webern, Komponist und Dirigent

Er gehörte zum inneren Kreis der jungen »Wiener Schule«, des Zirkels um Arnold Schönberg – er war einer von dessen ersten Schülern. Trotz sperriger Harmonien und ungewohnter Intervalle sah sich Webern in direkter Tradition und Linie zu Johannes Brahms und Gustav Mahler.

In meiner hier angeführten »Hall of Fame« ist Webern einer der wenigen mit nicht-jüdischer Abstammung. Der Sohn eines Freiherrn engagierte sich für die Arbeiter, war zum Beispiel Chormeister des Arbeiter-Singvereins, und wurde später von den Nazis als »Kulturbolschewist« verhöhnt. Nach dem Krieg, während eines Besuchs bei seinem Schwager in Mittelsill, wurde er von einem US-Soldaten aus Versehen erschossen. Im Hause des Schwagers rumorte gerade eine Razzia gegen Schwarzhandel, oder, wie man in Österreich sagt, gegen Schleichhandel. Webern trat vor die Türe, um eine Zigarre zu rauchen, und stieß mit einem Soldaten zusammen. Der Soldat, offenbar reichlich schreckhaft, zückte seinen Schießprügel, und so kam Anton, eigentlich Freiherr von Webern, zu einem Ehrengrab in Mittelsill im Salzburger Land.

1885–1935: Alban Berg,
Komponist

Er gilt als Begabtester des Schönberg-Kreises. Obwohl die Kompositionsweise der Schönberg-Schule in hohem Maße konstruiert war und strengen Regeln folgte, überwog bei Alban Berg die freiheitliche Handhabung zugunsten der Musikalität. Seine bekannteste Oper ist »Wozzeck«, angelehnt an den ernsten Text *Woyzeck* von Georg Büchner. Noch heute wird das Stück häufig und aus gutem Grund gespielt, die Oper gilt als eine der wichtigsten des 20. Jahrhunderts. Ähnlich erfolgreich war die Oper »Lulu«, die allerdings lange unvollendet blieb. Seine Witwe hatte gehofft, Schönberg würde sie vollenden, doch der lehnte ebenso ab wie Webern und Zemlinsky.

Nach der Machtergreifung emigrierten viele Kollegen, Berg, dessen Musik als »jüdisch« diffamiert wurde, blieb in seinem Kärntner Waldhaus. Sein Tod kann mit Fug und Recht als unglücklich bezeichnet werden. Seine sparsame

Frau bedachte nicht die Infektionsgefahr, als sie ihm einen seiner zahlreichen Eiterfurunkel kurzerhand selbst aufschnitt. Die Folge war eine Blutvergiftung, an der der Komponist verstarb. Übrigens nahm die Tochter von Alma Mahler, die Bildhauerin und Künstlerin Anna Mahler, dem Verstorbenen die Totenmaske ab.

1887–1961: Paul Wittgenstein, Pianist

Im Ersten Weltkrieg verlor der begabte Pianist seinen rechten Arm. Der Mann ließ sich deswegen aber nicht in die Defensive drängen, spielte munter weiter und beauftragte Komponisten seiner Zeit, Werke nur für die linke Hand zu schreiben.

Dass er solche Kompositionsaufträge vergeben konnte, lag an der wohlsituierten Herkunft Wittgensteins. 1929 komponierte Maurice Ravel für ihn ein Klavierkonzert in D-Dur, das »Concerto für die linke Hand«. Wittgenstein veränderte die Komposition etwas, und Ravel war darüber sehr verärgert. Wittgenstein argumentierte, Interpreten seien nicht die Sklaven von Komponisten. Ravel antwortete kurz und knapp: »Interpreten sind Sklaven.« Damit war die Zusammenarbeit beendet.

Von 1931 bis 1938 arbeitete Wittgenstein als Klavier-Professor am Neuen Wiener Konservatorium. Die Familie zahlte an die Nazis 1,8 Millionen Schweizer Franken, damit sie als »Mischlinge« in Österreich bleiben durften. Paul wollte sich aber keinesfalls mit den Nazis arrangieren, und, als er Arbeitsverbot bekam, emigrierte er 1938 über die Schweiz nach Amerika.

1889–1951: Ludwig Wittgenstein, Philosoph

Die Wittgenstein-Brüder Paul und Ludwig kamen aus einem steinreichen Elternhaus, doch die insgesamt acht Geschwister führten durchaus ein problematisches Dasein. Drei Kinder des Stahltycoons Karl Wittgenstein wählten den Freitod: Hans, Rudolf und Kurt. Auch bei Ludwig deutete nach den Erfahrungen des Ersten Weltkriegs manches auf Anflüge von Depression. Ludwig, der homosexuell war, hatte wie viele solchermaßen Veranlagte damals nicht nur eine schwere Pubertät, sondern musste auch ständig hohen Aufwand betreiben, um vor dem bis heute anhaltenden Unverständnis in der Deckung zu leben. Die seelischen Verformungen sind gar nicht hoch genug einzuschätzen. Wenn sich heute auch vieles freier zeigen und leben lässt, die Blödheit der Bevölkerung, die nicht um das kleinste Eck herumdenken möchte, sich ablehnend verhält und oft völlige Unwissenheit geradezu mit Lust und Häme festschreibt, ist geblieben.

Aber lassen wir das. Apropos lassen: Ich werde mich jetzt auch nicht weiter über Ludwig Wittgenstein auslassen. Geistig ist mir der Mann eine Nummer zu groß, eigentlich segelt er in Höhen zwischen Genie und Wahnsinn. Solch dünne Luft erlaubt es nicht, dass ich darin herumstochere. Aber halt! Wenigstens noch so viel zu meiner Satisfaktion: 1928 promovierte Ludwig Wittgenstein in Cambridge bei Bertrand Russell und George Edward Moore. Am Ende der mündlichen Prüfung über sein Traktat soll Wittgenstein seinen Professoren auf die Schulter geklopft und gesagt haben: »Don't worry, I know you'll never understand it.« (»Nehmen Sie es nicht so schwer. Ich weiß, dass Sie es wohl nie verstehen werden.«)

1890–1941: Anton Kuh, Journalist, Schriftsteller und Vortragskünstler

Es gibt die Mär, dass der Mann eigentlich Anton Kohn hieß. Da es davon im damaligen Wien aber schon so viele gab, soll er sich umtaufen lassen haben. Nach dem Motto: Kuh hieß keiner, und dann nur einer. Ist aber nur schöner Schmäh.

Er bezeichnete sich selbst gerne als »Schmutzfink der

Aufrichtigkeit« und »Schnorrer«. In Salzburg saß er einmal stundenlang im Dominikanerkeller, der damals noch von den Mönchen selbst betrieben wurde. Die Stühle wurden schon hochgestellt, es ging auf Feierabend zu. Kuh fand niemanden mehr, den er anpumpen konnte. Da kam ein Dominikanermönch mit der Rechnung. Kuh ging in die Offensive und sagte: »Sie, ich muss Ihnen da etwas beichten …«

Kuh schrieb sehr wenig, man könnte ihn – analog zum Schauspieler – einen »Sprechspieler« nennen. Aus dem Stegreif unterhielt er ganze Säle mit blendenden Inhalten und ausgefeilter Syntax. Es gab Leute, die stenografierten mit, und so entstanden seine Bücher. Von Helmut Qualtinger gibt es gesprochene YouTube-Beiträge mit Kuh'schen Texten, die ich wärmstens empfehlen kann.

Der Wortkünstler war immer in Geldnöten. Aus Zeitmangel kopierte er einmal einen Text von Egon Friedell und kassierte auch gleich den Vorschuss. Nach dem Erscheinen des Artikels meldete sich Friedell: »Überrascht stelle ich fest, dass Sie meine bescheidene Erzählung *Kaiser Josef und die Prostituierte* unverändert, nur unter Hinzufügung der Worte ›von Anton Kuh‹ veröffentlicht haben. Es ehrt mich selbstverständlich, dass Ihre Wahl auf meine kleine launige Geschichte gefallen ist, da Ihnen doch die gesamte Weltliteratur seit Homer zur Verfügung stand. Ich hätte mich deshalb gerne revanchiert, aber nach Durchsicht Ihres Gesamtwerks fand ich nichts, worunter ich meinen Namen hätte setzen mögen.«

1894–1939: Joseph Roth,
Schriftsteller

Er wurde im Ostgalizischen Brody geboren, in der heutigen Westukraine, und studierte später in Lemberg und Wien. Seine schriftstellerische Arbeit muss man zur Hälfte dem Journalismus zurechnen. Lange Jahre schrieb er für die

Frankfurter Zeitung, die ihn auch als Korrespondenten nach Paris schickte.

Er hatte einen scharfen, kritischen, manchmal melancholischen Blick auf seine Zeit, die Phase zwischen den beiden Weltkriegen. *Das Spinnennetz* und *Hotel Savoy* waren seine ersten Romane. *Radetzkymarsch* (1932) und *Die Kapuzinergruft* (1938) werden heute noch viel gelesen, man kann sie getrost der Weltliteratur zurechnen. Mir persönlich ging die Lebensgeschichte des Soldaten, der sein Bein verlor, ans Herz: *Die Rebellion* heißt das Buch aus dem Jahr 1924.

1896–1966: Heimito von Doderer, Schriftsteller

Er ist ein Großmeister der Literatur. Doderer spannt große Bögen und dementsprechend ausführlich sind die Romane, zudem mit viel Sprachwitz gefüllt. Die Bücher sind nichts für zwischendurch, schon gar nicht sein Hauptwerk *Die Strudlhofstiege oder Melzer und die Tiefe der Jahre*, von dem die Schriftstellerin Eva Manesse als Einstiegsannäherung abrät. Nicht, dass man sich hineinhirnen müsste wie beispielsweise bei Musil, nein, der Mann schreibt in verständlicher Sprache, aber er nimmt es genau, nirgends wird über etwas hinweggewischt und dadurch die Handlung beschleunigt.

Es ist ja auch immer interessant, was so ein Literaturheld privat trieb. Wie er mit Frauen umging, ist ehrlich gesagt weniger lustig. Seine Frau Gusti, eine »Halbjüdin«, ließ er schwer hängen, nach dem »Anschluss« folgte die Scheidung. Schon 1933 war er in die NSDAP eingetreten. In der Nachkriegszeit bemühte sich Doderer erfolgreich um Entnazifizierung. Er blätterte eine »Sühneabgabe« auf den Tisch, auch literarische Freunde halfen bei dem Reinwaschen. Doderer bekam wohl mildernde Umstände, da seine irrlichtende Gesinnung und auch sein verworrenes Privatleben ein vehementes Künstlertum signalisierten. Seine bisexuellen

Strudlhofstiege
201

und sadomasochistischen Neigungen bescherten ihm einen etwas schlingernden Lebenslauf, was Beziehungen angeht.

Doch letztlich stand er gewissermaßen sowieso weit außerhalb dessen, was als bürgerlicher Konsens galt. Der musste ihn nicht weiter kümmern, gehörte die Familie doch zu den oberen Zehntausend der Doppelmonarchie: Der Großvater, ein Ingenieur und Architekt aus dem Schwäbischen, der nach einer Studienreise in Wien hängen blieb, war 1877 geadelt worden. Die zwei Sprösslinge des Herrn Hofrat hatten dann das Vermögen angehäuft.

1906–2002: Billy Wilder, Filmregisseur und Produzent

Die Filme »Manche mögen's heiß«, »Das Mädchen Irma la Douce« oder »Sunset Boulevard« mögen beilspielhaft für 21 Oscar-Nominierungen stehen. Für »Das Appartement« bekam er gleich drei der begehrten Goldjungen.

Die Familie Wilder kam 1916 nach Wien, da war Samuel, genannt »Billie«, gerade zehn Jahre alt. Nach dem Krieg besuchte er immer wieder seine einstige Heimatstadt Wien, wobei ihn dabei auch die Frage umtrieb, ob denn der »grauslige Bürgermeister Lueger« immer noch im Dienst sei.

In über fünfzig Jahren schuf Wilder über sechzig Filme. Er war schon ziemlich alt, als sich ein Journalist bei ihm erkundigte, wie er denn sterben wolle. Wilder, ganz der Wiener, antwortete mit gutem Schmäh: »Ich habe vor, 104 Jahre alt zu werden. Und dann möchte ich von einem eifersüchtigen Ehemann erschossen werden, der mich mit seiner schönen Frau im Bett erwischt hat.«

1908–1979: Friedrich Torberg, Schriftsteller

Er empfand sich stets als tschechisch-österreichischer Jude und verfasste viele Geschichten, die mit liebenswürdiger Kritik an der Monarchie auch deftigen Humor transportierten. Wer sich für Wien interessiert, wer wissen will, warum Wien so anders ist als andere Großstädte, der lese *Die Tante Jolesch*. Tante Jolesch ist sicherlich die berühmteste Tante überhaupt. Sie prägte den hammerharten Satz: »Was ein Mann schöner is wie ein Aff, is ein Luxus!«

Es gäbe noch viel zu Torberg zu sagen. Man könnte sich aber auch auf Folgendes beschränken: Man lese dieses Buch und nichts als dieses Buch.

1911–2011: Leopold Hawelka, Kaffeehausbesitzer
1913–2005: Josefine Hawelka, Kaffeehausbesitzerin

Erst vor Kurzem habe ich mich nach einigem Zögern ins Café Hawelka gesetzt. In der Regel ist es ja so, dass man schöne Erinnerungen hat und beim nächsten Besuch glaubt, diese unverändert bestätigt zu bekommen. Deshalb hatte ich die Dorotheergasse eher zögerlich aufgesucht. Dort angekommen, hätte ich mich bei strahlendem Wetter draußen in der Gasse neben der berühmten Musiknotenzentrale Doblinger und gegenüber der Luxusschnitten-Manufaktur Trzesniewski niederlassen könne. Das wäre dann aber eine Melange in einem normalen Sonnenschirmcafé gewesen. Berühmte Stätten aber muss man von innen erleben, überhaupt dann, wenn Gott und die Welt draußen hocken. Und so kam es, dass ich angenehm überrascht war. Die Einrichtung hat sich kaum verändert, das Angebot ist sehr gut, der Service auch. Und abends gibt es immer noch Buchteln, nach einem Rezept der Mutter von Leopold, die aus Böhmen stammte.

Ein echtes Wiener Café ist die Heimat des Ehepaars Hawelka nie gewesen. Mehr war es ein Ort der intellektuellen Kernschmelze, den Georg Danzer sogar in einem Lied verwurschtelte: »Jö schau, so a Sau, jössas na, was mocht a Nockerter im Hawelka?« Alles, was nicht zum Gehirnstottern neigte, traf sich dort. Heute verkehren hier Leute wie ich, die ein wenig Nostalgie pflegen und auf Erscheinungen hoffen, auf die Wiederauferstehung von Werner, Canetti, Artmann, Doderer und so weiter. Sicherlich besuchen immer noch berühmte Leute diese Stätte der Kultur, bloß kennt man sie heute noch nicht.

1921–2000: Hans Carl Artmann,
Poet und Schriftsteller

In den Achtzigerjahren gab der große Schreiber eine Lesung in Schwäbisch Gmünd, ein Freund und ich übernahmen die Betreuung. Dass der dürre Schnauzbart nicht ganz vom Fleisch fiel, dafür war ich verantwortlich. Liebend gerne hätte ich ihn vollgestopft, aber der damals ungefähr Sechzigjährige zog immer noch den Bauch ein und sorgte sich um den Zuspruch literarischer Groupies. Groß, schlank, hoch aufgerichtet mit durchgedrücktem Rücken, wirkte er auf mich wie ein k.u.k.-Rittmeister, war aber seiner Gesinnung nach genau das Gegenteil. Sein Thema war nicht die Upperclass, die gesellschaftliche und politische Nomenklatura, sondern die Kritik daran. Das Herz des aus einer Schuhmacherei stammenden Dichters schlug ganz für den normalen Bürger und die sogenannten kleinen Leute. Darüber verdichtete Schilderungen zu fertigen, erlaubte ihm eine unerschöpfliche Fantasie und ein ebenso wuchernder Wortschatz.

1922–2011: Georg Kreisler,
Kabarettist, Komponist, Satiriker und Schriftsteller

Mit 16 Jahren wurde Kreisler von seinen Mitschülern als Jude bespuckt und geschlagen. Wenig später gelangte der Vater an Ausreisepapiere. Dem gut situierten Rechtsanwalt verdampfte fast sein gesamtes Vermögen in den Kanälen des Verbrecherregimes. Über Genua und Marseille emigrierte die Familie in die USA.

Sohn Georg fasste in Hollywood Fuß, wurde 1943 amerikanischer Staatbürger und zur Armee eingezogen. In England, wo er stationiert war, unterhielt er die D-Day-Truppen mit allerlei Schwarzhumorigem.

Früh hatte Kreisler Musikunterricht, aber auch seine literarische Begabung blitzte bald auf. Sie ließ ihn Lieder schreiben wie »Tauben vergiften im Park«, ein Lied, das sich bis heute als Dauerbrenner bewährt. Zeitlebens verfasste er mit Vorliebe Lieder mit morbiden Texten, und es bereitete ihm großen Spaß, das Publikum zu erschrecken. Allerdings: Mit solcherart schwarzem Humor und Tiefsinnigkeit war in den USA auf die Dauer beruflich kein Weiterkommen. 1955 kehrte er heim nach Wien und traf dort auf Komplizen wie Helmut Qualtinger. Einige seiner Lieder jedoch kamen eine Zeit lang auf den Index, durften im Rundfunk nicht gespielt werden.

Kreisler sah sich letztlich als Anarchist, in Österreich war er wegen seiner linken Weltsicht, seiner Stiche ins Fleisch des Spießbürgertums, nicht gut gelitten. Zu seiner Herkunft befragt, sagte er einmal: »Aber auf keinen Fall bin ich Österreicher, denn im Jahre 1945, nach Kriegsende, wurden die Österreicher, die 1938 Deutsche geworden waren, automatisch wieder Österreicher, aber diesmal nur diejenigen, die die Nazizeit mitgemacht hatten. Wer unter Lebensgefahr ins Ausland geflüchtet war, also auch ich, bekam seine österreichische Staatsbürgerschaft nicht mehr zurück.«

1924: Friederike Mayröcker, Schriftstellerin

Von 1946 bis 1969 arbeitete sie als Englischlehrerin an Wiener Schulen, seit 1956 wandte sie sich verstärkt auch dem Schreiben zu. In den Fünfzigerjahren war sie auf literarische Modernisten wie H.C. Artmann und Gerhard Rühm getroffen, die sich in der »Wiener Gruppe« zusammengetan hatten. Diese Gruppe wurde von Mayröcker und ihrem Lebensgefährten Ernst Jandl nachhaltig belüftet. Seit 1954 lebt sie mit dem Wiener Poeten zusammen, ein Paar, das sich in seiner Sprachbesessenheit ergänzt. Ernst Jandl, berühmt durch seine experimentelle Lyrik, sei an dieser Stelle auch noch schwer gelobt. Er starb im Juni 2002, Ottos Mops und andere seiner genialen Sprachspielereien werden bleiben.

1924–2009: Johannes Mario Simmel, Schriftsteller

Er wurde als Literat nicht sehr ernst genommen, da mochte auch gewisser Neid eine Rolle gespielt haben. Womit Simmel das Schicksal fast aller Bestsellerautoren teilt. Wobei er selbst aus diesen herausragt, mit 73 Millionen verkauften Büchern. Nach wie vor ist *Es muss nicht immer Kaviar sein* nicht nur sein meistgelesenes Buch, sondern geradezu ein geflügeltes Wort. Hinter seinen Romanen steckte oft eine wahre Geschichte, er schreckte auch vor unbequemen Inhalten nicht zurück, Gesellschaftskritik wurde in flüssige, lebhafte Sprache verpackt. Trotzdem blieb er für Kritiker lange der Trivialschreiberling schlechthin.

Begonnen hat er seine Karriere übrigens als Kulturredakteur bei der Wiener Zeitung *Welt am Abend*. Als Kollege Helmut Qualtinger wegen Widerspenstigkeit, aber auch zu harten Texten entlassen wurde, protestierte Simmel und kündigte aus Solidarität.

1928–2009: Alfred Hrdlicka, Bildhauer, Maler, Grafiker

Ein Mann wie ein unbehauener Felsbrocken. Gleich nach dem Krieg studierte er an der Akademie der Bildenden Künste Wien bei Albert Paris Gütersloh, später dann bei

Fritz Wotruba. 1964 wurde er zur Biennale nach Venedig eingeladen und damit international bekannt.

Zwischen 1971 und 1989 hatte er Lehrstühle für Bildhauerei und Gestaltung in Stuttgart, Hamburg, Berlin und Wien inne. Hier entstanden viele seiner Hauptwerke: der »Plötzenseer Totentanz« etwa, das »Gedenkmal« am Hamburger Dammtor oder, sehr sehenswert und eindrucksvoll, wenn nicht gar aufwühlend, das »Mahnmal gegen Faschismus und Krieg« auf dem Wiener Albertinaplatz. Er selbst bezeichnete es als sein wichtigstes Werk.

1928–1986: Helmut Qualtinger, Kabarettist, Schriftsteller und Schauspieler

Er gründete bereits als Schüler ein kleines Theater. Dort war einmal auch Heimito von Doderer zugegen und ermutigte ihn, diesen Weg weiterzugehen. Sein Medizinstudium brach er ab und wechselte ans Max-Reinhardt-Institut, um die Schauspielerei zu erlernen. Seine Späße waren ebenso berüchtigt wie originell. Zum ersten Mal richtig fiel er einem größeren Publikum auf, als er in einer Zeitung den Besuch des berühmten Eskimodichters Kobuk lancierte. Eine Ente! Ziemlich der gesamte Wiener Journalismus gierte nach der Lesung des Schlittenhundedramas *Heia Musch Musch*. Am Wiener Westbahnhof, es war der 3. Juli 1951, waren sie alle versammelt. Dem Zug entstieg bei Gluthitze aber nicht der Eskimo, sondern Helmut Qualtinger in Pelzmantel und Bibermütze. Ein Radioreporter fragte nach dem Befinden und bekam zur Antwort: »Haaß is!« (»Heiß ist's.«)

1961 feierte Qualtinger große Erfolge mit dem Einpersonenstück »Der Herr Karl«. Da geht es um einen netten Kolonialwarenhändler, der aus Kriegs- und Nachkriegszeit erzählt und selbstverständlich kein Nazi war, denn diese gab es ja seit Ende des Kriegs gar nicht mehr, jedenfalls in Wien ließ sich keiner mehr finden. Im Laufe der Erzählung zeigt Qualtinger deutlich die Gefährlichkeit des Normalbürgers auf, in dem so oft der Blockwart, der Denunziant, der Neider steckt und hinter dessen Biedermannfassade die Bosheit wohnt.

Qualtinger gilt bis heute als Gigant des Kabaretts, der Satire und des Schauspiels. Er stand oft mit André Heller auf der Bühne. Diese beiden Extremnaturen schrieben Kabarettgeschichte auf Hochseilniveau. Enorm ist Qualtingers Leistung in dem Film »Geschichten aus dem Wienerwald«, ein morbides Vergnügen unter der Regie von Maximilian Schell, ein gleichwohl beklemmender Film über die Zustände auf dem Land während der Kaiserzeit. Und in dem Film »Alpensaga« von Peter Turrini setzte Qualtinger seine ganze menschliche Wucht in einer Art ein, dass man sie nie mehr vergisst. Seinen letzten filmischen Auftritt hatte er als Mönch in »Der Name der Rose«. Gegen Ende der Dreharbeiten quälten ihn große Schmerzen, und er musste immer wieder pausieren. Bald darauf starb er an seinem kranken Leberlein.

1930: Gerhard Rühm,
Schriftsteller, Komponist und bildender Künstler

Rühm studierte in Wien Klavier und Komposition. Er interessierte sich auch sehr für die Zwölftonmusik und nahm Unterricht bei Josef Matthias Hauer, der – zum Leidwesen von Arnold Schönberg – das erste Zwölfton-Musikstück zur Aufführung brachte. Rühm war Mitbegründer der »Wiener Gruppe«, in der sich unter anderem H. C. Artmann, Friedrich Achleitner und Konrad Bayer der experimentellen Literatur widmeten. Gerhard Rühms Poesie bewegt sich zwischen Dichtung, Lautmalerei und visueller Performance.

1930–2014: Maximilian Schell,
Schauspieler, Regisseur und Produzent

Er wuchs in der Schweiz auf und wird in Schweizer Zeitungen zu Recht als Weltstar gehandelt. In Deutschland ist er ein deutscher Weltstar und in Österreich ein österreichischer. »Wenn ich etwas Schlechtes mache«, meinte Schell einmal, »dann sagen die Österreicher, dass ich ein Schweizer bin, die Schweizer, dass ich Deutscher bin, und die Deutschen, dass ich Österreicher bin.«

Selbstredend wurde Schell für den »Jedermann« in Salzburg engagiert. Berühmte Filme sind »Topkapi«, die »Akte Odessa« oder »Das Urteil von Nürnberg«, da bekam er einen Oscar als bester Hauptdarsteller. Schell bleibt als wirklicher Weltstar in Erinnerung, und, was nicht so oft vorkommt, er verhielt sich auch wie ein gediegener Weltstar.

1939: Erika Pluhar,
Schauspielerin, Sängerin und Autorin

Jetzt könnte es peinlich werden, denn wenn ich an diese Künstlerin denke, komme ich aus dem Schwärmen gar nicht raus. Ihre Lieder, ihre Filme, ihre Texte – ich weiß gar nicht, wo ich mit meinen Hymnen beginnen soll, also lassen wir das. Man lese ihre Bücher und höre ihre Musik! Ihre Rede anlässlich des Fernseh- und Filmpreises »Romy« in der Wiener Hofburg 2019 konnte ich im Fernsehen miterleben, da gab es die Platinerne für das Lebenswerk. Ich mag mir gar nicht vorstellen, dass dieses Lebenswerk schon vollendet sein soll. Sie ist doch noch so jung. Ich hoffe, die Dame fühlt sich auch so.

1939: Karl Merkatz,
Schauspieler

Ein grandioser Schauspieler, der in zahlreichen österreichischen Filmproduktionen und Theaterstücken mitwirkte. Um mir lange Sätze zu ersparen, schaue man sich auf YouTube wenigstens eine Folge der Serie »Ein echter Wiener geht nicht unter« an. Der Hauptdarsteller nennt sich Edmund Sackbauer, genannt »Mundl«. Sagen Sie irgendeinem

Wiener nur ein Wort, nämlich »Mundl«, und er wird Sie als Einheimische(n) anerkennen.

1940–2016: Brigitte Hamann, Historikerin

Leute, die richtig gut Bescheid wissen, haben meist eine klare Sprache. Hamanns fundierte Streifzüge durch die Historie des Hauses Habsburg oder ihr Buch *Hitler in Wien* sind Werke von wissenschaftlicher Akribie und trotzdem spannend zu lesen. Damit man ungefähr eine Vorstellung hat, welches Material da sortiert und erklärt wurde: Die Bücher, die man sich zur Erhellung einverleiben kann, nehmen mindestens einen Meter im Bücherregal ein. Ohne ihr Werk hätte mich der gewaltige Stoff der österreichischen Historie völlig zerbröselt.

1941: Senta Berger, Schauspielerin

Nach gründlicher Ausbildung im Max-Reinhardt-Seminar wurde sie bereits 1962 nach Hollywood verpflichtet und arbeitete dort mit unzähligen Weltstars zusammen, bis sie selber einer war. Berger spielte natürlich auch am Burgtheater und in Salzburg, im »Jedermann«. Mehr Ehre geht ja eigentlich nicht, zumindest aus österreichischer Sicht. Trotzdem hob die intelligente Frau nie ab, sondern blieb stets mit Ernsthaftigkeit ihrem Beruf verbunden.

1941: Bert Fragner, Esskünstler

Dem Mann beim Essen zuzuschauen, ist ganz großes Kino. Er ist aber auch ein großartiger Koch und tangierte mein kulinarisches Sonnensystem mit einem Rezept über »Wiener Bruckfleisch«. Dieses Gericht, jedenfalls seine Interpretation, gehört eigentlich auf die Liste des Weltkulturerbes. Man kann das Fragner'sche Bruckfleisch-Rezept nur mit starker Untertreibung Rezept nennen, es ist ein Essay von shakespearescher Wucht.

An das letzte Zusammentreffen mit ihm und seiner eloquenten Frau kann ich mich kaum noch erinnern. Die beiden haben mich und meine Frau gnadenlos unter den Tisch gesoffen. Also, solch begnadete Lebern, eine solch göttliche Bevorzugung, kann nur Wienern zukommen. Im Nebenberuf agiert Herr Fragner als Professor für Orientalistik, Iranistik, Turkologie, Arabistik und sonstige Wissensgebiete, von denen ich nichts verstehe. Seine Frau, auch für überregionale Logistik zuständig, schleppte des Professors Gerätschaften durch alle Wüsten des Orients. Ich ziehe den Hut und bedanke mich, dass er mir den persischen Dichter Hafis ans Herz legte. Der gehört mittlerweile quasi zu meiner Verwandtschaft.

1942: Sigrid Löffler, Literaturkritikerin

Geboren im einstigen Sudentenland und in Wien aufgewachsen, gelangte sie mit dem »Literarischen Quartett« zu großer Bekanntheit. Da fungierte sie oft als Stimme der Vernunft und argumentierte weitgehend frei von Launen und Vorurteilen, jedenfalls meiner Ansicht nach. Auch wenn Reibereien mit dem damaligen »Godfather« der Literaturkritik, Marcel Reich-Ranicki, nicht ausblieben. Über den Japaner Haruki Murakami gerieten die beiden so aneinander, dass Löffler im Jahr 2000 hinschmiss. Sie fehlt mir irgendwie.

1944: Peter Turrini, Dramatiker und Schriftsteller

Bekannt wurde er durch *Rozznjogd* (1971), *Sauschlachten* (1972) und die Fernsehserie *Alpensaga* (1974–1979). Letztere, ein Heimatfilm, aber nicht der nette Komödienstadl, zeigt schonungslos die Härte des Landlebens. Da ist man richtig froh, in unsere heutige Zeit hineingeboren zu sein, und darf gerne auf hohem Niveau über die schlechten Zeiten jammern.

Turrini lieferte in Zusammenarbeit mit Claus Peymann Stücke, die an der Ehre des Spießbürger-Wiens rüttelten. Viele seiner Werke beschäftigen sich kritisch mit Österreich und sozial ungerechten Zuständen. Turrini, Sohn eines eingewanderten italienischen Kunsttischlers, weiß noch aus seiner Jugend, was es bedeutet, ein »Gastarbeitersohn«, ein »Katzlmacher« zu sein.

1947: André Heller,
Schriftsteller, Multimediakünstler, Aktionskünstler, Autor, Poet, Chansonnier, Schauspieler

Im Hauptberuf könnte man ihn auch noch als Gärtner bezeichnen (dazu gleich mehr), besser ist es aber, man beschränkt sich auf den Sammelbegriff »Wunderknabe«. Da weiß man gar nicht, wo man mit Loben anfangen soll. Der Mann jagt so durchs Leben, dass ich das an dieser Stelle gar nicht nachkarteln könnte, ohne in Drehschwindel zu geraten. Erst in den letzten Jahren scheint eine wohltuende Nachdenklichkeit eingekehrt zu sein.

Bei allem, was er tut, und das ist viel, greift André Heller immer höher, als andere Zeitgenossen sich je trauen würden. Es wirkt oft vermessen, aber am Ende stellt sich heraus, es passt alles zusammen. So wie auch jetzt mit dem Garten. Leider sind mir als fleischgewordener Immobilie ja weite Reisen untersagt, da sonst meine Gäste vernachlässigt würden. Im Fernsehen habe ich jedoch alle seine Gartenaktivitäten verfolgt. Begonnen hat diese liebenswerte wie monströse Gartenleidenschaft vor Jahren am Gardasee. Jetzt kann Herr Heller sagen: »Ich habe einen Garten in Afrika.« Ein Wahnsinnsprojekt in Marokko, ein architektonisches und botanisches Selbstporträt sozusagen. Es kann vor Ort und im Internet durchstreift werden, unter: www.anima.garden.com.

1945: Marianne Mendt, Sängerin und Schauspielerin

Die Frau krachte in mein Leben, als ich die Fernsehserie »Kaisermühlenblues« entdeckte. Darin geht es um den Alltag in einem Gemeindebau mit vielen Mietern. Die Serie lebt von Schauspielerinnen und Schauspielern, wie es sie nur in Wien geben kann. In den 66 Folgen wird gnadenlos gewienert, was der Handlung den nötigen Pfeffer verleiht, in Deutschland aber wohl dazu beigetragen hat, dass die Filme kaum Beachtung finden.

Als Begleitmusik ist ein Blues unterlegt, den ich auch nach der letzten Folge gleich wieder hören könnte. Der »Kaisermühlenblues« gehört zu meinen Lieblingssongs, Marianne Mendt ist eine wirklich glaubhafte Jazzsängerin, die auch den Blues singen kann. Als Schauspielerin spielt sie nicht, sie »lebt« ihre Rolle. Und 1970 löste sie mit dem Hit »Wie a Glockn« eine Mundartwelle in der österreichischen Popmusik an.

1947: Franz Schuh, Schriftsteller und Essayist

In seinem jüngsten Buch *Fortuna* schreibt er, man ahnt es, über das Glück. Das ist ein erfreuliches Thema, bei all dem Mord und Totschlag auf bedrucktem Papier. Man lernt, dass man sehr viel Glück einheimsen sollte, um der Unbill des Alltags etwas entgegensetzen zu können. Wenn das mal so leicht wäre.

Schuh arbeitet auch für Rundfunkanstalten, für Zeitungen und hat einen Lehrauftrag an der Universität für angewandte Kunst in Wien. Viele kennen ihn auch aus Talkshows oder vom Fernsehen, wo er als gelernter Philosoph und Historiker immer interessante Blickwinkel zu den verschiedensten Themen des menschlichen Zusammenlebens einnimmt.

1948: Willi Resetarits, Sänger und Menschenrechtsaktivist

Der großartige Entertainer mit Sprachwitz und Geist trat mit Rock- und Bluesbands auf und rezitierte Texte in Wiener Mundart von Günter Brödl. In einer Zeit, wo alles nach Authentizität schreit, war er bereits vor vielen Jahren nichts anderes als authentisch. Der »Ostbahn-Kurti« bürstet heute noch gegen den Strich, engagiert sich für Flüchtlinge und hält nach wie vor den Österreichern den Spiegel vor.

1949–2010: Götz Kaufmann, Schauspieler, Kabarettist und Buchautor

Er erlernte den Orgelbau und besuchte später das Max-Reinhardt-Seminar, um Schauspieler zu werden. Bekannt wurde er durch Fernsehserien wie »Ein echter Wiener geht nicht unter« oder, siehe oben, »Kaisermühlenblues«, dessen unglaublich komisches Drehbuch der begnadete Ernst Hinterberger schrieb. Egal, wie simpel eine Handlung oder eine Figur sein mochten, Götz Kaufmann machte daraus immer kleine Kunstwerke.

1950: Michael Horowitz, Fotograf, Schriftsteller und Verleger

Er schrieb Biografien über Heimito von Doderer, Egon Erwin Kisch, Karl Kraus und einige andere Geistesgrößen, seine Fotografien werden in bedeutenden Galerien gezeigt, und gemeinsam mit seiner Frau Angelika betreibt er einen Verlag. Seit 2017 erscheint seine Serie »Dichter & Denker« über große Österreicher. Hätte ich die hier hineinkopiert, hätte ich mir so manche Reise nach Wien sparen können. Es gibt nichts in den Eingeweiden der Stadt und dem daraus resultierenden internationalen Flechtwerk, zu dem die beiden Horowitzens nicht Wichtiges zu sagen gehabt hätten.

1951: Georg Markus,
Journalist, Schriftsteller und Chronist

Seinem Buch *Schlag nach bei Markus* verdanke ich viele Anekdoten über Wien, das Kaiserhaus und sonstige Geschehnisse der komischsten Art. Markus gilt aber auch als ernsthafter Rechercheur, der sich nichts zusammenfantasiert, sondern historisch gründlich zu Werke geht. Sehr erfreute mich in seinem Buch das letzte Foto der Kaiserin Sisi, kurz vor ihrem Tod aufgenommen im Atelier Kolb in Bad Kissingen. Es wurde erst 1986 entdeckt und zeigt die Kaiserin im Alter von sechzig Jahren, immer noch schön, weder abgemagert noch verhärmt oder sonstwie derangiert. Mir scheint, man kann sogar Anflüge von Verschmitztheit in ihrem Gesicht erkennen.

1952: Ulrich Seidl,
Regisseur, Drehbuchautor und Produzent

In erster Linie ist er Dokumentarfilmer. Man könnte auch sagen, er ist ein Meister des Spielfilms mit authentischen Armierungen aus dem wirklichen Leben. Seidl steht für sich in der Pflicht zum ungeschminkten Realismus und zu Milieus, die zwar bekannt sind, aber gerne verdrängt werden. Der Film »Tierische Liebe« mit der intensiven, fast beklemmenden Schauspielkunst von Maria Hofstätter hat mich angesichts des schonungslosen Realismus fast geschüttelt. Mit ihr gibt es auch den nicht minder heftigen Seidl-Film »Paradies: Glaube«. Sie spielt darin eine Art »Wandermuttergottes«, die Hausbesuche macht, um Leute zum »rechten Glauben« zu bringen.

Ganz pauschal gesagt sind die Werke Seidls das Gegenteil der Honigsüße, die man in deutschen Filmen so oft in die Augen geschmiert bekommt. Manches bei ihm mag übertrieben wirken, ist es aber nicht. Manches ist verstörend, manches entlarvend, man bekommt manchmal auch eine neue Sicht, vor allem auf sich selbst. Seidl-Filme sind jedenfalls ein gutes Therapeutikum, um den wirklich wahrhaftigen Alltag aushalten zu können und der heutigen, weich gespülten Lügenwelt zu entkommen.

1954: Robert Menasse,
Regisseur, Drehbuchautor und Produzent
Ein wirklich großer Literat, der es mit seinem jüngst erschienenen Buch über Brüssel und die EU schaffte, dass ich mich für den viel gescholtenen Nationen-Verbund zu interessieren begann: Für die Satire *Die Hauptstadt* über Brüssel und das dortige Beamtentum, in dem auch ein österreichischer Schweinezüchter, ein polnischer Killer und ein Auschwitzüberlebender im Altersheim Rollen spielen, bekam er 2017 den Deutschen Buchpreis. Menasse ist zweifellos ein Fels in der heutigen Literaturlandschaft. Dass er das Café Sperl in der Gumpendorfer Straße als Frühstücksolymp auserkoren hat, zeugt zudem von besonderer Klasse.

1956: Wolfgang Puschnig,
Jazzsaxofonist, Komponist und Bandleader
Er steht stellvertretend für das »Vienna Art Orchester«, eine experimentelle Big Band, die Geschichte geschrieben und 2010 leider ihr letztes Konzert gegeben hat. Infolge der Finanzkrise 2008 waren der Band nicht nur Engagements weggebrochen, sondern auch Sponsoren.
In der Big Band, die jahrelang der Schweizer Komponist und musikalische Grenzgänger Mathias Rüegg leitete, spielten die besten Musiker Österreichs. Um unter den ungefähr zwanzig Musikern nur einige zu nennen: der Wiener Michael Mantler an der Trompete, der Wiener Harry Sokal am Saxofon, aber

auch der Australier Adrian Mears an der Posaune oder mein Stuttgarter Idol Herbert Joos an der Trompete. Nicht zu vergessen die Österreicher Christian Muthspiel (Posaune), Thomas Gansch (Trompete), der Schweizer Andy Scherrer (Tenorsaxofon) und eben Puschnig, gemeinsam mit Rüegg Gründungsmitglied der Truppe.

1958: Paulus Manker,
Schauspieler, Regisseur, Produzent und der Risikoartist des Theaters

Ein Theaterschauspieler, das hat Manker sinngemäß so erklärt, müsse zwar alles geben, aber auf der Bühne tatsächlich schauspielern, da er am nächsten Tag ja noch unter den Lebenden weilen sollte, um wiederum die Bühne erklimmen zu können. Im Film sei das ganz anders, da müsse man weniger schauspielern, sondern könne volles Risiko spielen, sozusagen auf Leben und Tod.

Es ist sicher 15 Jahre her, da spielte ich recht und schlecht einen schweißtriefenden Koch im einem Wiener Mafiamilieufilm namens »Basta, Rotwein oder Totsein«. Alle Szenen – bis auf die mit Corinna Harfouch, Henry Hübchen und Moritz Bleibtreu – kamen in geschertestem Wienerisch daher, was den Film für Deutsche recht unverständlich machte. Paulus Manker spielte einen Zuhälter der schlimmsten Strizzi-Sorte. Laut Drehbuch hatte er einen Gang zu mir in die Küche zu absolvieren. Mit all den Objektivwechseln musste er mindestens fünfmal im Vorbeigehen eine rohe Zwiebel greifen, hineinbeißen und genüsslich kauen. Auf Leben und Tod eben. Aber es kam noch schlimmer, als ich nämlich den Gangster Manker in Blätterteig einhüllte und ihn quasi als Filet Wellington in einen riesigen Pizzaofen schob. Der Regisseur Pepe Danquart hatte zwar gesagt, ich solle nicht so stark würzen, da das der Haut des Herrn Manker abträglich sei. Doch Manker hat sich nie mit Fakes aufgehalten, er bestand auf Vollgas, und so puderte ich ihn auf eigenen Wunsch mit Cayennepfeffer, Salz, Ingwer und allen Juckpulvern dieser Welt. Der gute Mann musste das Verrecken nicht spielen, er durchlebte es wirklich. Als die Drehsequenz beendet war und ich den Heroen wieder aus dem (kalten, trotzdem rot leuchtenden) Ofen zog, explodierte Manker unter seiner Teighülle regelrecht. Es haute ihn von dem extra angefertigten Riesenkuchenblech, als wäre eine Handgranate unter ihm hochgegangen. »Leckt's mich am Orsch allesamt!« Sprach's und rannte nackt zu den Aufenthaltsräumen, um die Gewürze von seiner krebsroten Haut abzuwaschen.

1959: Gudrun Harrer,
Journalistin
Die Spezialistin für Arabistik und Islamwissenschaften ist seit langer Zeit leitende Redakteurin bei der Zeitung *Der Standard*. Für Außenpolitik zuständig, ist sie insbesondere als Nahostexpertin gefragte. Vor Jahren schrieb sie über Kulinarisches für meine Reihe *Häuptling Eigener Herd*, und aus dieser Zeit kenne ich sie auch als nachdenkliche Feinschmeckerin und angenehme Tischgenossin.

1975: Daniel Kehlmann,
Schriftsteller
Nicht weit weg vom Michaelerplatz, beim Café Central, im Auge des Hurrikans also, den man internationalen Tourismus nennt, steht ein architektonisches Juwel: ein Hochhaus, an dem jeder vorbeiläuft. Hier, in der Herrengasse 6–8, soll Herr Kehlmann ein Appartement bewohnen. Das zeichnet ihn zwar noch nicht als außergewöhnlichen Schriftsteller aus, ich musste aber an ihn denken, als ich dort im höchsten Stockwerk über die Stadt blickte. Die Aussicht kann einen schon zu Höhenflügen animieren. Seine Literatur lernte ich mit *Die Vermessung der Welt* kennen, ein Buch, das mich ge-

nauso faszinierte wie Christoph Ransmayrs *Die Schrecken des Eises und der Finsternis*.

1961: Christian Seiler, Journalist, Buchautor und Gastronomiekritiker

Er arbeitete als Kulturchef bei der Schweizer *Weltwoche*, als Chefredakteur der österreichischen Zeitschrift *Profil* und des Kulturmagazins *Du* und begab sich dann als Publizist und Verleger in die freie Wildbahn. Sehr lesenswert ist *Feuerkopf*, Seilers Biografie über André Heller. In seinem Verlag CSV erschienen 2018 *Ich lebe gerne, sonst wäre ich tot* von Willi Resetarits und das wunderbare Buch *Zum schwarzen Kameel* über jenes Restaurant und Kaffeehaus, das zur Heimat vieler gescheiter Leute wurde und solcher, die das von sich glauben. Seiler ist außerdem ein wirklicher Kenner der Küche und der Gastronomie und so ziemlich der Einzige, dessen Empfehlungen ich nicht hinterfrage.

1970: Eva Menasse, Journalistin und Schriftstellerin

Die Wienerin lebt in Berlin und hat einen Halbbruder, dessen Namen ich nicht verrate. Über Wien hat sie das Buch *Vienna* geschrieben, das zur Grundausstattung aller Wienliebhaber gehören sollte. Zahlreiche Preise konnte sie wegen ihrer Schreibkunst und klaren Haltung zu Menschenrechten oder politischer Schwätzerei einheimsen.

1973: David Schalko, Regisseur und Autor

Die Aufnahmeprüfung zum Max-Reinhardt-Seminar schaffte Schalko nicht. Welch ein Glück, denn nach dem Abbruch seines Wirtschaftsstudiums verlegte er sich auf Lyrik und bald aufs Drehbuchschreiben. 2011 kam die Serie »Braunschlag« ins Fernsehen. Es ging um eine vorgetäuschte

Marienverehrung in einem Waldviertler Kaff, das sich dadurch Pilgerströme erhoffte, was tatsächlich eintrat. Für den ORF und hoffentlich auch für den Autor ein großer Erfolg mit über einer Million Zuschauern.

2014 drehte Schalko den Dreiteiler »Altes Geld«, zur Besetzung gehörten Udo Klier, Sunnyi Melles, Cornelius Obonya, Nicholas Ofczarek, Nora von Waldstätten und Edita Malovčić. Die Serie über den Superreichen (Udo Klier), der eine Spenderleber braucht, habe ich mir dreimal angesehen. Wie der vom Tod Bedrohte nach einer Dreckelei der vermeintlichen Erben unversehens gesund ist und die verdammte Verwandtschaft ziemlich im Eimer, das ist allerbestes Schauspiel. Sehr lesenswert ist übrigens auch das Buch von David Schalko, das 2018 in die Buchläden kam: *Schwere Knochen* ist ein Schwindlerdrama über die Nachkriegszeit in Wien und über den Schwarzmarkt, der hier ganz charmant »Schleichhandel« heißt.

1974: Georg Gaugusch,
Inhaber von »Jungmann & Neffe« am Albertinaplatz

Sein Großvater Walter Suchy übernahm 1942 die Stoffhandlung »Jungmann & Neffe«, die über dessen Tochter und dann die Enkelin an Georg Gaugusch vererbt wurde. Der Historiker kann anhand der Auftragsbücher die illustre Klientel nachvollziehen: Darin finden sich neben den Stoffmustern der bestellten Kleider auch genaue Angaben zu Schnitt, Machart und Preis. Selbstverständlich sind auch die Namen der Kunden vermerkt, so zum Beispiel: Kaiserin Elisabeth, Marie Gräfin Larisch-Wallersee, Sophie Gräfin Chotek, Erzherzogin Maria Josepha von Österreich, Baronesse Mary Vetsera, Kronprinzessin Stephanie von Österreich, Königin Maria Pia von Portugal, Fürstin Pauline von Metternich und Kaiserin Auguste Viktoria von Preußen. Neben der Hocharistokratie zählten auch viele Damen der Hochfinanz und

Mit der Seniorchefin, Jungmann & Neffe

der Großindustrie zu den Kunden, darunter die Familien Ephrussi, Rothschild, Mautner-Markhof und Ringhoffer.

Bis in die Dreißigerjahre gab es hier nur Damenmoden zu kaufen, dann wurde auf Herrenmode umgestellt. Zum Glück, sonst hätte ich hier nicht erst ein Taschentuch (handrolliert) und bei einem weiteren Besuch zwei Seidenschals erstehen können.

Durch die Auftragsbücher kam Gaugusch auch zur Genealogie. Nicht nur die letzten Besitzer des Geschäfts waren Juden, auch weite Teile der Kundschaft. Gaugusch legt Wert darauf, dass seine Vorfahren einen fairen Preis bezahlten. Zwei Folianten sind bereits mit seinen Rechercheergebnissen zum Thema *Wer einmal war. Das jüdische Großbürgertum Wiens, 1800–1938,* erschienen. Der erste Band umfasst die

Buchstaben A bis K, der zweite reicht von L bis R, und der dritte Band ist noch in Arbeit. Wer diese Bücher wenigstens nur durchgeblättert hat, dem dämmert, dass die Kultur Wiens ohne die jüdische Intelligenz nicht mal in Ansätzen möglich gewesen wäre. Wenn man sich heute so die Figuren des prominenten Stadtlebens, vor allem der Politik, anschaut, könnte man grad einen Weinkrampf bekommen.

Gute Orte

KAFFEEHÄUSER

Cafés in Wien darf man nicht mit unseren Cafés in Deutschland verwechseln: Ein Wiener Kaffeehaus ist eine Art Wohnung. Morgens wird gefrühstückt, später kann man eine Jause zu sich nehmen, dann ein Mittagessen, gefolgt von einem Stück Kuchen, und sich bis in den Abend hinein hier verlustieren. Wobei man nicht gedrängt wird, dauernd etwas zu verzehren. Den Service übernehmen in der Mehrzahl geübte Leute und keine studentischen Aushilfskräfte. Also Vorsicht, diese Leute sind mit dem Gast meist auf Augenhöhe. Dass das nicht von allen verstanden wird, sieht man in so mancher vernichtenden Bewertung im Internet. Aus den Beurteilungen auf verschiedenen Plattformen kann man mit etwas psychologischem Einfühlungsvermögen vieles herauslesen. Zum einen fühlt sich so ziemlich jeder Melange-Trinker, sofern deutscher Ethnie entsprungen, als absolut wichtigster Gast weltweit. Dem muss natürlich Rechnung getragen werden. Bleibt der Kotau aus, geht der Daumen schon mal nach unten. Der dehydrierte, fast komatös erschöpfte Tourist grüßt den Service meistens auch nicht, und wenn dann noch unfreundlich bestellt wird, kann man von einem gestandenen Kellner eigentlich nicht erwarten, sich selbst verachtend und wie bei italienischen Grinse-Koboldens oft zu beobachten, mit einer Art Leck-mich-Freundlichkeit weiterzuschleimen. »Die Würde des Menschen ist unantastbar«, so steht's im Gesetz. Und das gilt auch für das Servicepersonal. Ich jedenfalls halte meine Hand über jeden Kellner, der nach dem tausendsten Chinesen zu Recht etwas erschöpft sein dürfte.

So, nun aber zu meiner Liste mit guten Orten in Wien – und bitte, seien Sie nachsichtig, wenn Sie dort gastieren.

Café Bräunerhof, Stallburggasse 2, 1010 Wien
Kein Pracht-Café, aber trotzdem ein Original, eine Intellektuellenheimstatt mit Stammkundschaft und ohne Homepage. Der große Vorteil ist, dass der kleine Eingang vor durchtrampelnden Horden schützt. Sozusagen eine Undercover-Bleibe, in der man noch echte Wiener findet, deshalb gibt es auch keine Homepage. Internetbewertungen für den Bräunerhof finden sich hingegen – und sie weisen auf einen schlechten Service, was immer sicheres Zeichen dafür ist, dass echte Wiener Kellner am Werk sind und keine »Schleppneger«, die man beliebig herumscheuchen kann.

Café Central, Herrengasse 14, 1010 Wien
Das Frühstück ist sehr gut, gegen später rumpeln viele Touristen durch die Idylle. Ich war immer morgens dort, und es war ganz wunderbar. Man sollte überhaupt in Sachen Weltkulturerbe möglichst früh dran und in der Poleposition sein, um sich anschließend gemütlich in einen Park verdrücken zu können, bis einen die Sehnsucht nach einem Mittagessen überwältigt. Die Räumlichkeiten des Central, im gotischen Stil gehalten, könnte man durchaus überwältigend nennen.
www.cafecentral.wien

Café Gerstner, Kärntnerstraße 51, 1010 Wien
Ich habe es leider noch nie hineingeschafft, denn es war jedes Mal überfüllt. Hineinquetschen geht nicht, denn an der Treppe steht ein Concierge, der nur jemanden hinauflässt, wenn jemand herabkommt. Die Räumlichkeiten müssen sehr exquisit sein, berühmt ist der einstige Hofzuckerbäcker für seine Schnitten: Kardinals-, Vanilleschaum-, Himbeer- und viele weitere süße Sünden gibt es zu verkosten.

Was Thomas Bernhard zu sich nahm, weiß ich nicht. Jedenfalls sollte er 1968 den Österreichischen Staatspreis für Romane bekommen. Dafür hatte er beim Herrenausstatter »Sir Henry« einen dunklen Anzug erstanden und ging anschließend mit seinem »Lebensmenschen« Hedwig Stavianicek, auch »Tante« oder »Ersatzmutter« genannt, für ein kleines Essen in den ersten Stock des Café Gerstner.

Bevor kurz darauf die Preisverleihung im Saal des Unterrichtsministeriums begann, stand Bernhard neben dem Minister, der ihn aber gar nicht erkannte und immer wieder rief, wo denn der Bernhard bliebe. Insgesamt war es eine kafkaeske Situation, die sich bei der Verleihung fortsetzte. In der Laudatio salbadert der Kulturpolitiker über einen Südseeroman, den kein Mensch kannte. Es fiel auch der Satz, Bernhard sei ein in »Holland geborener Ausländer«.

Bernhard blieb cool und nutzte anschließend seine Ansprache zu einer Vernichtungssuada auf die österreichische Mentalität: »Der Staat ist ein Gebilde, das fortwährend zum Scheitern, das Volk ein solches, das ununterbrochen zur Infamie und Geistesschwäche verurteilt ist.« Der Saal begann zu wackeln, das Publikum geriet an den Rand der Randale, der Minister eilte ins Freie. Hinterher spazierte Bernhard wieder zu »Sir Henry« und erklärte, der Anzug passe überhaupt nicht. So oder so ähnlich kann man alles haarklein in Bernhards Buch *Meine Preise* nachlesen. *www.gerstner-konditorei.at*

Café Korb, Brandstätte 7–9, 1010 Wien

Susanne Widl ist 75 Jahre alt und immer noch eine Schönheit. Nach vielen Erfolgen als Schauspielerin, Performance-Künstlerin und Model übernahm sie im Jahr 2000 nach dem Tod ihrer Mutter das Café und ist bis heute die Inhaberin. Widl kannte Berühmtheiten wie Burt Lancaster, Peter Falk oder Eddie Constantine. Ich hoffte bei meinem Besuch, die Dame anzutreffen, aber sie genießt die Unregelmäßigkeit des Pensionistendaseins und erfreute sich gerade anderswo. Ich nahm trotzdem zwei Eier im Glas.

Zwei Kellner mit schwarzer Fliege, schwarzem Anzug und mittleren Alters kümmerten sich warmherzig um mich und eine ganze Reihe etwas älterer Stammgäste. Es fühlte sich an, als säße ich inmitten einer friedlichen Familie. Das ist ja alleine schon etwas Besonderes. Aber Wiener Kaffeehäuser sind noch mehr: nicht nur zweite Heimat für die Anwohner der näheren Umgebung, so mancher ältere Kunde entgeht mithilfe solcher Etablissements der Abschiebung in ein Altersheim. *www.cafekorb.at*

Café Landtmann, Universitätsring 4, 1010 Wien

Ein herrschaftliches Lokal, jedenfalls innen. Draußen würde ich mich wie im Zoo fühlen. Allerdings, der Blick aufs Rathaus und das ganz nahe Burgtheater lohnt sich auf alle Fälle. Es gibt Wiener, die können diesen Betrieb nicht leiden, auch, weil dort das höhere Beamtentum verkehrt. So was ficht mich aber nicht an. Die Heerscharen von sehr aufmerksamen Obern sind beeindruckend und eine absolute Wohlfühlgarantie. *www.landtmann.at*

Café Prückel, Stubenring 24, 1010 Wien

Es ist an der Ringstraße zu finden, ein Haus mit großer Tradition und ein wirkliches Kaffeehaus mit hohen, royalen Räumen. Meine Empfehlung, generell, aber hier ganz besonders geltend: möglichst nicht im Freien sitzen, denn dort ist es auch nicht viel anders als in der heimischen Eisdiele. Wenn man schon solche architektonischen Monumente besucht, dann dort, wo die Architektur auch zu finden ist. *www.prueckel.at*

Café Raimund, Volksgartenstraße 5, 1010 Wien
Seit 1900 gleich gegenüber dem Wiener Volkstheater, ein Haus mit großer Tradition (Berta Zuckerkandl, Egon Friedell und einige andere von meiner Promiliste waren schon hier), aber modern und effektiv geführt. Rundum gut. *www.cafe-raimund.com*

Café Sacher, Philharmoniker Straße 4, 1010 Wien
In das berühmte Café gleich hinter der Oper habe ich es auch noch nie hineingeschafft, obwohl ich im Hotel Sacher im gleichen Haus schon öfter gewohnt habe.

Ab halb zehn am Morgen drängen sich die Reisegruppen in langen Schlangen vor dem Kaffee. Das alles erinnert an die Staus vor den Sicherheitsschleusen im Flughafen. Man ist weder Gast noch Kunde, sondern »cattle« – auf mich wirken solche Szenen, als hätten Cowboys Rindviecher zusammengetrieben. Na ja, vielleicht bin ich auch nur neidisch, die Sachertorte ist schon eine goldene Kuh, die sehr beim Wirtschaften hilft. *www.sacher.com*

Konditorei Demel, Kohlmarkt 14, 1010 Wien
Hervorragende Süßspeisen und dazu eine Einrichtung Original Jahrhundertwende. Von 8 Uhr morgens bis etwa 10 Uhr kann man hier wunderbar frühstücken, dann kommen die Handyfotografen in Divisionsstärke. Sehr interessant: Im hinteren Raum kann man, abgetrennt durch eine hohe Glaswand, den Konditoren bei der Arbeit zuschauen. *www.demel.com*

Loos Bar, Kärntner Durchgang 10, 1010 Wien
Eine Bar ist natürlich kein Kaffeehaus, aber zu den Gasthäusern hätte dieser Ort nun auch nicht gepasst. Besuchen sollten Sie ihn in jedem Fall.

Steht man mit dem Rücken zur Pforte des Stephansdoms, geht es gegenüber die U-Bahn-Rolltreppe zur Virgilkapelle hinunter. Nun läuft man im rechten Winkel nach links und zwar so lange, bis die Kärntnerstraße beginnt. Am ersten kleinen Gässchen rechts abgebogen, und wir sind im Zielgebiet. Das eigentliche Ziel ist trotzdem schwer zu finden, denn außen steht »American Bar«. Loos Bar hat sich allerdings eingebürgert, denn die kleine dunkle Bar ist ein architektonisches Weltereignis, das seinen Ruf dem Architekten Adolf Loos verdankt.

Haben sich die Augen an die Dunkelheit gewöhnt, ahnt man die Schönheit. Noch schöner wird es, wenn man hier seinen Aperitif einnimmt, als Vorbereitung für spätere Wiener Schwerverdaulichkeiten. Die Männer hinter der Bar gelten als absolute Könner, aber mit derartigen Mixgetränken kenne ich mich nicht besonders gut aus. *www.loosbar.at*

Palmenhaus, Burggarten 1, 1010 Wien
Gleich beim Albertinaplatz ums Eck findet sich dieser wunderbare Ort. Ich habe ja geschrieben, man solle die Architektur eines Cafés im Inneren bewundern. Das gilt nicht ganz: Die Terrasse des Palmenhauses zumindest, mit Blick auf den Burggarten, sollte man sich nicht entgehen lassen. *www.palmenhaus.at*

Café Sperl, Gumpendorfer Straße 11, 1060 Wien
Das ist mein Lieblingslokal. Original eingerichtet, sogar mit echten alten Billardtischen, und obendrein gesegnet mit einer guten Köchin. Was will man mehr? Ach ja, um des Namedroppings wegen sei erwähnt, dass der famose Schriftsteller

Robert Menasse hier oft sein Frühstück einnimmt. Was mich einmal mehr zu Thomas Bernhard bringt.

Menasse erzählt in dem wunderbaren Buch *Im Kaffeehaus* des Fotografen Sepp Dreissinger, wie er im Café Sperl den Thomas Bernhard sitzen sieht. Wie er sich mit dem Bildhauer Alfred Hrdlicka um die Zeitungen stritt und wie sich dann ein großer, schwarzer Vogel ins Café verirrte, ein Rabe oder eine russische Saatkrähe. Panisch flog der Vogel durch den Raum, berichtet Menasse, die Kellner »flügelschlagend« hinterher. Die ganze Kaffeegesellschaft in heller Aufregung. Ein einzelner Mensch saß vollkommen regungslos und unbeweglich, so, als würde er gar nichts bemerken: Thomas Bernhard gab den einzigen Ruhepol im Café. Und deswegen setzte sich der Vogel, der schon gar nicht mehr wusste, was er machen sollte, auf die Schulter von Thomas Bernhard. Kaum saß der Vogel dort, erstarrte das ganze Café, die Ober, die Gäste. Es war, als wäre alles wie in einem Standbild festgefroren. Dann blätterte Thomas Bernhard die Zeitung um. In diesem Moment flog der Vogl auf und direkt durch das Fenster nach draußen. Ein paar Tage später war Thomas Bernhard tot. *www.cafesperl.at*

GASTHÄUSER

In Wien schlecht zu essen, ist ein Kunststück. Richtig gutes Essen, das findet sich aber trotzdem nicht an jeder Ecke. Man kann aber versichert sein: Wer es auf die folgenden Seiten dieses Buches, in meine persönliche »Hall of Fame«, geschafft hat, kocht keinen Schmarrn zusammen. Wobei ich sicherlich mindestens fünfzig gute Restaurants mangels Gummimagen nicht habe aufsuchen können. Alle hier genannten Gasthäuser sind keine Touristenhöllen, sondern die Futterluke der Einheimischen, die in so komfortablen Umständen leben, dass die Gasthäuser auch mittags voll sind. Also immer den Tisch vorab telefonisch reservieren, auch wenn es nur ein vermeintlich mickriges Beisl ist.

Fabios, Tuchlauben 4–6, 1010 Wien
Wenn es zu einer Gulasch- oder Schnitzelallergie kommen sollte, bietet dieser exquisite Italiener eine gute Lösung in der Not. Vom Stephansdom kommend, hinter der Peterskirche, ist er leicht zu finden. Achtung, Pizza gibt's nicht.
www.fabios.at

Gasthaus zu den 3 Hacken, Singerstraße 28, 1010 Wien
Sehr gute Bewertungen, aber auch ganz schlechte. Die schöne Wirtin Josefine Zawadil sei arrogant, die Bedienung widerborstig, das Übliche also. Wir hatten das ja schon: Führt sich in Wien ein Gast als Arschloch auf, wird er auch so behandelt. Aus meiner Sicht ist das Beisl über jede Kritik erhaben, es gibt sehr gute Wiener Küche, und das nicht erst seit gestern, sondern seit Franz Schubert als Stammgast hier abhing.
www.zuden3hacken.at

Oswald & Kalb, Bäckerstraße 14, 1010 Wien
Hier, im alten Universitätsviertel und unweit von Stephansdom und Peterskirche, gibt es echte Wiener Küche. Ich habe mit Frau Elisabeth dort sehr gut gegessen. Der Tisch war zwar zugig, aber wer beim Essen friert, muss krank sein.
www.oswaldundkalb.at

Plachutta, Wollzeile 38, 1010 Wien
Plachutta, Auhofstraße 1, 1130 Wien
Während man im Stammhaus an der Oper tatsächlich Touristen antrifft, ist die Hietzinger Auhofstraße eine recht edle Gegend, kein Touristenkampfplatz. Wie üblich bei Plachutta, gibt es am Essen hier wie dort nichts zu meckern, schon gar

nicht am Tafelspitz. *www.plachutta-wollzeile.at und www.plachutta-hietzing.at*

Vestibül – Restaurant im Burgtheater, Universitätsring 2, 1010 Wien

Einige Male war ich dort essen, es war meist sehr gut, nur manchmal ein bisschen weniger gut. Die Räumlichkeiten, überhaupt der ganze Betrieb, haben eine Aura der klassischen Eleganz, dass man einen Besuch dort nie vergessen wird. Das Vestibül gehört zu meinen Lieblingslokalen. *www.vestibuel.at*

Weibels Wirtshaus, Kumpfgasse 2, 1010 Wien

Klein, fein, die Küche richtig gut und wie der Service direkt und ohne Faxen. Der holzgetäfelte kleine Raum mit der Theke in der Mitte lässt Heimatgefühle aufkommen.

Nicht weit davon, in der Wollzeile 5, betreibt Maria, die Frau des Herrn Weibel, seit dreißig Jahren eine Weinbar mit ausgesuchten Tropfen für eine kenntnisreiche Kundschaft. *www.weibel.at*

Zum Schwarzen Kameel, Bognergasse 5, 1010 Wien

Von dem Lokal wusste ich schon als junger Kerl, richtig interessiert hat es mich aber auch später zunächst nicht, da ich vermutete, es sei eine reine Schickimicki-Absteige. Das stimmt aber ganz und gar nicht. Sicher, ein buntes Völkchen lässt sich dort nieder, von der Volltätowierung bis zum Pfarrersbäffchen kann man hier alles sehen. Draußen, auf der Terrasse, kann man sich stundenlang am Anblick wichtiger Wiener erfreuen. Drinnen, in der Abteilung für Essen mit Tischdecke, geht man es ruhiger an. Und über allem wacht ein Herr, den viele für den Wiedergänger Kaiser Franz Josephs halten.

Wirklich sehr gute Wiener Schnitzel sind in Wien längst

nicht an jeder Ecke zu haben, hier aber erlebe ich jedes Mal wieder ein kleines Schnitzel-Wunder. Aber auch, im Kameel ein Frühstück zu sich zu nehmen mit Kaisersemmel, Butter und Beinschinken, allein das wäre eine Reise wert. *www.kameel.at*

Stadtgasthaus Eisvogel, Riesenradplatz 5, 1020 Wien
Wer sich in den Prater verirrt, kann sich auf der Terrasse des Eisvogel sehr gut einstimmen. Man sitzt nahezu direkt unterm Riesenrad. Allein das Zuschauen ist ziemlich spannend, denn es hält andauernd, weil dauernd eine der Kabinen bestiegen wird. Ob das alte Vehikel wieder startet? Man atmet auf, wenn es sich wieder dreht, dieses Riesenrad, das schon weit über hundert Jahre auf dem Buckel hat. Zu diesem sanften Spektakel genehmigte ich mir ein hervorragendes Gulasch. Vorher hatte ich eine Leberknödelsuppe und danach keine Lust mehr auf die berühmte Geisterbahn oder sonstigen Prater-Jux. *www.stadtgasthaus-eisvogel.at*

Gmoakeller, Am Heumarkt 25, 1030 Wien
Von diesem herrlichen Gasthaus wusste ich lange nichts, obwohl es gleich hinter dem Konzerthaus zu finden ist. Erst im Zuge meiner Recherchen zu Joe Zawinul rückte mir das schöne Wiener Gasthaus vors Auge. Dort war ich bisher noch nicht, aber als ich auf der Homepage die weißen Tischdecken sah, nahm ich mir einen Besuch bei der nächsten Wien-Reise fest vor: Essen auf weißen Tischdecken ist selten schlecht – und das haben mir auch Freunde bestätigt, die bereits im Gmoakeller waren. *www.gmoakeller.at*

Meierei im Stadtpark, Am Heumarkt 2a, 1030 Wien
Vergleichbares kenne ich nicht: frische, helle Atmosphäre im Inneren, mit Blick auf den Wienfluss. Kleine schmackhafte Gerichte, tolle Weinkarte, geschliffener Service, ein Käse-

brett, dass man bleicher wird wie ein Camembert, und dann noch von einer preiswerten Art, die den deutschen Wirt als Wucherer zurücklässt. Neben dem Roten Salon im Hotel Sacher aß ich hier mein bestes Wiener Schnitzel, vorher gab's grünen Spargel mit einem Glas Veltliner. Ich erspähte dann auf der Karte das Wort »Heumilch«, was mich für den Hauptgang zu einem Experiment verleitete: Wiener Schnitzel mit Milch, das hat mir saugut geschmeckt und ist mir besser bekommen als ein Kuraufenthalt. Als Dessert nahm ich noch ein kleines Gulasch, eine Erfahrung, die an Erleuchtung grenzte und mich demütig stimmte. *www.steirereck.at/meierei*

Restaurant Steirereck, Am Heumarkt 2a, 1030 Wien
Beim letzten Besuch sagte ich es dem Herrn Reitbauer und seiner Frau geradeaus ins Gesicht: »Das Steirereck hat Michelin-Sterne, steht aber eigentlich darüber!« Für mich steht es für eine der besten Küchen Europas. Wenn man bedenkt, dass ich schon mindestens den Gegenwert eines Hauses dort vervespert habe, mag man mir das glauben.

Solcherlei Küchen sind keineswegs meine Leidenschaft, ich meide sie eigentlich, so gut ich kann. Denn was ich nicht aushalte, sind Menüs mit mehr als sechs Gängen. Da kommt eine Kleinigkeit, nach 20 Minuten geht es weiter, und nach vier Stunden hat man insgesamt gefühlt maximal 20 Minuten wirklich gegessen. Und was macht man in den Pausen? Die Leerzeiten derartiger kulinarischer Meditationen summieren sich oft auf mehr als zwei Stunden. Dieses Vakuum will mit Trinken überbrückt werden. Nach so einer zähen Tortur ist man richtig vollgeflaschelt und vor lauter Langeweile sturzbetrunken. Da sage ich normalerweise: »Sorry, not my party!«

Aber wie immer, es gibt Ausnahmen: Dazu zählt nicht nur das Restaurant Steirereck, sondern auch das Tantris in München. Ach ja, und dann noch der Herr Lump, der in Mitteltal im Schwarzwald kocht. *www.steirereck.at*

Stadtwirt, Untere Viaduktgasse 45, 1030 Wien

Die Wirtin hat mich richtig mögen, umgekehrt war es genauso. Aber auch meine Tischgenossinnen wurden exquisit bedient. Im Vorfeld schon war mir die serbische Krautroulade empfohlen worden. Ich tat wie geheißen – und bestellte gleich noch mal eine. Dabei hätte ich auf der Karte noch allerlei finden können: geröstete Nierndln mit Zwiebelsafterl und Erdäpfelpuffer; geröstete Leber mit Majoran, Apfel und Petersil-Erdäpfel; gebackene Leber mit Erdäpfel-Mayonnaisesalat; faschierte Laibchen mit Erdäpfel-Vogerlsalat … Die Karte wechselt ständig, was bleibt, sind der burgenländisch-oberösterreichische Einschlag und die Saisonalität. *www.stadtwirt.at*

Gasthaus Ubl, Preßgasse 26, 1040 Wien

Die Zeitschrift *Falter* kommt über dieses Lokal im Stadtteil Wieden aus dem Schwärmen kaum raus: »Eines der schönsten alten Gasthäuser Wiens: ruhiges, gutbürgerliches Speisehaus der sehr authentischen Art; Schopfbraten mit Sauerkraut, Tafelspitz, Wiener Schnitzel aus der Pfanne, saisonale Spezialitäten (Eierschwammerl, Spargel etc.); grandiose, uralte Inneneinrichtung; romantischer Schanigarten für 40 Pers.«

Ich selbst war nie dort, aber es wurde mir wärmstens empfohlen. Eine Homepage gibt's nicht.

Gasthaus Wolf, Große Neugasse 20, 1040 Wien

Als Vegetarier verhungert man hier zwar nicht, die Speisekarte ist aber vor allem an die gerichtet, die beim Stichwort Innereien in Raserei verfallen: Es gibt Kalbshirn, Hahnenkämme, Kutteln, Beuscherl und vieles mehr, was ansonsten kaum mehr irgendwo auf der Speisekarte zu finden ist. *www.gasthauswolf.at*

Rudis Beisl, Wiedner Hauptstraße 88, 1050 Wien
Christian Wanek, ein prima Kollege, kann sehr gut kochen, deshalb ist sein kleines Lokal auch immer voll. Außen gibt es eine kleine Terrasse, innen ist alles in Weiß und Hellblau gestrichen. Man fühlt sich wie im Urlaub, und eigentlich fehlt vor dem Haus nur noch der Strand. Egal ob Gulasch, Gansl-Einmachsuppe oder Schulterscherzl mit Rösti – alles astrein gut. ich aß ein Backhendl, zu anderer Zeit einen Tafelspitz.

Man fühlt sich aufgehoben, in einem familiären Rahmen, die Kundschaft bestand vornehmlich aus Stammgästen, alle – jedenfalls äußerlich – mit einer gewissen Künstler-, zumindest Lebenskünstler-Anmutung. *www.rudisbeisl.at*

Urbanek am Naschmarkt, Naschmarkt 46, 1060 Wien
Diese winzige Stehecke wird allenthalben von Leuten gelobt, denen ich vertraue. Ich selbst war noch nicht drin, denn ich esse nicht im Stehen. Je nachdem, wie robust des Essers Waden und Knöchel sind, kann man hier lebhafte Stunden verbringen. Für Ruhesuchende nicht zu empfehlen. *www.wienernaschmarkt.eu*

Wiener Naschmarkt, 1060 Wien
Der berühmteste Markt Wiens, der kaum mehr ein Markt ist, sondern eine Bistromeile der turbulenten Art. Für solcherart Kampfplätze bin ich wahrscheinlich zu alt, aber junge Leute geraten darüber ins Schwärmen. Auf alle Fälle erkannte ich beim Durchschlendern der Budengassen durchweg Besonderes von hervorragender Qualität, und man ist dort auf alle Fälle gut aufgehoben und kann kaum vereinsamen.

Gasthaus Grünauer, Hermanngasse 32, 1070 Wien
Hier findet der geneigte Feinspitz eine echte und unverbogene Wiener Küche fern aller modernen Applikationen. Ein wunderbares Beisl, angenehm renoviert, also nicht verstaubt. Bei meinem letzten abendlichen Besuch war ich allerdings noch dermaßen vom Mittagsessen überfressen, dass ich im Essen herumgepickt habe wie eine Ayurveda-Elfe. Das ist mir heute noch peinlich und wird dem Ruf des Hauses in keiner Weise gerecht. *www.gasthaus-gruenauer.com*

Restaurant Schnattl, Lange Gasse 40, 1080 Wien
Schon viele Leute habe ich in dieses Gasthaus geschickt, darunter auch einige notorische Meckerer, aber niemals hat einer gemeckert. Wilhelm Schnattl sei einer der ganz Großen, schreibt die Gourmetzeitschrift *Falstaff*, und ich bin auch ganz dieser Meinung. Schnattl kocht konsequent und zu gescheit, um sich auf irgendwelche Moden einzulassen. Alles ist so eindeutig gut, dass Tellerverzierungen und sonstiges kulinarisches Bespaßungsgerümpel überflüssig sind.

Blöd nur, dass der Herr Schnattl so weit weg ist von Stuttgart. Einmal in der Woche würde ich mich garantiert bei ihm um eine ordentliche Baucherweiterung kümmern. Die Öffnungszeiten sind für Mittagesser wie mich geradezu ideal: Montag bis Donnerstag 11:30–17:00, Freitag 11:30–24:00.

www.schnattl.com

Meixner's Gastwirtschaft, Buchengasse 64, 1100 Wien
Eine echte traditionelle Wirtschaft mit sogenannter einfacher Küche, die deshalb so selten ist, weil das vermeintlich Einfache so schwierig und aufwendig zu kochen ist.

Mit meiner Frau saß ich einmal im Garten. Ich kriege die Speisefolge nicht mehr zusammen, auf alle Fälle war es Juni, und es gab jede Menge Spargel in den verschiedensten Varianten. Ach ja, den Kellner muss ich noch erwähnen. Der

Mann zeigte sich als absolute Rarität. Im Gastgarten waren ungefähr acht Tische besetzt, grob geschätzt waren mindesten 25 Gäste da. Der Ober präsentierte sich als ausgebuffter Stratege und damit ganz anders als so manches hilflose Huhn, das sich sonst um Gäste bemüht. So ein Huhn bringt beispielsweise das Bier. Dann huscht es wieder weg, ohne die leeren Teller des Nebentischs mitzunehmen. Ein klarer Fall von unprofessionellem Hin-und-her-Flitzen, da kommen viele Kilometer zusammen. Im Meixner hatte der Kellner jedenfalls die Maxime »nie mit leeren Händen« verinnerlicht: Es knirschte keinen Schritt zu viel auf dem groben Kies. Niemals erwischten wir ihn mit dem so berühmten wie häufigen Tunnelblick, also jener Mimik, die das zahlungswillige Gefuchtel der Klientel eisenhart ins Nirwana lasern lässt. Und das Essen, das ist auch nicht zu verachten. *www.meixners-gastwirtschaft.at*

Wirtshaus Steiererstöckl,
Pötzleinsdorfer Straße 127, 1180 Wien
Sonntagmittag über Hernals mit dem Taxi ins Grüne: Wir sitzen in einem Ambiente, wie es sich die Freiluftmaler des 19. Jahrhunderts nicht besser hätten ausdenken können. Neben dem Idyll erinnere ich mich noch an einen köstlichen faschierten Maibock mit Erdäpfelpüree. *www.steirerstoeckl.at*

Amador Restaurant, Grinzinger Straße 86, 1190 Wien
Juan Amador kocht auf höchstem Niveau. Dass ich selbst noch nie in seinem Wirtshaus war, hat damit zu tun, dass ich in Wien nun einmal eisenhart der Wiener Küche hinterher bin. Kritiker sagen, das Amador zu besuchen, sei wie das sinnliche Verlieren in einer Galerie für Moderne Kunst. Juan Amadors Kocherei ist wirklich Kunst, es geht nicht ums Sattwerden, sondern um kulinarisch erhöhte Vibrations. Das ist

nicht jedermanns Sache, schmälert aber nicht die Bedeutung dieses Kochs. *www.restaurant-amador.com*

Restaurant Eckel, Sieveringer Straße 46, 1190 Wien
Hier, im feinen Bezirk Döbling, serviert man sehr gute Wiener Küche. Mit Frau Elisabeth saß ich im Garten, die Wirtin, das Essen, alles war ganz wunderbar. Sehr zu empfehlen – und preiswert ist es dort auch noch. *www.restauranteckel.at*

Gasthaus Sodoma »Zur Sonne«, Bahnhofstraße 43, 3430 Tulln an der Donau
Man muss auch mal raus aus der Stadt! Also los, mit der Tram zum Franz-Josephs-Bahnhof im Alsergrund und von dort über Klosterneuburg nach Tulln. Das ist der Geburtsort von Egon Schiele, dem leider so früh an der Spanischen Grippe verstorbenen Malergenie. Man steigt am Bahnhof aus dem Zug und ist genau dort, wo der Künstler, Sohn des Bahnhofsvorstehers, geboren wurde. Für uns Fußkranke – meine Frau hatte Schmerzen am Ischias, ich den Knöchel verstaucht – ideal. Und so krochen wir an den Quell der Lust, zur Küche von Frau Sodoma und ihrem Sohn. Nicht zu vergessen der Gatte Josef, ein Patron, bei dem es, was Gastronomie anbelangt, um Leben und Tod ging. Die Grammelknödel auf frischem Kraut sind Legion. Eine Homepage gibt's nicht.

ASIA

Es kann ja wirklich mal passieren, dass man die Wiener Küche überhat. Und wer dann einen richtigen Kontrast sucht, der ist beim Asiatischen ganz gut aufgehoben. Die folgenden drei Restaurants kenne ich persönlich nicht, da verlasse ich mich auf die Beurteilung von Freunden und Bekannten:

Das **Kiang Wine and Dine** in der **Grünentorgasse 19/2–3** gilt als eines der besten China-Restaurants. www.kiangwine-dine.com

Das **Mochi** gibt es in der **Praterstraße 15** und am **Vorgartenmarkt**, Stände 12 und 29. www.mochi.at

Shiki Japanese Fine Dining, Brasserie & Bar, ebenfalls ein Japaner, findet sich in der **Krugerstraße 3**. www.shiki.at

Stein und Bein schwört eine Bekannte, dass das vegetarische Restaurant **Tian** in der **Himmelpfortgasse 23** zur Weltklasse gehört. Wenn diese Frau das sagt, dann stimmt das so für mich. Es muss ganz außergewöhnlich sein und der Koch ein wirklicher Könner und kein öko-somnambuler Bioträumer. www.tian-restaurant.com

Patara, Petersplatz 1, 1010 Wien

Bei aller Liebe zu Wien, es braucht doch bei jedem Besuch der Stadt zum Abschluss ein anderes Gewürz auf der Zunge. Meine Frau und ich suchen daher immer das Patara auf – einen besseren Thailänder habe ich bis heute noch nicht gefunden. Hier kommt keine Billigware zu Spottpreisen auf den Tisch, die erst mit Glutamat erträglich wird. Denke ich an drei Hühnerspießchen für zweieinhalb Euro, habe ich das Quälhuhn, das dafür sein Leben lassen musste, sehr deutlich vor Augen. Mich graust!

Das Patara, das ohne Glutamat auskommt und mit Bioware arbeitet, ist allein deshalb schon ein wirkliches Lob wert und Beleg dafür, dass der Verbraucher freiwillig mehr zahlt, wenn die Garnele weniger giftig ist. Aber das Essen dort schmeckt einfach auch hervorragend. *www.patara-wien.at*

HOTELS

Wer nach Wien reist und eine Übernachtungsmöglichkeit sucht, wird reichlich Auswahl finden, für jeden ist etwas dabei. Meine Liste hier ist wie immer rein subjektiv, es sind Häuser, in denen ich selbst übernachtet und die ich für gut befunden habe, oder solche, die einfach etwas Besonderes haben.

Hotel Benediktushaus, Freyung 6a, 1010 Wien
Das Gästehaus des Schottenstiftes befindet sich in altehrwürdigen Gemäuern, ist aber modern eingerichtet. Es gibt einen sehr ruhigen Innenhof – bis die Glocken der Klosterkirche läuten. *www.benediktushaus.at*

Hotel Gästehaus Deutscher Orden, Singerstraße 7, 1010 Wien
Einfach, solide, preiswert, ruhig – und doch gleich beim Stephansdom. Auch Heiden dürfen dort übernachten. *www.deutscher-orden.at/site/ordenshausinwien/gaestehaus*

Hotel Kaiserin Elisabeth, Weihburggasse 3, 1010 Wien
Auch nicht weit vom Stephandom entfernt. Das Hotel ist sehr wienerisch, privat geführt und für Romantiker ideal. *www.kaiserinelisabeth.at*

Hotel Kärntnerhof, Grashofgasse 4, 1010 Wien
Ein fünf Minuten vom Stephansdom gelegenes, ebenfalls sehr ruhiges Hotel mit Tradition und hochwertig eingerichtet. *www.karntnerhof.com*

Hotel König von Ungarn, Schulerstraße 10, 1010 Wien
Ein Haus mit großer Tradition und gediegenem Luxus, sehr ruhig beim Stephansdom gelegen. *www.kvu.at*

magdas HOTEL, Laufbergergasse 12, 1020 Wien
Ein besonderes Hotel beim Belvedere: 78 Zimmer in Upcycling-Design und Mitarbeiter aus 14 Nationen, darunter viel Flüchtlinge. Gelebte Integration in sehr schöner, menschlicher Atmosphäre. *www.magdas-hotel.at*

Hotel Daniel, Landstraßer Gürtel 5, 1030 Wien
Das Lieblingshotel meiner Tochter: sehr modernes, witziges Konzept, aber nicht nur für Junge. Das Personal mutet etwas studentisch an, intelligent, aufgeschlossen und äußerst freundlich und entgegenkommend. Auch für Oldies wie mich eine sehr gute Adresse, nahe dem Belvedere-Park. *hoteldaniel.com*

Hotel Triest, Wiedner Hauptstraße 12, 1040 Wien
Modern, cool und schön und fünf Minuten südlich des Karlsplatzes gelegen. *www.dastriest.at*

Hotel Altstadt Vienna, Kirchengasse 41, 1070 Wien
15 Minuten südwestlich des Heldenplatzes gelegen, privat und äußerst sympathisch geführt. Klassisches Wiener Ambiente ohne überflüssige Dekoration und mit modernen Elementen. Trotz Tradition überhaupt nicht angestaubt. *www.altstadt.at*

DESIGN- & LUXUSHOTELS

Grand Ferdinand, Schubertring 10–12, 1010 Wien
Alles sehr neu, alles sehr edel, und alles funktioniert sehr gut. Unten im Parterre wartet ein überfülltes Schnitzelparadies namens Meisl & Schadn auf Besuch. *grandferdinand.com*

Hotel Sacher, Philharmoniker Straße 4, 1010 Wien
Gleich hinter der Oper. Dieses Hotel habe ich bereits genügend gelobt, was nicht heißt, dass dort jedermann glücklich werden wird. Aber wenigstens im Roten Salon sollte man mal gewesen sein. *www.sacher.com*

Imperial, Kärntner Ring 16, 1015 Wien
Schon Napoleon und Hitler waren stolz darauf, hier nächtigen zu dürfen, noch heute werden Staatsgäste dort untergebracht. Aber die Zeiten, als man in Hotels wie diesem noch die Elite besichtigen konnte, die sind vorbei. Da hockt dann inmitten der unglaublichen Pracht auf einem Rokokosessel ein durch Hamburger und BBQ ruinierter Millionen-Ami in kurzen Hosen und zerstört alle Träume. Geld schlägt Stil.

Das Hotel, ein nationales Denkmal, gehört jetzt einem Araber, der Hotelbetrieb wird von der amerikanischen Kette Marriott geführt. Es ist erwiesen, dass ich sehr ausländerfreundlich bin. Was ich nicht mag und auch unverzeihlich finde: dass nationales Kulturerbe ans Ausland verscheuert wird. In Paris, wo man doch so große Stücke auf das gastronomische Erbe hält, befindet sich kein einziges Grandhotel mehr in französischem Besitz. *www.marriott.de/hotels*

Palais Coburg Residenz, Coburgbastei 4, 1010 Wien
Ein rundum sehr luxuriöses und berechtigt sehr teures Hotel. Gefallen hat es mir dort trotzdem nicht so richtig. *www.palais-coburg.com*

The Guesthouse Vienna, Führichgasse 10, 1010 Wien
In Sichtweite des Albertinaplatzes und inmitten von allerlei Prachtbauten liegt dieses Hotel, sehr urban und mit einer Inneneinrichtung von Terence Conran. *www.theguesthouse.at*

Dank

Groß bedanken muss ich mich eigentlich bei fast niemandem. Alle sind froh, wenn ich schreibe, denn dieses Bemühen garantiert meinem Umfeld, dass ich Ruhe gebe. Danken will ich aber meiner Lektorin Bettina Eltner. Sie hatte es ein bisschen schwerer als ich. Aufgeschrieben ist schnell. Meine Begabung liegt in der Schnelligkeit und der daraus resultierenden Schlampigkeit, für die es reichlich Buchstabenambulanz braucht.

Besonderen Dank will ich aber auch noch meiner Frau spenden, die in den letzten zwei Jahren mein Wiener Schicksal teilte und mein gelegentliches Erschlaffen mit peitschenknallartigen Ermunterungen garnierte.